中國低碳城市建設研究

戴小文 著

前言

　　人類從農業文明進入工業文明之后，生產力呈幾何級數增長，天然的好奇心以及滿足自身各類需求的驅動力推動著人類社會向前發展。當城市化發展成為人類社會主要的發展方式並在可預見的未來仍將維持這一發展方式的情況下，時代向我們提出了一個新的命題——可持續發展。

　　在可持續發展的背景下，以建設低碳經濟為核心發展低碳城市、綠色城市等一系列概念被世界各國提出並積極實踐。儘管世界各國都對全球溫室氣體排放負有共同的責任，但是在無法絕對公平的國際社會秩序中二氧化碳減排成為發展中國家自我發展的約束，並成為了與發達國家貧富差距越拉越大的一個重要原因。

　　改革開放以來的中國經濟與社會發生了翻天覆地的變化，人民生活水平逐年提高，國家經濟實力逐漸增強。在經濟全球化的背景下，伴隨經濟實力的增強，中國的國際地位日漸提高，同時所承擔的國際責任也越大。中國在溫室氣體減排領域做出了卓絕的努力，並承諾到2020年將國內單位GDP碳排放降低到比2005年低40%~45%。

　　面臨國內巨大的人口就業壓力，保持經濟持續穩定的增長是我國的首要任務。在二氧化碳減排和經濟發展的平衡問題上不能為了降低溫室氣體排放而降低經濟增長速度，也不能為了經濟增長而犧牲環境並不顧自身在國際社會中的影響和形象。因此，選擇一條可持續的、以低碳經濟為核心的、以建設低碳城市為手段的社會發展道路，是考慮當下國際、國內環境和自身基礎實力做出的正確決定。也正因為在這樣的大背景下，在傳統碳排放研究陷入某種固定模式而無重大創新的情況下，本研究採取一種新的研究方法，通過更加全面的碳排放核算來研究中國隱含碳排放及其對中國低碳城市建設的影響。

　　本書的基本思路如下：第一，對碳排放、隱含碳排放、低碳城市化、城市低碳化等一系列重要概念進行重新定義；第二，利用隱含碳核算方法，根據掌

握的投入產出表數據，利用I-O模型進行中國隱含碳排放量的初步核算；第三，利用Kaya恒等式、LMDI分解方法對驅動中國隱含碳排放變化的因素進行分解；第四，根據分析結論，結合理論分析中國低碳城市建設的支撐要素及框架選擇並提出政策建議。

本研究共分為7章，其基本結構及內容如下：

第1章為導論部分，該部分就本研究的選題意義、目的、將使用的研究方法、研究內容等進行了詳細的敘述，同時回顧並梳理了近幾十年來關於碳排放、隱含碳排放、可持續發展、低碳經濟研究領域的諸多研究成果，為之後的研究打好了基礎。

第2章的內容為低碳城市建設的理論基礎。本章主要從前人的經典著作、理論出發探尋支撐今日低碳城市建設的有力證據，從不同的學科領域找到中國建設低碳城市、發展低碳經濟、走可持續發展之路的可能性和必要性。這些理論包括：低碳經濟理論、產業生態化理論、人口理論、建築理論、文化理論等。

第3章主要是對城市化進程與碳排放之間關係的研究。本章通過迴歸分析、格拉杰因果檢驗等實證分析方法，對1978年改革開放至今的三十多年間的城市化發展水平與二氧化碳之間的關係進行了實證，判斷城市化過程在導致二氧化碳排放上的力度與趨勢。

第4章的主要內容為對中國產業隱含碳排放的實證分析。首先，本章對研究隱含碳排放之I-O模型進行了介紹，並根據中國的情況進行了模型構建。本章根據2007年投入產出表數據進行了中國產業隱含碳排放的核算，認為以2007年核算結果來看在各個產業部門中建築業的隱含碳排放最高；服務性行業（合併后）作為產業鏈終端，其隱含碳排放在所有部門中排行第三，是產業碳減排應重點關注的部門。該部分還比較了各部門隱含碳排放占比與各產業產出占比，認為建築業是碳排放最不經濟的部門，而第三產業儘管隱含碳排放占比高但是其產出占比也很高，因此是碳排放較經濟的部門。

第5章的主要內容為對中國碳排放與隱含碳排放驅動的影響因素所進行的分解研究，以期發現推動中國隱含碳排放的主要因素，並有針對性地給出意見。利用Kaya恒等式、LMDI分解方法，在計算1990—2007年有投入產出表數據的年份的隱含碳排放量、碳排放變動量及各因素的驅動貢獻率的基礎上分析了影響中國隱含碳排放變動的主要因素。這些因素分為2個層次8個因素：生產層面的經濟規模效應、產業結構效應、經濟效率效應、生產方式進步效應和生活層面的人口規模效應、人口結構效應、生活水平效應、生活方式進步效

應，其中生產方式進步與生活方式進步是在2個層面上驅動中國隱含碳排放變動的主要因素。

第6章根據前述低碳城市建設理論基礎以及實證分析，提出中國建設低碳城市需要注意的五大支撐要素：低碳產業支撐、低碳人口支撐、低碳設施支撐、低碳文化支撐與低碳制度支撐。其中低碳產業與低碳人口支撐是經濟基礎與必要條件；低碳設施支撐是低碳城市與低碳經濟的外在表現與物質基礎；文化支撐是軟性隱形機制；制度支撐是「支撐的支撐」，是一切低碳城市建設與實踐活動的指導與約束。此外，通過詳細比較「低碳城市化」與「城市低碳化」兩個概念的異同，認為中國目前建設低碳城市走可持續發展道路需要實事求是地選擇舊城以「城市低碳化」改造與重建為主和新城注重「低碳城市化」規劃與設計為主相結合的發展模式。

第7章在總結全文的基礎上得出結論、提出政策建議以及總結本研究中的不足之處，同時展望了該領域的研究未來。

縱觀整個研究，在夯實理論的基礎上採取了比較有說服力的數據分析方法，從理論和實證兩個方面分析和說明了中國目前隱含碳排放的情況，同時就中國低碳城市建設走可持續發展道路與隱含碳排放之間的關係做了一定的說明，認為中國在全球化的大時代中和進入後經濟危機時代的背景下建設低碳城市走可持續發展道路，除了延續節能減排、調整產業結構的思路之外，應該加大對低碳城市建設隱含碳排放的監測與核算，以期更加全面地認識中國在走可持續發展道路中和低碳城市建設中的真實碳排放情況，同時增加低碳城市建設的制度供給以保證低碳城市建設各個方面有條不紊地進行，既要避免制度缺位也要避免制度重疊，讓制度發揮最大效用。此外，重視低碳文化建設對低碳城市建設的重要性，發掘傳統優秀文化，整合現代流行文化，借鑑世界各國先進文化，使其為中國建設低碳城市所用，用文化的力量影響城市人口，培育城市低碳人口進而影響生產過程和生活過程低碳行為，並最終達到城市低耗能、低碳排放的可持續發展目標。

目　錄

1　導論 / 1
　1.1　研究背景及研究意義 / 1
　　1.1.1　研究背景 / 1
　　1.1.2　研究意義 / 4
　1.2　國內外相關研究綜述 / 5
　　1.2.1　國外相關研究綜述 / 5
　　1.2.2　國內相關研究綜述 / 23
　　1.2.3　國內外相關研究述評及本研究特點 / 32
　1.3　本研究的目的、方法、內容及思路 / 33
　　1.3.1　本研究的目的 / 33
　　1.3.2　本研究的方法 / 33
　　1.3.3　本研究的內容 / 34
　　1.3.4　本研究的思路 / 35

2　低碳城市建設的理論基礎 / 37
　2.1　本章概要 / 37
　2.2　相關概念的界定 / 37
　　2.2.1　碳排放與隱含碳排放 / 38
　　2.2.2　循環經濟與低碳經濟 / 40

2.2.3　低碳城市 / 44

　　2.2.4　低碳城市化與城市低碳化 / 45

2.3　**低碳城市建設的理論基礎** / 47

　　2.3.1　可持續發展理論與低碳城市建設 / 47

　　2.3.2　生態學相關理論與低碳城市建設 / 49

　　2.3.3　低碳經濟理論與低碳城市建設 / 51

　　2.3.4　產業相關理論與低碳城市建設 / 52

　　2.3.5　人口相關理論與低碳城市建設 / 53

　　2.3.6　文化相關理論與低碳城市建設 / 54

　　2.3.7　建築相關理論與低碳城市建設 / 56

　　2.3.8　制度相關理論與低碳城市建設 / 57

2.4　**本章小結** / 58

3　城市化與碳排放關係研究 / 59

3.1　**本章概要** / 59

3.2　**城市化與碳排放關係的實證研究** / 60

　　3.2.1　問題的提出 / 60

　　3.2.2　相關研究綜述 / 60

　　3.2.3　實證分析 / 64

　　3.2.4　結論 / 70

3.3　**本章小結** / 72

4　中國產業隱含碳排放實證分析 / 73

4.1　**本章概要** / 73

4.2　**文獻綜述** / 73

　　4.2.1　隱含碳排放與I-O模型 / 73

　　4.2.2　相關研究綜述 / 75

4.3 模型的構建與說明 / 76
    4.3.1 模型的構建 / 77
    4.3.2 模型說明 / 79

4.4 實證分析 / 81
    4.4.1 產業部門能源消耗隱含碳排放估計 / 83
    4.4.2 產業部門間隱含碳排放效率分析 / 86
    4.4.3 直接碳排放與隱含碳排放比較分析 / 90
    4.4.4 結論與建議 / 94

4.5 本章小結 / 95

5 中國碳排放與隱含碳排放驅動因素分析 / 97

5.1 本章概要 / 97

5.2 文獻綜述 / 98
    5.2.1 Kaya 恒等式與 LMDI 方法 / 98
    5.2.2 相關研究綜述 / 100

5.3 碳排放驅動因素實證研究 / 102
    5.3.1 模型構建 / 102
    5.3.2 數據來源及說明 / 106
    5.3.3 中國碳排放實證分析 / 106

5.4 隱含碳排放驅動因素實證研究 / 122
    5.4.1 模型構建 / 122
    5.4.2 數據來源及說明 / 124
    5.4.3 中國隱含碳排放驅動因素實證分析 / 125

5.5 本章小結 / 136

6 中國低碳城市建設模式及核心支撐要素 / 138

6.1 本章概要 / 138

6.2 低碳城市建設的國內外經驗 / 139

    6.2.1 低碳城市建設的國際經驗 / 139

    6.2.2 中國低碳城市的建設試點 / 148

6.3 中國低碳城市建設的模式選擇與分析 / 150

    6.3.1 低碳城市建設的「低碳城市化」模式 / 150

    6.3.2 低碳城市建設的「城市低碳化」模式 / 151

    6.3.3 中國低碳城市建設的混合模式 / 152

6.4 中國低碳城市建設的支撐要素 / 153

    6.4.1 低碳城市建設的產業要素支撐 / 154

    6.4.2 低碳城市建設的人口要素支撐 / 156

    6.4.3 低碳城市建設的設施要素支撐 / 157

    6.4.4 低碳城市建設的文化要素支撐 / 159

    6.4.5 低碳城市建設的制度要素支撐 / 160

6.5 本章小結 / 162

7 政策建議及研究展望 / 164

7.1 政策建議 / 164

7.2 研究的可能創新 / 168

7.3 研究不足與展望 / 169

參考文獻 / 170

1 導論

導論部分主要就本書的研究背景、意義、目的、內容、思路與方法等內容進行概要性說明。與此同時，本部分對與本研究緊密相關的國內外最新研究成果和經典文獻進行了回顧，對可持續發展、城市化、城鎮化、低碳經濟、低碳城市、智慧城市等領域的研究成果進行了梳理，並從中找出對我國建設低碳城市研究與實踐具有重要參考價值的觀點、措施等。此外，本部分也總結了既有研究中存在的遺漏和未解決的問題，嘗試通過設計新的方法和提出新的研究思路，從隱含碳排放核算以及碳排放與城鎮化發展之間的關係入手來研究中國低碳城市建設的問題，為中國真正意義上實現人與環境的和諧發展、社會經濟的可持續發展找到一種可能可行的方式。

1.1 研究背景及研究意義

人類社會的發展導致了城市的必然出現，而隨著人口的快速增長和工業時代的來臨，城市亦出現了諸如交通堵塞、空氣污染、生活成本居高不下、犯罪率高等弊病。城市無論在過去、現在還是未來都是人類社會不斷演進的載體。在發達國家已經進入後工業化時代、發展中國家經濟正迅速崛起的時代，如何讓城市發揮其正面積極的作用，促進人類社會更好、更安全、更和諧正是本研究的一項重要內容。

1.1.1 研究背景

世界歷史的發展過程表明，現代國家城市化發展是由歐美發達國家主導並推動的世界性的經濟、技術與文化發展，因此城市化的發展方式是當前以及未來世界各國都將繼續採用的發展模式。不論發達國家或地區還是發展中國家或地區，都將通過城市的不斷發展一次又一次地蛻變，朝著更高級的人類文明形

式邁進，完成國家與社會的進化。

歐美發達資本主義國家的現代城市化是在工業革命的助力下開始的，並在第二次和第三次科技革命的推動下完成的。隨著國內產業結構的變化與實力的提升，這些國家通過保持這種巨大的優勢而遙遙領先於發展中國家。而就在全世界都在為城市化大唱讚歌的同時，伴隨城市發展出現的各種問題逐漸浮出水面，傳統城市化的模式並沒有好到讓人們對這些問題視而不見，越來越多的人開始關注傳統城市化模式之下的各種弊端。

自然環境惡化、資源枯竭、空氣污染、全球氣候變暖、交通擁擠、城市犯罪率高等問題日益湧現，而更為可怕的是在發達國家相繼完成城市化初級階段進入高級城市化階段之時，更多的發展中國家或地區並沒有充分利用自身的后發優勢來避免城市規劃中的弊病，卻還在不斷地重蹈發達國家的覆轍。造成這種情況主要有兩方面的原因：一方面，老牌發達資本主義國家經過數十年的累積，在生產與生活的技術和理念方面都領先於發展中國家和地區，採取逐漸淘汰傳統高污染、高能耗、高排放的「三高」產業的措施，並且利用長期累積的先進技術不斷開發新的產業形態，以期在根本上解決傳統城市化發展的諸多弊病。在從根本上解決傳統城市化弊病之前，最為簡單有效的方法就是將這些高污染、高排放、高耗能的傳統產業以及經濟附加值低的產業轉移到發展中國家或地區去。印度、越南、老撾等亞洲國家成為了繼中國之後，發達國家最主要的資本輸出地。另一方面，對於發展中國家或地區，由於自身的經濟基礎較為薄弱，國內生產力水平和民眾生活水平非常低下，快速改變國家經濟現狀的方式莫過於直接引進國外已經成熟的產業。同時，發展中國家眾多的人口為低經濟附加值產業在這些國家的落地生根提供了必要的勞動力保障。中國改革開放后，以深圳為代表的沿海開放城市的經濟快速發展為此提供了最有力的證據。在一系列技術攻關完成之前，傳統產業運行過程中所需要的原材料、技術等仍需要依靠傳統的生產方式得以維持，這也造成了發展中國家與發達國家在經濟發展模式上、城市化過程中所選擇的策略有所不同，而全球化趨勢的蔓延則使這種差距與不公平愈演愈烈。

在進行了大量的城市化理論研究之後，學界逐漸又將注意力轉移到了生態城市以及低碳城市的領域。低碳城市的概念源自生態城市，再向前追溯可以聯繫到可持續發展理念的提出。可持續發展（Sustainable Development）最早於1972年在斯德哥爾摩舉行的聯合國人類環境研究會上提出並討論，這次大會界定了人類在締造一個健康和富有生機的環境上所享有的權利。之後，世界各國將這一理念融入城市化發展的範疇，並逐漸衍生出生態城市、低碳城市等概

念。由於全球 CO_2（二氧化碳，下同）排放被認為是全球氣候變暖、海平面上升以及各種全球性環境惡化的罪魁禍首，低碳的、可持續的人類文明發展方式成為 21 世紀各個學科領域關注的重點。而城市作為人口生活、經濟活動頻繁、藝術文化創造的所在地，幾乎成為了這場低碳化運動的眾矢之的。2003 年英國率先提出「低碳經濟」的概念，五年之后的 2008 年，作為《京都議定書》的主要參與國家，日本也提出了自己要建設「低碳社會」的構想。在此之後，低碳問題就成為了被國際社會廣泛關注的內容。據有關機構估計，到 2030 年全球城市人口將占到全球總人口的 60% 左右，城市區域內所產生的碳排放總量將大約占到全球碳排放總量的 70%。[1]要想成功地避免可能發生的人類社會衰退就必須要重新審視現有的社會城市化發展模式，而低碳城市化將成為繼可持續發展概念后另一個為人類社會未來發展指明道路的行動方向。

　　西方發達國家的城市化進程及現代生態城市和低碳城市的理念為中國當前城市化和未來城市化發展提供了科學借鑑，而部分發展中國家在城市化過程中出現的問題也為中國的城市化發展路徑選擇提供了寶貴的經驗教訓。中國的快速城市化始於 20 世紀 80 年代的改革開放之後。在提出「低碳城市」的概念之前，針對中國的城市發展模式的討論一直存在著「小城鎮論」與「大城市論」的爭論，不僅如此，還有由此派生出來的「中等城市論」與「大中小城市論」的爭論。儘管一個城市規模與其人口承載力、經濟承載力有密切關係，並且可以聯繫到城市碳排放、城市自然環境及城市生態環境方面的內容，但是這些討論都沒有深入下去而是停留在對城市規模的討論上，具體的各種模式之下的發展方式也主要集中於對城市產業的討論。顯然，繼續停留在這個層面的城市發展模式的討論顯然不能夠適應當前可持續的、生態的和低碳的城市化發展需要。

　　中國國土廣袤、自然資源豐富，有著濃鬱的多民族文化和特殊顯明的人文特色，但國境之內東西跨度大，地區資源分佈極不平衡，部分地區，尤其是西部地區更面臨著經濟基礎薄弱、生態環境脆弱的問題。儘管國家「十二五」規劃綱要將推進城鎮化建設、積極應對全球氣候變化、發展循環經濟等內容作為發展重點，但是在中國廣袤的土地上，低碳城市建設一擁而上的情況已經發生，各地都將生態城市、低碳城市作為地區發展的新標準，而一些傳統資源型城市和老工業城市是否能夠順利實現由傳統發展模式向生態城市和低碳城市轉

---

[1] United Nations. World Urbanization Prospects: The 2005 Revision [R]. New York: United Nations, 2005: 1–196.

變還值得研究和論證。在中國西部地區，大部分地區屬於限制開發區和禁止開發區，西部地區城市甚至整個西部區域的發展都受到更多的發展制約。在經濟全球化、城市化大發展、低碳環保發展思想廣泛普及的今天，選擇什麼樣的發展道路，以什麼來支撐低碳城市發展、如何建設有中國特色的城市化道路都是我們亟待解決的重要課題。

1.1.2 研究意義

產業發展是城市發展的根本，城市化的發展需要產業部門為其提供物質基礎，而城市本身又為產業發展提供市場空間，二者相生相伴。基於城市化與以工業為代表的產業化的密切關係，本研究從研究產業隱含碳入手，通過估算中國各產業隱含碳排放量，並通過對驅動產業隱含碳排放的各種因素進行貢獻率分析等，客觀反應目前中國建設低碳城市的困境和需要關注的重點要素。在此基礎上提出中國建設低碳城市、發展低碳經濟的政策建議。本研究主要具有以下四點研究意義：

第一，政治意義。通過總結和探索，全面認識中國低碳城市建設的現狀與困境，提出中國城市發展低碳經濟的應對策略，促使人與自然和諧發展，防止因城鄉差距與區域差距等問題引發城鄉矛盾、民族矛盾和區域矛盾，低碳城市的研究對維護社會和諧、維持國家可持續發展、爭取國際利益以及展示良好大國形象具有重要的意義。

第二，實踐意義。在新的、複雜的國際和國內環境下，通過客觀估算中國隱含碳排放量，分析中國隱含碳排放驅動因素，基於發展低碳經濟與鞏固低碳城市建設的經濟基礎、創新制度安排、關注重點領域、把握未來趨勢，為政府的最終決策提供有實際可操作性的政策建議。

第三，理論意義。本研究利用數理模型客觀地分析了中國城市化進程中隱含碳排放量，對能源消費結構、產業結構、人口結構等基於碳排放的視角進行了深入研究。對低碳城市建設、低碳經濟建設的理論研究進行了一定擴展，豐富了低碳城市建設的理論內容，擴展了中國特色城市低碳化道路的理論內涵。

第四，學術價值。將過去應用於國際貿易領域研究的隱含碳排放研究方法引入了產業碳排放核算及低碳城市研究，通過對比傳統碳排放核算方法與隱含碳排放核算方法這兩種不同碳排放核算方法得出結果，為未來在碳排放測算實踐中更加科學合理的選擇測算方法提供一個思路；通過碳排放驅動因素的分析，為未來針對各種碳排放驅動因素對碳排放的影響進行單因素的深入研究提供一種參考；站在產業碳排放角度對中國各產業的隱含碳排放分析為未來分產

業和分行業對碳排放進行一般碳排放與隱含碳排放進行測算提供了一個思路；根據實證分析提出的中國低碳城市支撐要素，為未來更加細緻具體的研究以及其他具有重要意義的低碳城市支撐要素的提出提供了思路。

1.2 國內外相關研究綜述

1.2.1 國外相關研究綜述

1.2.1.1 國外可持續發展研究

可持續發展是人類經過長期探索和反思后在思想認識上的一次重大突破，也是人類思維方式和觀念更新的表徵，國際上的可持續發展主要經歷了三個階段：

（1）20世紀50年代至70年代末。這一時期是可持續發展概念提出之前的萌芽階段。此時，世界經濟已經進入了二戰后最為繁榮的時代，以美國為代表的西方發達國家經濟快速恢復並飛速增長，其他國家也都競相效仿，大規模的工業化與城市化在提升經濟實力的同時也帶來了諸如熱帶雨林遭破壞、河流域大氣污染、農田沙漠化以及城市生活質量全面退化等問題。尤其是20世紀中葉前后出現的震驚世界的「八大公害」[①]，向人們敲響了警鐘。各國經濟學家、環保人士也開始分別從資源的有效利用、環境保護等方面進行研究，其研究成果和理論都暗含了許多可持續利用、可持續分析和可持續發展的思想，這也為后來可持續發展概念的正式提出奠定了基礎。1962年，美國生物學家蕾切爾·卡遜（Rachel Carson）在經過長期的調查后發表了震驚世界的環保著作《寂靜的春天》，這標誌著環境保護和生態學發展新紀元的開啓。該書通過大量的實例向人們闡述了這樣一個事實：人類一方面通過工業化和不斷創新的科學技術創造著現代文明，將人們的生活帶向更深層次，而另一方面也因大量使用人工手段提高生產效率（諸如大量使用農藥以提高農作物產量）以及過度「迷信」科學技術和工業化生產而產生的環境問題又正在毀滅著人類文明。如果環境問題得不到解決，人類將無異於生活在「幸福的墳墓」中，終將失去「明媚的春天」。就在同一時期，以丹尼斯·米都斯（Dennis L. Meadows）等為

---

① 在世界範圍內，由於環境污染而造成的八次較大的轟動世界的公害事件：馬斯河谷事件、多諾拉事件、洛杉磯光化學煙霧事件、倫敦煙霧事件、四日市哮喘事件、米糠油事件、水俣病事件、骨痛病事件。詳見http://baike.baidu.com/view/268835.htm。

首的羅馬俱樂部成員，通過運用多種宏觀模型模擬人口增長對資源的消耗過程，提出了轟動世界的研究報告《增長的極限》。該報告認為如果世界人口、工業化、污染及資源消耗等以目前的方式繼續增長下去，那麼在此后百年之內，地球將面臨一場災難性崩潰，最可能的結果就是人口與工業能力將發生突然的、不可控制的衰退。為此羅馬俱樂部提醒人們要盡快採取行動，終止這種不正常的發展狀態，建立一套直至將來仍然可以持續的生態和經濟的穩定狀態。《增長的極限》的發表，在世界範圍內引起了巨大的反響。更多的專家和學者加入關於經濟發展和資源環境關係問題的討論當中，如科斯（Coase）的科斯定理、哈丁的公地的悲劇、佩奇（Page）的技術進步非對稱性理論等都為可持續發展理論奠定了基本的理論基礎。

（2）20世紀80年代至90年代初。這一時期是所謂的第二次環境革命時代，可持續發展成為這一時期最為引人注目的詞彙。特別是1987年以布倫特蘭夫人為首的世界環境與發展委員會（World Commission on Environment and Development，WCED）發表的《我們共同的未來》正式提出了可持續發展的概念及模式。可持續發展即既滿足當代人的發展需要，又不損害后代人滿足其需求的能力的一種發展模式。1992年聯合國環境與發展大會發表的《里約宣言》及《21世紀議程》又第一次把可持續發展由理論和概念推向了行動，從而使可持續發展理論在國際社會得到了廣泛的關注和空前的認可。在這一時期，人們對可持續發展的定義與概念爭議頗多，各種解釋層出不窮。但大多數對可持續發展的定義都涉及三個方面：一是可持續發展是以「人」為中心的發展，滿足人的需求、提高人的素質、充分發揮人的潛力和實現人的價值是可持續發展的目標；二是可持續發展的基本要求是經濟、社會與環境的協調發展；三是可持續發展的模式是重視公平的模式。當代人之間、當代人與后代人之間、區域間、國際的公平是理想的可持續發展模式。

（3）20世紀90年代初至今。自1992年世界環境發展大會以來，可持續發展研究進入了豐富與發展階段，目前全球已有2,000多個地方政府針對當地的情況制定了21世紀議程，有100多個國家成立了國家可持續發展理事會或類似機構。世界三大權威機構世界資源研究所（World Resources Institute，WRI）、國際環境發展研究所（International Institute for Environment and Development，IIED）、聯合國環境規劃署（United Nations Environment Programme，UNEP）聯合聲明：可持續發展是其實現價值的指導原則。1997年3月，來自全球70多個國家、地區的代表在巴西里約熱內盧舉行了「里約+5論壇」。在這次論壇上，一部全新的全球可持續發展合作綱領性文件——《地球憲章》成

為了這次論壇主要的討論內容。

近年來，可持續發展研究也在隨著各方面因素的變化發生變化。2002 年在約翰內斯堡召開了 21 世紀第一屆可持續發展問題世界首腦會議，並通過了《約翰內斯堡可持續發展宣言》和《可持續發展問題世界首腦會議執行計劃》。這次大會對全球可持續發展提出了一系列新的內容，會后很多國家積極落實貫徹會議精神，並採取了許多行動。這次會議提出的主要內容包括：

①牢固樹立「以人為本」的新的可持續發展觀。約翰內斯堡峰會將「人的尊嚴不可分割性」作為大會核心，認為可持續發展戰略旨在促進人類之間以及人類與自然之間的和諧。因此大會提出應該重視人的尊嚴，重視弱勢群體的生存和發展要求，重視經濟、社會和環境保護的協調統一。

②將消除貧困、改變消費和生產格局及保護管理自然資源基礎作為壓倒一切的可持續發展的目標和根本要求。大會提出到 2015 年使每天收入在 1 美元以下的人口比例、挨餓和無法得到安全飲水的人口比例降低一半，同時改變消費和生產格局，在各國的共同努力下改變不可持續的消費和生產形態，鼓勵和促進擬定一項 10 年方案框架，使各區域和國家加速轉向可持續消費與生產。保護和管理經濟和社會發展的自然資源基礎，包括綜合管理水資源和提高用水效率、維持海洋的可持續發展、處理脆弱性和加強風險及災害管理、關注和改變氣候變化的不良影響、實施農業和農村的可持續發展、防治和處理土地荒漠化和退化、發展可持續旅遊、維護生物多樣性等一系列內容，對世界經濟和社會發展的自然基礎提出了更全面、更系統的要求。

③明確將加強夥伴關係和制度安排作為指導各國落實會議精神的重要途徑和方式。會議提出的加強「夥伴關係」主要表現為政府間、政府與非政府組織以及與企業等社會各界之間的合作。力圖將私營部門的資金、技術等資源，更多地用於可持續發展領域，以推動全球的可持續發展進程。為了更好地貫徹落實新世紀可持續發展的一系列精神，推進全球可持續發展，大會明確提出了在各級建立有效的可持續發展的體制框架。因為良好的政策支撐是可持續發展必不可少的。

自約翰內斯堡峰會以后，國際組織、各區域組織以及各國都積極回應大會提出的要求，做出了許多新的行動，並取得一系列新進展。在各個層面上，都出現了許多具有實際操作性的行動以及文獻。由於篇幅所限，此處不做詳述。總之，可持續發展理念自誕生起就不光停留在理論層面，而是在實踐層面發揮出更大的優勢。

進入新世紀，人們對可持續發展的研究重點也轉向了國家可持續發展戰

略、行動計劃和優先項目的研究，尤其對可持續發展的實踐研究更加重視。這些研究具有以下三方面的特點：第一，著眼全球，強調區域和國際聯合行動；第二，著眼於第三世界國家結構調整、環境與可持續發展；第三，著眼於環境保護與生態平衡研究①。各國理論界和實踐界的專家和學者也十分重視可持續發展評價理論和實踐研究，區域可持續發展的指標體系更成為人們關注的焦點。建立可持續發展的評價體系或指標體系，通過實證研究，回答人類的活動是否滿足可持續發展要求以及是否阻礙或促進了可持續發展這一目標的實現，已經成為當前可持續發展研究與實踐的關鍵環節和熱點問題。

目前較有影響的代表性指標體系有聯合國可持續發展委員會（United Nations Commission on Sustainable Development，UNCSD）1996年提出來的一套以壓力－狀態－回應（Pressure-State-Response，PSR）為基本框架的指標體系；加拿大環境－環境圓桌會議（National Round Table on the Environment and the Economy，NRTEE）1995年提出的基於反應－行動－循環的指標體系；英國1996年提出的可持續發展指標體系；美國1996年提出的可持續發展指標體系；基於複合生態系統理論、系統動力學理論、多目標決策技術、環境－經濟系統協調度模型等理論構建的可持續發展評價指標體系等。關於區域可持續發展研究的評價研究一直是學界關注的重點，基本形成了單一指標或複合指標、多指標或指標體系兩類評價方法。但各類評價方法仍處於探索階段，指標與可持續發展總體目標的具體關係、指標的權重、指標的閾值、綜合評價方法一直是評價的核心和難點②。在可持續概念沒有提出之前，社會發展與經濟發展衡量指標非常粗陋且不科學，通常直接使用國民生產總值等經濟增長指標來度量發展水平。但是這些經濟增長指標並不足以準確反應收入分配狀況對福利的影響，也不能反應資源環境的變化情況。早在20世紀90年代，Kozak（1996）③就對經濟增長指標作為發展指標提出過質疑。社會學家在社會指標研究中對生活質量的關注強化了人們對經濟增長指標作為發展指標的懷疑。④經濟增長只能表示經濟績效，而不能衡量內容豐富的社會發展。有學者主張用人的基本需求的滿足來定義發展，用相應的商品佔有量來衡量社會發展水平，如人均糧食消費

---

① 葉民強. 雙贏策略與制度激勵 [M]. 北京：社會科學出版社，2002：43-44.
② 李利鋒，等. 區域可持續發展評價 [J]. 地理科學進展，2002，21（3）：245.
③ 伊格納·齊薩克斯. 導論：從量和質兩個方面測量發展——其含義及其限制 [J]. 國際社會科學雜誌：中文版. 1996，13（1）：7-18.
④ Bauer R A. Social Indicator [M]. Cambridge, MA: MIT Press, 1966.

量、人均肉食品消費量、人均能源消費量等。[1]另有一種觀點認為人的選擇機會和能力比商品佔有更為重要[2]，因此更加看重人的受教育水平等指標。

隨著可持續發展理論的提出，舊的社會發展指標中也逐漸加入了度量可持續性的內容。1963年聯合國社會發展研究所（United Nations Research Institute for Social Development, UNRISD）的成立，標誌著即將對社會發展指標進行大規模的改進。UNRISD在關於發展的度量方面做了大量的工作，在20世紀60年代建立了生活水平指數。[3]在20世紀70年代提出了基於嬰兒死亡率、預期壽命、識字率、入學率、電話普及率、人均表面鋼鐵消費量、人均表面能源消耗量、每一男性農業工人的平均農業產值、人均國民生產總值、自來水普及率、專業技術人員占總經濟活動人口的百分比等十幾項指標的加權平均的百分制通用發展指數。[4][5][6] UNRISD近年來在這方面的主要工作有：一是選擇15項基本指標，要求務必適合於最貧窮的國家，二是設計、試驗一套簡化的數據收集技術，以求以合理的成本獲取所需要的信息。[7]聯合國開發計劃署（United Nations Development Programme, UNDP）也於1992年建立了包含人均收入（按照購買力平價PPP計算）、預期壽命和生育、教育三類數據的人類發展指數[8][9]。除了以上用較少的指標項（一般20項以下）構造綜合的發展指數以外，度量社會發展水平的另一種方法是盡可能全面選取各方面的指標組成體系，用指標體系來綜合衡量發展水平。例如Henderson對城市生活質量就提出了由100項指標組成的指標體系，包

---

[1] Streeten P S, Burki J, ul Haq M, et al. First Thing's First—Meeting Basic Needs in Developing Countries [M]. New York: Oxford University Press, 1981.

[2] Sen A. The Standard of Living [M]. Cambridge: Cambridge University Press, 1987.

[3] Drewnowsks J, Scott W.『The Level of Living Index』Report4 [R]. Geneva: United Nation's Research Institute for Social Development, 1966.

[4] Mcgranahan D, Richard-Proust V C, Sovani N V, et al. Contents and Measurement of Socio-Economic Development [M]. New York: Praeger, 1972.

[5] Mcgranahan D, Pizarro E, Richard C. An Inquiry into International Indicators of Development of Social and Economic Components of Development [C] //United Nations Research Institute for Social Development (UNRISD). Measurement and Analysis of Socio-Economic Development. Geneva: UNRISD, 1985.

[6] 唐納德·麥格雷納罕. 發展的測度：聯合國社會發展研究所的研究工作 [J]. 國際社會科學雜誌：中文版, 1996, 13 (1): 43-63.

[7] Westendoff D G, Ghai D. Monitoring Social Progress in the 1990s- Data Constraints, Concerns and Priorities [M]. Aldershot: Avebury/ UNRISD, 1993.

[8] 保羅·斯特里滕. 關於人文發展指數的爭論 [J]. 國際社會科學雜誌：中文版, 1996, 13 (1): 31-44.

[9] UNDP. Human Development Report 1992, 1993, 1994, 1995 and 1996 [R]. New York: Oxford University Press, 1997.

括經濟、公共安全、保健、教育、自然環境、流動性、行政管理、政治、社會環境、文化娛樂10個方面的指標，每個方面又包括10項左右的具體指標。綜上可以看出，對於發展的評價日趨科學與規範。

近年來，除可持續發展的研究在指標及指標體系的構建上取得巨大成就外，一些具體的、有針對性的研究工作也給可持續發展這個研究領域帶來新的啟發，尤其是跨學科的應用，從而催生出低碳經濟等新的概念。此外在生物自然科學領域如生物燃料、太陽能、風能的利用方面，在城市化發展領域如城市可持續發展機制研究等方面都成果頗豐。

按照可持續發展原則，在考慮如何使城市能源使用效率提高的問題上，傳統的評價標準需要關注環境因素、經濟因素以及社會因素等多方面。Ifigeneia Theodoridou et al.（2012）通過對希臘城市的研究提出了一套新的可行的方法以研究如何提高希臘城市能源使用效率，尤其是在城市人口密度較大的情況下。[1] 不管是現在還是未來，城市都將作為歐洲經濟的發動機和關鍵要素。Jan Rormans et al.（2000）在研究了歐洲城市與可持續發展的相關問題後設計了一套綜合性的城市規劃框架。這一框架整合了信息系統和動力學模型，從而使得這一框架在理論研究和實際操作領域都能夠適用，並且理論上這種規劃方法可以適用於任何一個類型的城市規劃。[2] Marcus & Werner（2010）通過研究巴西大草原地區的生物燃料作物種植與濫伐森林資源以及糧食作物生產之間的關係發現，產油作物的種植與森林砍伐量呈正相關關係，與糧食作物生產呈負相關關係，而後一個結論顯然使生物燃料的生產成為了當地糧食安全最大的威脅。[3] 該研究有益於提醒政府在鼓勵清潔能源的同時不應當危害當地環境以及糧食安全並有益於地區和國家達成可持續發展的目標。Jake M. Piper（2002）利用累積效應評價（CEA）方法對英國的四個例子進行研究後認為，可持續發展目標在政策層面是合適的，但在實際行動層面卻顯得不太有說服力，英國在怎樣實現可持續發展目標上在經歷了幾十年的實踐後認識仍然模糊不清。[4]

---

[1] Ifigeneia Theodoridou, Agis M. Papadopoulos, Manfred Hegger. A Feasibility Evaluation Tool for Sustainable Cities-A case Sudy for Greece [J]. Energy Policy. 2012（44）：207-216.

[2] Jan Rotmansa, Marjolein van Asselt, Pier Vellinga. An Integrated Planning Tool for Sustainable Cities [J]. Environmental Impact Assessment Review. 2000（20）：265-76.

[3] Marcus Vinicius Alves Finco, Werner Doppler. Bioenergy and Sustainable Development: The Dilemma of Food Security and Climate Change in the Brazilian Savannah [J]. Energy for Sustainable Development. 2010（14）：94-199.

[4] Jake M. Piper. CEA and Sustainable Development Evidence from UK Case Studies [J]. Environmental Impact Assessment Review. 2002（22）：17-36.

Mostafa et al. (2011) 比較了來自不同國際組織所提供的有關城市的發展策略 (City Development Strategies, CDS) 后,認為要達成可持續發展的目標,城市規劃是一個關鍵性的因素,不僅如此,可持續的城市化還必須在城市區域內的經濟、環境以及社會事務方面找到一個平衡點。[1] Axel Volkery et. al. (2006) 在研究了19個發展中國家和發達國家以後得出結論,認為儘管過去對可持續發展已經進行了許多研究,但是不論是發達國家還是發展中國家都仍然還處於學習如何達成可持續發展目標的階段,所有的努力仍是探索性的,還沒有解決的關鍵性問題包括:第一,國家預算與可持續發展目標之間的協調;第二,次國家級別區域之間可持續發展戰略之間的協調;第三,國家層面的可持續發展戰略之間的協調。而且該文較為關注的是制度結構在可持續發展中的重要性。[2] Abders Breidlid (2009) 則關注了非洲地區可持續發展與文化、本土知識系統 (Indigenous Knowledge System, IKS) 以及教育之間的關係,並認為加大對本土知識系統的研究有益於可持續發展的總體水平提高。[3] Charikleia & Dimitris (2010) 建立了 LOWA (Linguistic Ordered Weighted Averaging) 算子,並研究了發展中國家在可持續發展框架下的能源需求與優先發展領域。他們認為,全球發展中國家應優先保障工業能源需求和工業電力的需求。[4] Habib & Danjuma (2002) 試圖提出一種具有普適性(或僅需微調)的貧困地區可持續發展模式,即建立貧困地區城市可持續發展的框架,讓城市中心地區成為帶動周邊貧困地區發展的動力,並強調可持續發展理論的研究和其發展理念在貧困地區的普及對於貧困地區改變現狀具有非常重要的意義。[5] Graham (1997) 在分析了城市與其內部環境各要素(自我依賴、城市的再設計、外部獨立性、城市空間的公平共享)之間的關係后提出了一種可持續都市發展模型,試圖

---

[1] S. Mostafa Rasoolimanesh, Nurwati Badarulzaman, Mastura Jaafar. City Development Strategies (CDS) and Sustainable Urbanization in Developing World [J]. Procedia-Social and Behavioral Sciences, 2012 (36): 623-631.

[2] Axel Volkery, Darren Swanson, Klaus Jacob, Francois Breghala, Lá szló Pintér. Coordination, Challenges, and Innovations in 19 National Sustainable Development Strategies [J]. World Development, 2006 (34): 2047-2063.

[3] Anders Breidlid. Culture, Indigenous Knowledge Systems and Sustainable Development: A Critical View of Education in an African Context [J]. International Journal of Educational Development, 2009 (29): 140-148.

[4] Charikleia Karakosta, Dimitris Askounis. Developing Countries' Energy Needs and Priorities under a Sustainable Development Perspective: A Linguistic Decision Support Approach [J]. Energy for Sustainable Development, 2010 (14): 330-338.

[5] Habib M Alshuwaikhat, Danjuma I Nkwenti. Developing Sustainable Cities in Arid Regions [J]. Cities, 2002 (19): 85-94.

解決傳統方法下無法解決的城市化問題。他總結道，可持續的都市發展需要政府、市場不僅僅針對城市或者國家本身做出改變，更重要的是對大都市周邊較為落後的地區做出改變，同時他也強調城市住民必須清楚地意識到自己的行為會對環境造成怎樣的影響，可持續發展城市的居民應該具有超前的可持續發展意識以及對平常生活的道德思考。[1] Charikleia et. al. (2009) 研究了中國、智利、泰國、以色列、肯尼亞等發展中國家的可持續發展優先情況下的清潔發展機制，提出了諸如綜合低碳技術一類的具體技術手段，並且試圖使用多維標準決意方法（Multi Criteria Decision Making，MCDM）幫助發展中國家將清潔發展機制引向可持續發展效益產出最大的領域[2]。William Seabrooke et. al. (2004) 以中國的香港和廣州作為研究對象，探討了土地政策與可持續發展之間的關係。研究表明地方政府的土地政策的模糊不清對長期的可持續發展具有阻力，因此提出要將可持續發展定位到可以進行實際操作的層面，地方政府的土地使用政策必須建立清晰、透明的標準。[3] Richard Bond et. al. (2001) 認為對可持續發展的傳統評價方法過於單一，而隨著可持續發展受到學界越來越多的關注，應該有一種對可持續發展目標進行評價的多維度標準。[4] Cigdem Varol et. al. (2011) 認為政府已經意識到要想獲得城市的可持續發展，有必要允許更大程度的公眾參與，鼓勵當地社區以及非政府組織參與包括環境、社會、經濟等城市領域中來。他們在對土耳其的五座城市進行了詳細的研究后發現，次國家層面的、市民共同參與的可持續城市發展政策的制定要比國家層面做出的統一的制度靈活得多，且更為有效，因此呼籲在城市可持續發展過程中應盡可能地採取因地制宜的政策，使市民參與行動更為靈活，切實地將城市可持續發展方式變得更加具有可操作性[5]。Manoj Roy (2009) 通過對孟加拉首都達卡的研

---

[1] Graham Haughton. Developing sustainable urban development Models [J]. Cities, 1997 (14): 189-195.

[2] Charikleia Karakosta, Haris Doukas, John Psarras. Directing Clean Development Mechanism towards Developing Countries' sustainable Development Priorities [J]. Energy for Sustainable Development, 2009 (13): 77-84.

[3] William Seabrooke, Stanley C. W. Yeung, Florence M. F. Ma, Yong Li. Implementing Sustainable Urban Development at the Operational Level (with special reference to Hong Kong and Guangzhou) [J]. Habitat International, 2004 (28): 443-466.

[4] Richard Bond, Johanna Curran, Colin Kirkpatrick, Norman Lee, Paul Francis. Integrated Impact Assessment for Sustainable Development: A Case Study Approach [J]. World Development, 2001 (29): 1011-1024.

[5] Cigdem Varol, Ozge Yalciner Ercoskun, Nilufer Gurer. Local Participatory Mechanisms and Collective Actions for Sustainable Urban Development in Turkey [J]. Habitat International, 2011 (35): 9-16.

究，認為隨著大城市人口的快速增長，城市周邊地區越來越受到來自城市擴張的威脅，農地以及其他生態敏感區域都處在城市化進程的威脅之中，這意味著這些大城市越來越多地暴露在全球氣候變化所引發的不利影響面前。為了保護城市周邊地區的生態環境和城市的可持續發展，他主張發展其他規模的城市而不是一味發展超級大都市，這樣有利於分散人口以減緩超級城市的過分擁擠和對氣候、環境、生態等造成的不利影響。[1] Emir Fikret oglu Huseynov（2011）則從建築學的角度探討了可持續發展城市的規劃。[2] Justin（2004）認為可持續發展是一個沒有止境的過程，沒有固定的目標或者達成后的特殊意義，只是一種通過不斷學習和改變從而創造變革的過程。唯一有意義的是通過可能有效的評估一項發展項目，為可持續發展這個延續的過程提供修正的參考。[3] Peter Nijkamp et. al.（2002）同樣關注了在可持續城市規劃背景下土地污染清除及利用問題，尤其是在觀察到目前都市區域內可持續土地利用解決方案嚴重地受制於土地污染的情況下，試圖通過案例研究建立一個有實質效果的影響評估模型，對這些被污染區域進行清理和控制，並且找出導致都市區域內受污染土地開發政策失敗或成功的關鍵因素。[4] P. M. Cozens（2002）討論了可持續城市發展的概念，通過環境設計與防範犯罪之間的內在聯繫，認為安全和可持續發展的城市應該具備自我約束的特徵，城市規劃者越來越多地開始關注並且實踐著可持續發展的理念，並且開始考慮人工環境在減少住民對犯罪的恐懼和潛在的侵害的作用。將安全與可持續這兩個概念綜合起來考慮，對設計更加安全、更加適宜居住和可持續的城市社區大有裨益。[5] 同樣是對可持續城市發展的研究，N. Dempsey et. al.（2012）在對英國眾多城市進行研究后認為，城市（人口、建築等）密度對城市的可持續發展有非常重要的影響，尤其是社會的可持續性、社會公平、環境公平、社區可持續性等方面，並試圖在 21 世紀將這

---

[1] Manoj Roy. Planning for Sustainable Urbanization in Fast Growing Cities: Mitigation and Adaptation issues Addressed in Dhaka, Bangladesh [J]. Habitat International, 2009 (33) 276-286.

[2] Emir Fikret oglu Huseynov. Planning of Sustainable Cities in View of Green Architecture [J]. Engineering, 2011 (21): 534-542.

[3] Justin M. Mog. A Comparative Framework for Evaluating Sustainable Development Programs [J]. World Development, 2004 (32): 2139-2160.

[4] Peter Nijkamp, Caroline A. Rodenburg, Alfred J. Wagtendonk Success Factors for Sustainable Urban Brownfield Development: A Comparative Case Study Approach to Polluted Sites [J]. Ecological Economics, 2002 (40): 235-252.

[5] P. M. Cozens. Sustainable Urban Development and Crime Prevention through Environmental Design for the British City towards an Effective Urban Environmentalism for the 21st Century [J]. Cities, 2002 (19): 129-137.

一研究結果更廣泛地應用於緊縮城市理論。[1] Natalie Rosales（2011）的研究通過建立一系列反應指標，並引入城市規劃過程，進而闡述了什麼因素使城市能夠長期可持續地發展。[2] Pallavi Tak Rai（2012）則在可持續城市發展問題上提出了更為有趣的想法，認為避開從大城市入手而從城市周邊的城鎮著手能夠更好地研究和解決大城市固有的問題以及可持續發展的問題。通過對印尼的分析，得出結論，認為這種從周邊小城鎮入手的可持續發展解決方案能夠創造出更加「聰明」的城市、更好的人工環境以及更快樂的城市居民。[3] Chris & Annekatrin（2000）在研究英國的情況時發現，儘管城市復興與可持續發展的政策在英國國內並舉，但實際上城市重建，尤其是經濟的重建一直是重點，而對於城市的可持續發展卻不是那麼重視；儘管既往的大多數研究都認為城市（經濟）復興對於城市的可持續貢獻良多，但是英國在戰略層面上的城市政策遠達不到所謂可持續發展的要求。通過對利物浦等地的研究，他們認為除經濟重建和精準的地產再開發策略外，城市的可持續發展以及復興過程可以通過一些非經濟的方式得以完成。[4]

1.2.1.2 國外碳排放相關研究

Zarzoso 和 Maruoti（2011）在研究了 1975—2003 年發展中國家城市化對 CO_2 排放的影響后，考慮不同國家的異質性，最后得出的結論是城市化與 CO_2 排放之間呈倒 U 型關係。[5] Poumanyvong 和 Shinji（2010）認為城市化對能源消耗以及 CO_2 排放隨國家經濟發展水平不同而顯示出很大的差異。[6] Hossain（2011）依據 1971—2007 年新工業化國家的時間序列數據分析了 CO_2 排放、能源消耗、經濟增長、貿易開放程度以及城市化之間的動態因果關係，認為城市化與 CO_2 排放之間在短期不存在直接的因果聯繫。而在長期，通過對比以能源消耗為依據的 CO_2 排放彈性系數，得出的結論是在新工業化國家，較高的能源

---

[1] N. Dempsey, C. Brown, G. Bramley. The Key to Sustainable Urban Development in UK Cities? The Influence of Density on Social Sustainability [J]. Progress in Planning, 2012（77）：89-141.

[2] Natalie Rosales. Towards the Modeling of Sustainability into Urban Planning: Using Indicators to Build Sustainable Cities [J]. Engineering, 2011（21）：641-647.

[3] Pallavi Tak Rai. Townships for Sustainable Cities [J]. Social and Behavioral Sciences, 2012（37）：417-426.

[4] Chris Couch, Annekatrin Dennemann. Urban Regeneration and Sustainable Development in Britain: The Example of the Liverpool Ropewalks Partnership [J]. Cities, 2000（17）：137-147.

[5] Inmaculada Martínez-Zarzoso, Antonello Maruotti. The Impact of Urbanization on CO_2 Emissions: Evidence from Developing Countries [J]. Ecological Economics, 2011（70）：1344-1353.

[6] Phetkeo Poumanyvong, Shinji Kaneko. Does Urbanization Lead to Less Energy Use and Lower CO_2 Emissions? A Cross-country Analysis [J]. Ecological Economics, 2010（70）：434-444.

消耗引起了 CO_2 排放的增加，從而高耗能成為了 CO_2 排放增加的罪魁禍首，而由於經濟增長、貿易開放以及不斷提高的城市化，在長期看來，環境質量會維持在一個較好的水平，也即呈現出先高后低的趨勢。中國目前正處於城市化的上升階段，從中長期來看，不論國際環境如何，中國經濟仍有慣性上升的趨勢，但同時面臨較為嚴重的資源、環境以及產業結構的限制。[1]

在研究方法方面，國外學術界為了表達人類活動對環境的影響，Ehrlich P. R. 和 Ehrlich A. H. (1970) 提出環境影響方程，認為環境影響是人口、富裕程度和技術這三個關鍵驅動力乘積的結果，簡潔地闡述了環境與驅動力之間的變化關係，因而此方程在 CO_2 減排上也得到廣泛應用。[2] 日本學者 Yoichi Kaya (1989) 提出的 Kaya 恒等式反應出能源結構碳強度、單位 GDP 能源強度、人均國內生產總值對 CO_2 排放量的影響程度，確定了人類經濟與社會活動同溫室氣體排放之間的關係，眾多的國外文獻均採用此方法進行研究。Kaya 恒等式通過因式分解，在溫室氣體排放與人口、經濟發展水平、能源利用效率和單位能源消費的碳排放因素之間建立了相應的關係。[3] McCollum et. al. (2009)[4]、Yang et al. (2009)[5]利用 Kaya 恒等式分析了不同國家及部門溫室氣體減排目標實現的可能性，並給出了相應的政策建議。Grossman & Krueger (1991) 提出環境庫茲涅茨曲線，該曲線反應出經濟增長和環境污染之間存在倒 U 型關係，成為后來學術界分析 CO_2 與經濟增長關係的主要方法。[6] Toda 和 Yamamoto (1995) 提出的 TY 因果檢驗方法，避免了傳統的格蘭杰因果檢驗所存在的問題，簡化了傳統的格蘭杰因果檢驗。

---

[1] Sharif Hossain. Panel Estimation for CO_2 Emissions, Energy Consumption, Economic Growth, Trade Openness and Urbanization of Newly Industrialized Countries [J]. Energy Policy, 2011, 39 (11): 6991-6999.

[2] Ehrlich P R, Ehrlich A H. Population, Resources, Environment Issues in Human Ecology [M]. San Francisco: Freeman, 1970.

[3] Yoichi Kaya. Impact of Carbon Dioxide Emission on GNP Growth: Interpretation of Proposed Scenarios [R]. Paris: Presentation to the Energy and Industry Subgroup, Response Strategies Working Group, IPCC, 1989.

[4] David McCollum, Christopher Yang. Achieving Deep Reductions in US Transport Greenhouse Gas Emissions: Scenario Analysis and Policy Implications [J]. Energy Policy, 2009 (12): 5580-5596.

[5] Christopher Yang, David McCollum, Ryan McCarthy, Wayne Leighty. Meeting an 80% Reduction in Greenhouse Gas Emissions from Transportation by 2050: A Case Study in California [J]. Transportation Research Part D: Transport and Environment, 2009 (3): 147-156.

[6] G. M. Grossman, A. B. Krueger. Economic, Growth and the Environment [J]. Quarterly Journal of Economics, 1995 (2): 353-377.

1.2.1.3 國外隱含碳排放研究

隱含碳排放是指為了得到某種產品，而在產品整個生產鏈條中多排放的二氧化碳，包括生產過程中直接和間接的二氧化碳排放。[1] 由於國際貿易的存在，一個國家可以通過進口能源密集型或者碳排放密集型產品，以達到本國的碳減排目的。但是其他國家相關產品的供應量增加，可能導致全球碳排放量的增長，從而產生所謂「碳泄漏」（Carbon Leakage）[2][3][4]，從而導致國際碳排放控制的努力失效。

關於隱含碳排放的研究目前還主要是在國際貿易領域的研究中較為常見，而針對城市活動的隱含碳排放研究則較少。目前，「隱含流」的測算方法主要有兩種：一是基於產品生命週期評估的由下而上的測算方法；二是運用投入產出理論的由上而下的測算方法。其中生命週期評估法比較適用於特定商品的量化評估，而大尺度的測算採用由上而下的投入產出法則比較全面。Ackerman（2007）運用投入產出理論，結合美日兩國1999至2005年的能源及貿易數據，分析了兩國貿易過程中隱含碳排放情況，結果顯示兩國貿易並沒有使得 CO_2 排放達到有效的跨國轉移。[5]

由於「碳泄漏」問題的出現，不少學者開始從最終消費角度，考慮最終使用產品中的隱含碳排放問題，從而對各國實際消費的碳排放權以及通過國際貿易產生的碳排放轉移問題有更清醒的認識，同時有利於對各國的碳減排責任進行重新考察。Schaeffer & Sac（1996）[6]研究了巴西1972—1992年進出口中的隱含碳流，指出發達國家通過國內消費產品的離岸製造和生產，將 CO_2 排放轉移到發展中國家。Ahmad & Wyckoff（2003）[7] 對65個國家由化石燃料燃燒產

---

[1] 齊曄，李惠民，徐明. 中國進出口貿易中的隱含碳估算 [J]. 中國人口·資源與環境，2008，18 (3)：8-13.

[2] Wyckoff AW, Roop JM. The Embodiment of Carbon in Imports of Manufactured Products: Implications for International Agreements on Greenhouse Gas Emissions [J]. Energy Policy, 1994, 22 (3): 187-194.

[3] Khrushch M. Carbon Emissions Embodied in Manufacturing Trade and International Freight of the Eleven OECD Countries [D]. Berkeley: University of California at Berkeley (MSc Thesis), 1996.

[4] Lenzen M. Primary Energy and Greenhouse Gases Embodied in Australian Final Consumption: an Input-output Analysis [J]. Energy Policy, 1998, 26 (6): 495-506.

[5] Frank Ackerman, Masanobu Ishikawa, Mikio Suga. The Carbon Content of Japan-US Trade [J]. Energy Policy, 2007 (35): 4455-4462.

[6] Schaeffer R, Sac, AL. The Embodiment of Carbon Associated with Brazilian Imports and Exports [J]. Energy Conversion and Management, 1996, 37 (6-8): 955-960.

[7] Ahmad N, Wyckoff AW. Carbon Dioxide Emissions Embodied in International Trade of Goods [R]. Paris: Organization for Economic Cooperation and Development (OECD), 2003.

生的 CO_2 排放數據進行了分析，指出 1995 年為了滿足 OECD 國家國內消費需求的 CO_2 排放比與產出相關的排放高出 5%。這些過度的排放可以歸因於幾個主要的隱含碳進口國——美國、日本、德國、法國和義大利，而這顯然不利於全球碳減排目標的實現。Shui& Harriss（2006）[①]研究了中美貿易中的隱含碳。研究結果揭示了 1997—2003 年，中國出口到美國的貿易品中隱含的碳排放的增長率高於中國每年碳排放的增長率。而中國目前 CO_2 排放量的 7%~14% 是由向美國出口導致的。如果美國從中國進口的物品是由其國內生產，那麼美國的 CO_2 排放將會增加 3%~6%。他們指出中美的貿易有利於美國減少能量消耗，但是由於中國工業部門中煤炭的大量使用和低效率的製造技術，中美兩國貿易增加了全球的 CO_2 排放。顯然，關於隱含碳的大量研究揭示了各國的碳平衡。

1974 年，國際高級研究機構聯合會首次提出了「隱含流」（Embodied Flow）概念，在「Embodied」后面加上資源或者污染排放物的名稱用以分析產品生產過程中污染的排放以及對資源的消耗。「隱含碳」是「隱含流」的衍生，即為了得到某種產品而在整個生產過程中排放的碳總量。關於隱含碳的研究主要集中於國際貿易方面。目前關於國際貿易中隱含碳排放量的研究中，還不存在權威的測算方法，大部分實證研究都停留在估算層面。測算方法是投入產出分析，即運用投入產出理論由上而下的測算方法，適用於大尺度的測算。投入產出法從範圍的廣度又可以分為單區域和多區域投入產出模型，目前學者最常用的還是單區域投入產出模型。

投入產出分析於 20 世紀 30 年代由列昂惕夫提出，通過編製投入產出表，分析各部門之間產品供應與需求平衡關係。列昂惕夫在 20 世紀 30 年代后期開始將投入產出應用到能源和環境領域。利用投入產出技術中的直接消耗系數和完全需求系數可以解釋產品貿易背后完全的隱含能或隱含碳。

單區域投入產出模型基於以下假設：進口產品的能耗系數（碳排放系數）等同於國內同產品的能耗系數，解釋為國外進口產品是利用國內的生產技術和能源投入方式生產。但由於一國進口的產品來源於世界上多個國家和地區，擁有不同的生產技術，會產生不同的能耗系數和碳耗系數。為了盡可能獲得準確的研究結果，有學者對單區域投入產出分析框架進行了改進，例如將進口產品分為中間投入品和最終消費品，也有學者採用進口來源國的國內 GDP 單位能耗和碳耗來計算進口產品隱含碳。但由於單區域投入產出模型的進口同質性的

[①] Shui B, Harriss RC. The Role of CO_2 Embodiment in US-China Trade [J]. Energy Policy, 2006 (34): 4063-4068.

前提假設存在，對技術水平和能源結構明顯不同的國家之間的貿易隱含碳的估算，會產生準確度不高的結果。多區域投入產出模型的提出，考慮了進口產品在進口國生產時的能耗係數或碳耗係數。Peters & Hertwich（2006）採用多區域投入產出模型對挪威進行的研究表明，與單區域投入產出模型的計算結果相比，后者大大低估了挪威貿易隱含碳排放。[①] Weber et al.（2007）進一步提出了一系列全球多區域投入產出的貿易模型。[②] Peters & Hertwich（2008）利用 GATP（Global Trade Analysis Project）數據庫建立了包括87個國家和地區、57個部門的模型。[③] 雖然多區域投入產出模型在研究能源與環境方面得到較大的發展，但是考慮到模型的複雜性以及對數據處理的高要求，單區域投入產出模型還是學者們主要採用的方法。Schulz（2010）[④] 在利用間接評估方法對新加坡的經濟進行了研究，認為在小型的開放經濟條件下，單純地以直接的評價方法來估算城市碳排放顯得有些力不從心，而涉及向上或向下的隱含碳排放的研究對經濟研究更有價值，其在使用隱含流評價方法對新加坡的城市規模經濟進行研究后得出結論——用傳統的直接評估方法所估算的溫室氣體排放量實際上只占到利用間接評價方法所估算的總排放量的20%左右。顯然，直接的測算方法比起間接的隱含流的評價方法有很大差距。隨著世界貿易和城市化的不斷發展，關於城市系統的間接壓力的討論還應該涉及公平與效率的問題。此外還有許多學者關於國際貿易的隱含碳研究都表明，傳統的方法對於碳排放的測算都存在偏低的情況。因此為了更加科學和全面地把握生產、貿易過程中的碳排放真相，採取一種盡可能全面的碳排放測算方法對國際碳流動、各國碳減排義務的明確都是非常必要的。

1.2.1.4 國外低碳城市建設研究

英國是全世界最早提出「低碳經濟」的國家，其早在2003年就在《我們

---

① Glen P. Peters, Edgar G. Hertwich. Pollution Embodied in Trade: The Norwegian Case [J]. Global Environmental Change, 2006 (16): 379-387.

② Christopher L. Weber, H. Scott Matthews. Quantifying the Global and Distributional Aspects of American Household Carbon Footprint [J]. Ecological Economics, 2008 (66): 379-391.

③ Anders Hammer Stromman, Glen P. Peters, Edgar G. Hertwich. Approaches to Correct for Double Counting in Tiered Hybrid Life Cycle Inventories [J]. Journal of Cleaner Production, 2009 (17): 248-254.

④ Niels B. Schulz. Delving into the carbon footprints of Singapore-comparing Direct and Indirect Greenhouse Gas Emissions of a Small and Open Economic System [J]. Energy Policy, 2010 (38): 4848-4855.

的未來》白皮書中對「低碳經濟」進行過詳細的敘述。[1] 此后，「低碳經濟」這個概念就開始大範圍地、高頻率地出現在人們的視線當中。全球氣候變暖，海平面上升等世界性問題使低碳問題成為國際社會的關注焦點。而在全球化浪潮席捲全球，城市化大發展的背景下，控制溫室氣體排放向城市的未來發展提出了新的挑戰，低碳城市逐漸成為低碳經濟與低碳社會的空間具象。據估計，至21世紀初葉末期，全球城市人口將達到全球總人口的60%以上，而由城市地區所產生的碳排放總量將占到全球碳排放總量的70%以上。[2] 因此，鑒於世界城市人口以及目前人類社會的發展趨勢，發展低碳城市將成為穩定平衡自然生態與社會經濟、減少溫室氣體排放的主要手段。

低碳城市建設涉及經濟、社會等諸多要素，成為包括地理學、環境生態學、城市經濟學等領域共同關注的對象。追根溯源，低碳城市源於發展低碳經濟的思想，進而可以追溯到可持續發展的理念。基於可持續發展的思想，學者們對衣、食、住、行、用等方面的低碳化發展進行了廣泛而卓著的探索。

要建設低碳城市必須首先瞭解什麼因素阻礙或促進低碳城市的形成。按照影響城市碳排放變化的影響因素劃分，可以將這些影響因素分為宏觀因素與微觀因素兩個類型。

微觀因素是最本質的，其影響城市碳排放變動的因素。具體來講，要探討微觀層面的影響因素需要從生產和消費這兩條路徑進行研究。從生產路徑的碳排放考察主要包含了工業[3]、建築業[4]、交通運輸業[5]及服務業[6]等，也即涵蓋了我們常見的產業分類方法中的產業部門；而從消費路徑考察碳排放則主要涉

---

[1] Department of Trade and Industry (DTI). UK Energy White Paper: Our Energy Future-creating A Low Carbon Economy [M]. London: TSO, 2003: 1-142.

[2] United Nations. World Urbanization Prospects: The 2005 Revision [R]. New York: United Nations, 2005: 1-196.

[3] Diakoulaki D, Mandaraka M. Decomposition Analysis for Assessing the Progress in Decoupling Industrial Growth from CO_2 Emissions in the EU Manufacturing Sector [J]. Energy Economics, 2007, 29 (4): 636-664.

[4] Dimoudi A, Tompa C. Energy and Environmental Indicators Related to Construction of Office Buildings [J]. Resources, Conservation and Recycling, 2008, 53 (1/2): 86-95.

[5] Yang C, McCollum D, McCarthy R, et al. Meeting an 80% Reduction in Greenhouse Gas Emissions from Transportation by 2050: A Case Study in California [J]. Transportation Research Part D: Transport and Environment, 2009, 14 (3): 147-156.

[6] Wu X C, Priyadarsini R, Eang L S. Benchmarking Energy Use and Green House Gas Emissions in Singapore's Hotel Industry [J]. Energy Policy, 2010, 38 (8): 4520-4527.

及人們的吃、穿、用、遊、購、娛等相關活動。據此，諸多學者對工業生產[1]、家庭行為[2]等不同城市部門的碳排放進行了分析。Bristowa et. al.（2008）的研究表明，單獨的技術進步並不能有效地降低碳排放，要想借助技術進步來削減城市碳排放量必須要依靠城市居民的積極改變過去的那種非環保的生產以及生活行為。[3]

宏觀因素相對於微觀因素則顯得較為籠統，其大致可以概括為以下幾個方面：其一是經濟規模的增長，其二是城市人口的自然增長，其三是城市產業結構，其四是城市本身的向外擴張，其五是城市產業的生產技術進步，其六是城市治理手段與政策的創新與進步。此外，宏觀因素還包括具體微觀因素之外所能想到的所有與城市低碳化相關的內容。在宏觀因素方面，關於碳排放與經濟發展之間關係的研究中主要存在線性說[4]、倒 U 型說[5]和 N 型說[6]這三大類。除開這種因素兩兩關係的研究，更多的學者將目光投向了探索碳排放機制與城市發展機制方面的研究。Lebel et al.（2007）的研究認為城市的擴張會引起城市內部格局和功能的變化從而導致碳排放時機、數量以及空間點源分佈模式和構成的變化[7]；Strachan et al.（2004）在其研究中總結了目前的所謂先進低碳技術，這些技術主要包括碳減排技術、低碳能源利用技術、碳固定與封存技術等，並認為這些技術的可獲得性與成熟程度直接影響著城市生產和消費的碳排放水平[8]。低碳城市建設的制度學派則認為低碳城市的最終實現有賴於政策機制的設計。McEvoy et. al（2004）認為城市政策是追求可持續發展和實現城市

---

[1] Ang B W. The LMDI Approach to Decomposition Analysis: A Practical Guide [J]. Energy Policy, 2005, 33 (7): 867–871.

[2] Greening L A, Ting M, Krackler T J. Effects of Changes in Residential End-uses and Behavior on Aggregate Carbon Intensity: Comparison of 10 OECD Countries for the Period 1970 through 1993 [J]. Energy Economics, 2001, 23 (2): 153–178.

[3] Bristowa A L, Tight M, Pridmore A, et al. Developing Pathways to Low Carbon Land-based Passenger Transport in Great Britain by 2050 [J]. Energy Policy, 2008, 36 (9): 3427–3435.

[4] Galeotti M, Lanza A, Pauli F. Reassessing the Environmental Kuznets Curve for CO_2 Emission: A Robustness Exercise [J]. Ecological Economics, 2006, 57 (1): 152–163.

[5] He J, Richard P. Environmental Kuznets curve for CO_2 in Canada [J]. Ecological Economics, 2009, 11 (3): 1–11.

[6] Martinez Z I, Bengochea M A. Pooled Mean Group Estimation for An Environmental Kuznets Curve for CO_2 [J]. Economic Letters, 2004, 82 (1): 121–126.

[7] Lebel L, Garden P, Banaticla M R N, et al. Integrating Carbon Management into the Development Strategies of Urbanizing Regions in Asia [J]. Journal of Industrial Ecology, 2007, 11 (2): 61–81.

[8] Strachan, N, Pye S, Kannan R. The Iterative Contribution and Relevance of Modeling to UK Energy Policy [J]. Energy Policy, 2009, 37 (3): 850–860.

低碳排放的最有效手段[1];Streck et. al(2004)主張大力推廣城市清潔發展機制來實現城市低碳排放[2];而 Steven et. al(2003)[3]則主張採取更為市場化的手段來實現城市的低碳排放,如碳排放交易計劃。此外 Dhakal(2007)還提出了一種專門針對城市碳排放控制的一攬子管理計劃——城市區域碳管理。[4]當然,除開以上所列舉的幾種主要新型手段外,傳統城市管理手段也同樣可以在低碳建設中發揮很好的作用,例如開徵碳稅[5],對企業發放碳信用額等[6]。

低碳城市建設中所涉及的一個重要方面是針對城市空間的低碳規劃。城市空間低碳設計主要通過土地資源、能源、城市建築與交通系統的綜合配置,促使城市中長期低碳發展模式的形成。具體措施包括調節燃料使用量與各種燃料的比例來減少城市碳排放量等。低碳城市空間規劃是否成功有賴於低碳社會和低碳經濟的整合程度,最為關鍵的是要想方設法實現所謂「低碳」排放或「零碳排放」(碳排放量控制在一定的臨界值內,使所排放的溫室氣體能夠被自然環境所消化)。Rickaby(1987)[7]、Jabareen(2006)[8]以及 Kenworthy(2006)[9]所提出的各種有關城市的規劃設計都充分體現出這種對城市空間低碳化設計的關注。此外,Roseland(2000)提出不同級別的社區可以通過某種政治或者經濟手段將經濟目標、環境目標與社會的長遠發展目標整合在一

---

[1] McEvoy D, Gibbs D C, Longhurst J W S. Urban Sustainability: Problems Facing the「Local」Approach to Carbon-reduction Strategies [J]. Environment and Planning C: Government and Policy, 1998, 16 (4): 423-432.

[2] Streck C. New Partnerships in Global Environmental Policy: The Clean Development Mechanism [J]. Journal of Environment & Development, 2004, 13 (3): 295-322.

[3] Steven S, Sijm J. Carbon Trading in The Policy Mix [J]. Oxford Review of Economic Policy, 2003, 19 (3): 420-437.

[4] Dhakal S, Betsill M M. Challenges of Urban and Regional Carbon Management and the Scientific Response [J]. Local Environment, 2007, 12 (5): 549-555.

[5] Baranzini A, Goldemberg J, Speck S. A future for Carbon Taxes [J]. Ecological Economics, 2000, 32 (3): 395-412.

[6] While A, Jonas A E G, Gibbs D. From Sustainable Development to Carbon Control: Eco-state Restructuring and the Politics of Urban and Regional Development [J]. Transactions of the Institute of British Geographers, 2009, 35 (1): 76-93.

[7] Jabareen Y R. Sustainable Urban Forms: Their Typologies, Models and Concepts [J]. Journal of Planning Education and Research, 2006, 26 (1): 38-52.

[8] Rickaby P A. Six Settlement Patterns Compared [J]. Environment and Planning B: Planning and Design, 1987, 14 (2): 193-223.

[9] Kenworthy J R. The eco-city: Ten key Transport and Planning Dimensions for Sustainable City Development [J]. Environment and Urbanization, 2006, 18 (1): 67-85.

起①；Heiskanen（2009）認為在此基礎上可以形成一個綜合性的、具有終極指導意義的個人低碳行為準則②；Raco（2005）認為低碳社區規劃可以合理安排住房密度，有效利用交通設施，彌補綜合規劃的缺陷，日漸成為規劃過程的主題③。除開重視低碳城市規劃的重要性外，作為低碳城市經濟基礎的工業產業的規劃同樣重要，規劃工業生態學提供解決城市環境問題的綜合方案。④ Gibbs et al.（2005）認為生態產業是未來區域發展的新增長點和模式⑤，Deutz（2009）的研究表明生態產業為企業指明了未來的方向⑥，並且以低碳概念為指導建設的低碳、生態工業園以及低碳產業集群式發展將成為未來產業發展的主流模式⑦⑧。

低碳城市建設的另外一個重要元素是城市中的人口因素，而往往這些人口的行為又是以家庭為單位進行考察的。家庭行為所涉及的內容更為廣泛和複雜，事無鉅細，低碳家庭的規劃主要是通過對家庭附著物——居住房屋、交通設施、公用設施的規劃來實現的⑨，這也與能源消費的空間分佈以及城市格局密切相關⑩⑪。低碳住宅的建設一方面有賴於科學的事前規劃行為，合理的規劃讓建築物疏密有致，城市地塊的綜合利用使土地效率提高，各種生活設施

---

① Roseland M. Sustainable Community Development: Integrating Environmental, Economic and Social Objectives [J]. Progress in Planning, 2000, 54 (2): 73-132.

② Heiskanen E, Johnson M, Robinson S, et al. Low-carbon Communities as a Context for Individual Behavioral Change [J]. Energy Policy, 2009, 7 (2): 1-10.

③ Raco M. Sustainable Development, Rolled-out Neoliberalism and Sustainable Communities [J]. Antipode, 2005, 37 (2): 324-347.

④ Andrews C J. Putting Industrial Ecology into Place Evolving Roles for Planners [J]. Journal of the American Planning Association, 1999, 65 (4): 364-375.

⑤ Gibbs D C, Deutz P, Proctor A. Industrial Ecology and Eco-industrial Development: A New Paradigm for Local and Regional Development [J]. Regional Studies, 2005, 39 (2): 171-183 (13).

⑥ Deutz P. Producer Responsibility in a Sustainable Development Context: Ecological Modernization or IndustrialEcology [J]. The Geographical Journal, 2009, 175 (4): 274-285.

⑦ McManus P, Gibbs D. Industrial Ecosystems? The use of Tropes in the Literature of Industrial Ecology and Eco-industrial Parks [J]. Progress in Human Geography, 2008, 32 (4): 525-540.

⑧ Deutz P, Gibbs D. Industrial Ecology and Regional Development: Eco-industrial Development as Cluster Policy [J]. Regional Studies, 2008, 42 (10): 1313-1328.

⑨ Moll H C, Noorman K J, Kok R, et al. Pursuing More Sustainable Consumption by Analyzing Household Metabolism in European Countries and Cities [J]. Journal of Industrial Ecology, 2005, 9 (1-2): 259-275.

⑩ Van Diepen A, Voogd H. Sustainability and Planning: Does Urban form Matter [J]. International Journal of Sustainable Development, 2001, 4 (1): 59-74.

⑪ Van Diepen A. Households and Their Spatial-energetic Practices Searching for Sustainable Urban Forms [J]. Journal of Housing and the Built Environment, 2001, 16 (3-4): 349-351.

（能夠滿足購物、娛樂休閒的公共設施）臨近住宅佈局能有效減少機動車的使用從而降低碳排放[1]；更重要的另一方面是有賴於切實有效的低碳建築技術[2]，節能低碳建築在其建設過程中以及建成后都對城市整體碳減排起著非常重要的作用。[3] 但是由於建築物所有制的多樣性，低碳建築的發展仍然面臨挑戰，這些所帶來的困難遠比設計與維護這些低碳建築本身難度更大。[4]

1.2.2 國內相關研究綜述

1.2.2.1 國內可持續發展研究

與西方發達國家相比，我國的可持續發展理論研究起步較晚。並且我國的可持續發展研究具有從國外引進和國家政府推動的特點，是我國對於傳統經濟增長方式的反思。

20世紀70年代，中國政府就開始重視可持續發展理論的動向。1972年中國就組織代表團參加了聯合國在斯德哥爾摩召開的人類環境大會。1992年在里約大會上中國政府提交了《中華人民共和國環境與發展報告》，闡述了中國關於可持續發展的基本立場和觀點，並且做出了履行《21世紀議程》等會議文件的承諾。同年，國務院組織有關部門專家學者編製中國可持續發展綱領——《中國21世紀議程》。1994年中國政府制定完成並批准通過了《中國21世紀議程——中國21世紀人口、環境與發展白皮書》，確立了中國21世紀可持續發展的總體戰略框架和各個領域的主要目標。

在政府的強力推動下，一大批專家學者積極投身到可持續發展的研究領域中，並獲得了豐碩的成果。《持續發展導論》（牛文元，1994）、《可持續發展之路》（葉文虎等，1995）、《論中國可持續發展》（21世紀議程管理中心，1995）等學術作品基本代表了中國政府對待可持續發展的態度和立場。1996年第八屆全國人大四次會議明確做出了中國今后在經濟和社會發展中實施可持續發展戰略的重大決策。在這樣的背景下，可持續發展問題在我國受到不同學科專家學者的廣泛關注，他們紛紛從不同的學科角度對可持續發展問題進行研

---

[1] Urge-Vorsatz D, Harvey L D, Mirasgedis S, et al. Mitigating CO_2 Emissions from Energy Use in the World's Buildings. Building Research and Information, 2007, 35（4）：379-398.

[2] Seyfang G. Community Action for Sustainable Housing: Building a Low-Carbon Future [J]. Energy Policy, 2010, 38（12）：7624-7633.

[3] Retzlaff R C. Green Building Assessment Systems: A Framework and Comparison for Planners [J]. Journal of the American Planning Association, 2008, 74（4）：505-519.

[4] Crabtreea L. Sustainability Begins at Home? An ecological exploration of sub/urban Australian Community-focused Housing initiatives [J]. Geoforum, 2006, 37（4）：519-535.

究。可持續發展理論研究在中國獲得了迅速的發展，湧現了大批研究可持續發展理論的著作。僅中國期刊網收錄的 1994—2011 年發表的題目中包含「可持續發展」的論文就有 388,385 條，而這些論文又廣泛地分佈在經濟學、管理學、環境科學、建築學、農學等多個領域。據有關資料現實，截至 2004 年，我國出版的可持續發展理論方面的專著和譯著已經超過 700 部[①]。中國的理論工作者對可持續發展理論做出了重要貢獻，形成了具有中國特色的可持續發展理論。

在可持續發展理論引入中國以來，大批學者根據國內實踐以及各個領域的研究需要，做出了許多有益的研究。蘇振民等（2006）在對南京市的情況進行具體研究的基礎上，提出城市可持續發展度的計算公式，並根據城市可持續發展度以及城市發展度、協調度和持續度的整合狀態，對城市可持續發展的各種狀態進行分析，得出一種警度分析表，為建立城市可持續發展預警系統提供了基礎[②]。劉岩等（2000）認為城市規劃是實施城市可持續發展戰略的有效工具，探討了如何在城市規劃中引入可持續發展理論，將可持續發展和城市規劃有效地結合起來，並提出了從遠期、中期、近期三個層面逆向地來進行可持續的城市規劃。[③] 馬定武（2000）認為可城市的持續發展問題不僅僅是生態平衡、環境保護及資源的可永續利用問題，其從可持續發展的城市空間、用地與環境結構，可持續發展的城市聚居環境，可持續發展的城市文化環境，可持續發展的城市意識環境及可持續發展的制度環境五個方面討論了城市可持續的基本問題，為后來研究城市化與可持續發展奠定了基礎。[④] 謝永琴（2002）從城市空間結構方面分析了城市可持續發展的問題，認為城市是一個社會、經濟、生態複合的複雜系統，城市空間的結構會發生演變，並通過能流、物流、信息流和人流影響城市生態環境，其研究表明城市空間結構在四種動力機制的共同作用下有規律地發生變化。[⑤] 秦耀辰等（2003）以開封市為對象，基於區域可持續發展系統分析可持續理論和方法，提出了城市可持續發展模型，構建了城市可持續發展評價模型，並對開封市的具體數據進行了實證分析，並認為要實

---

① 增昭斌.我國可持續發展理論研究評述 [J].南陽師範學院學報：社會科學版，2007（6）：11-45.
② 蘇振民，林炳耀.城市的可持續發展警度——以南京為例 [J].中國人口‧資源與環境，2006（3）：103-106.
③ 劉岩，張珞平，洪華生.城市規劃與城市可持續發展 [J].城市環境與城市生態，2000（6）：12-14.
④ 馬定武.城市化與城市可持續發展的基本問題 [J].城市規劃匯刊，2000（2）：30-34.
⑤ 謝永琴.城市可持續發展的空間結構分析 [J].地域研究與開發，2002（1）：31-34.

現城市系統的可持續發展，必要的人工干預必不可少，並構建了由3級56項指標構成的可持續發展評價指標體系以及相應的評價模型。[1] 李祚泳等（2001）提出了基於遺傳算法優化的分類單項指標的發展指數普適公式，並採用廣義對比運算和層次分析法對不同層次指標賦權，建立了社會、經濟和環境可協調持續發展評價模型，並以雲南大理市為例進行了可持續協調發展評價。結果表明基於遺傳算法優化參數后的分類單項指標的發展指數共識和評價模型具有簡單、易用、普適的特點。[2] 海熱提·涂爾遜等（1997）根據可持續發展概念出發，建立了城市的發展持續度、發展協調度和發展水平綜合評價的指標體系，應用模糊綜合評價法和層次分析法，對烏魯木齊、新疆以及全國城市可持續發展進行了定量評價，為城市可持續發展平價理論研究提供了科學依據。[3] 李鋒等（2007）以山東濟寧為例建立了濟寧市可持續發展的指標體系，其中包括經濟發展、生態建設、環境保護和社會進步4類45項指標，採用全排列多邊形綜合圖示法評價城市在各個不同時段的建設成效，為其他城市的可持續發展綜合評價提供了借鑑。[4] 此外，白鳳崢（2000）結合城市可持續發展的內涵，從目標層、準則層、領域層和指標層4大層次入手，應用41個指標，測度了城市可持續發展度、可持續發展水平、可持續發展能力和可持續發展協調度，並提出了一個綜合評價模型。[5] 凌亢等（1999）以南京市為例，在探討城市可持續發展評價指標體系的設計基礎與設計原則基礎上，採用與白鳳崢相同的四層次構建了城市可持續發展評價指標體系，並運用該評價體系對城市可持續發展綜合方法進行了初步研究。[6] 凌亢等（2009）以城市可持續發展為中心，構建包括人口、資源、環境、經濟、社會5類24個指標的城市可持續發展調控指標體系，採用主觀和客觀相結合的方法確定權重，基於可拓評價方法建立城市可持續發展調控評價體系，並進行了實證分析，為可持續城市化的高

---

[1] 秦耀辰，張二勛，劉道芳.城市可持續發展的系統評價——以開封市為例[J].系統工程理論與實踐，2003（6）：1-8，35.

[2] 李祚泳，程紅霞，鄧新民，等.城市可持續發展的指數普適公式及評價模型[J].環境科學，2011（11）：108-111.

[3] 海熱提·涂爾遜，王華東，王立紅，等.城市可持續發展的綜合評價[J].中國人口·資源與環境，1997（6）：46-50.

[4] 李鋒，劉旭升，胡聃，等.城市可持續發展評價方法及其應用[J].生態學報，2007（27）：4793-4801.

[5] 白鳳崢.城市可持續發展評價指標體系的建立[J].山西財經大學學報，2000（6）：87-93.

[6] 凌亢，趙旭，姚學峰.城市可持續發展評價指標體系與方法研究[J].中國軟科學，1999（12）：106-110.

級化提供了一定的形式化和定量化的思路。[1] 常勇等（2007）論述了城市可持續發展體系的理論框架、模型體系以及評估體系。從系統的角度對城市可持續發展系統進行了剖析，認為城市可持續發展系統是由三個要素、三個層次構成的多維立體的社會發展系統；在技術方法上，採用了以「3S」技術為支撐的空間分析方法，從目標層、系統層、變量層、指標層四個層次建立城市可持續發展評估的指標體系。[2] 張新生等（1997）討論了城市可持續發展的時空複合調控動力學理論模型，並在地理信息系統、空間分析和可視的空間表達支持下，建立了城市空間增長動力學過程模擬系統。且他以廣西北海為例，選擇了兩個方法，對城市空間增長動力學過程進行了模擬，並認為對城市空間結構演變的動力學過程進行模擬分析是建立城市可持續發展空間決策支持系統的有效途徑。[3] 李晶（2005）以資源枯竭型這類特殊城市為例，考察了資源枯竭型城市的特點及困境後，提出了中國資源枯竭型城市可持續發展面臨的雙重困境，提出了一個包括經濟、社會、資源、環境四大系統的資源枯竭型城市可持續發展指標體系模型，並且認為資源枯竭型城市面臨的更為重要的困境不是資源約束而是「體制瓶頸」的約束。[4] 朱明峰等（2004）通過對資源型城市的建設及發展狀況進行分析後指出：傳統資源型城市可持續發展的最大障礙在於產業結構的單一和后備資源的不足，同時城市經營者的治理理念落後以及制度障礙是資源型城市可持續發展難以持續的根本原因。[5] 鄭伯紅等（2003）認為資源型城市在傳統的發展模式下衰退不可避免，而以特殊資源為依託的特殊經濟區，在未來如果要進行可持續的發展必須要進行產業結構的轉型和升級，提升整個城市的經濟能級，調整行政區劃並且對城市職能進行重新定位，將資源保護和節約資源相結合，延長城市主題資源的生命週期。[6] 劉頌等（1999）從城市人居環境的角度對城市可持續發展做了研究，在對國內外城市環境綜合評價研究

---

[1] 凌亢，白先春，郭存芝．城市可持續發展調控的可拓研究 [J]．中國軟科學，2009（12）：133-141．

[2] 常勇，胡晉山，黃茂軍．城市可持續發展系統空間分析 [J]．地理空間信息，2007（2）：21-23．

[3] 張新生，何建邦．城市可持續發展與空間決策支持 [J]．地理學報，1997（11）：507-516．

[4] 李晶．城市可持續發展指標體系及評價方法研究——以資源枯竭型城市為例 [J]．財經問題研究，2005（6）：52-56．

[5] 朱明峰，洪天求，賈志海，等．我國資源型城市可持續發展的問題與策略初探 [J]．華東經濟管理，2004（6）：27-29．

[6] 鄭伯紅，廖榮華．資源型城市可持續發展能力的演變與調控 [J]．中國人口·資源與環境，2003（2）：92-95．

的基礎上，確立了以人為本等城市人居環境可持續發展評價指標體系構築原則，並利用層次分析法，提出了一套層次分明、操作性較強的城市人居環境可持續發展評價指標體系。[1]趙鵬軍等（2001）就城市土地高效集約利用對城市可持續發展的要求做了研究，在回顧了我國城市土地高效集約化利用理念歷史的基礎上分析了城市土地實施高效集約利用的迫切性，對城市土地高效集約化利用做出了初步探討，採用目標法構建了我國城市土地高效集約化利用的評價指標體系，其包括2大主目標、7大子目標和21個具體評價指標。[2]劉盛和（2002）通過總結國內外不同學術派別對城市利用擴展的空間模式、動力機制及管理政策的研究，指出城市土地利用的研究重點已經從歸納空間演替模式深化到探究城市土地開發過程中的決策過程與動力機制，從崇尚土地市場的自由運作轉向對其進行精明管理，並提出我國的城市土地利用開發應從市場和政府調控兩方面進行從而實現城市可持續發展。[3]崔人元等（2007）則從另一個角度分析了城市得以可持續發展的要素——創造階層。他認為隨著知識經濟的發展和全球化進程的加深，重視人力資本，特別是創造性人才並發揮其創新作用，是城市可持續發展及競爭力的根源和保證。城市可以通過規劃建設高人居環境增加城市便利性，通過制度創新實現人的自由、提供創新的制度環境，而累積人力資本特別是興起創造階層，可從根本上增強城市可持續發展的能力。[4]張廣毅（2009）基於灰色聚類法以長江三角洲城市群以及山東半島城市群為對象，對城市可持續發展水平進行了測度分析，認為城市內部系統協調度是城市可持續發展的重要因素。[5]張衛民（2004）基於熵值法構造出經濟發展、社會進步和環境支持指數三個指標，設計出評價城市可持續發展的可持續指數和協調系數，較為合理地解決了城市可持續發展中發展水平、速度和子系統協調性的關係。[6]仇保興（2006）則認為緊湊型城市發展模式和城市多樣性是我

---

[1] 劉頌，劉濱誼.城市人居環境可持續發展評價指標體系研究［J］.城市規劃匯刊，1999（5）：35-38.

[2] 趙鵬軍，彭建.城市土地高效集約化利用及其評價指標體系［J］.資源科學，2001（9）：23-27.

[3] 劉盛和.城市土地利用擴展的空間模式與動力機制［J］.地理科學進展，2002（1）：43-49.

[4] 崔人元，霍明遠.創造階層與城市可持續發展［J］.人文地理，2007（1）：7-11.

[5] 張廣毅.基於灰色聚類法的城市可持續發展水平測度分析：以長江三角城市群和山東半島城市群為例［J］.生態經濟，2009（7）：71-81.

[6] 張衛民.基於熵值法的城市可持續發展評價模型［J］.廈門大學學報：哲學社會科學版，2004（2）：109-115.

國城市未來可持續發展的必然選擇。[1]

1.2.2.2 國內碳排放相關研究

中國工業部門每年僅因能源消費而產生的 CO_2 排放就占到全國總碳排放的 80%以上[2]。針對工業生產這個碳排放大戶的詳細研究有助於較好地把握未來中國節能減排的方向。Ang et al.（1998）採用對數平均迪式指數分解法，研究了中國工業部門因消費能源而產生的 CO_2 排放。研究表明工業部門總產出的變化在1985—1990年間對部門 CO_2 排放產生了比較大的正向驅動效應；相反，工業部門能源強度的變化則對 CO_2 排放起到了較大的抑製作用。[3] Liu et. al.（2007）則在擴充了研究樣本后對中國工業部門 CO_2 排放進行了再研究，研究方法與Ang相同，分析結果表明中國經濟的總體發展和工業終端能源強度是推動 CO_2 排放變化的最主要因素。[4] 採用同樣方法的還有宋德勇等（2009）[5]、徐國泉等（2006）[6]。他們的研究認為20世紀90年代以後中國在不同階段的經濟增長方式直接導致了碳排放的波動變化，而在1990—2004年，經濟發展對中國人均碳排放的貢獻率呈指數級增長。除開迪式分解法（LMDI）以外，利用Kaya恒等式進行碳排放的研究是另一種較為常見的方法。馮相昭等（2008）的研究表明中國在1971—2005年 CO_2 排放量的影響因素主要是經濟發展的整體規模和人口增長。[7] Ang（2009）則採用了一種將環境因素與內生增長理論相結合的分析方法研究了中國1953—2006年 CO_2 排放量變化的影響因素。在該研究中他證明與 CO_2 排放存在負相關關係的因素有研發強度、技術轉移難易程度以及本國對技術的接收能力，而更多的能源消費、收入增加以及經濟的更

---

[1] 仇保興. 緊湊度和多樣性——我國城市可持續發展的核心理念 [J]. 城市規劃, 2006 (11): 18-24.

[2] 王鋒, 吳麗華, 楊超. 中國經濟發展中碳排放增長的驅動因素研究 [J]. 經濟研究, 2010 (2): 123-136.

[3] Ang B. W., Zhang F. Q., Choi K. Factorizing Changes in Energy and Environmental Indicators Through Decomposition [J]. Energy, 1998 (6): 489-495.

[4] Liu L., Fan Y., Wu G., Wei Y. Using LMDI Method to Analyze the Change of China's Industrial CO_2 Emissions from Final Fuel Use: An Empirical Analysis [J]. Energy Policy, 35 (11): 5892-5900.

[5] 宋德勇, 盧忠寶. 中國碳排放影響因素分解及其週期性波動研究 [J]. 中國人口·資源與環境, 2009 (3): 93-108.

[6] 徐國泉, 劉則淵, 姜照華. 中國碳排放的因素分解模型及實證分析: 1995—2004 [J]. 中國人口·資源與環境, 2006 (6): 78-85.

[7] 馮相昭, 鄒驥. 中國 CO_2 排放趨勢的經濟分析 [J]. 中國人口·資源與環境, 2008 (3): 43-47.

加開放將導致 CO_2 排放增加。[1]

在城市活動與碳排放關係的研究方面，牛叔文等（2010）以亞太地區 8 個國家為考察對象，分析了 1971—2005 年間耗能、GDP 和 CO_2 排放的關係，認為由於不同國家發達程度不同，碳排放基數和能源利用率存在很大差異，發達國家單位能耗和單位 GDP 的 CO_2 排放較低，而發展中國家則較高。根據中國的實際情況，他們認為我國應積極轉換能源結構，同時通過技術手段提升能源利用效率，促進節能減排，以在國際氣候談判中謀得主動。此外，國內現階段城市化與經濟發展過程中的碳排放問題的研究主要集中在對碳排放增長的預測和影響分析上。[2] 王峰等（2010）利用對數平均迪式指數分解法研究了 1995—2007 年中國 CO_2 排放量的 11 種驅動因素，並得出結論認為不同時期 CO_2 排放量增長的驅動因素不同。[3] 林伯強等（2009）採用兩種不同方法進行對比研究和預測，預測了中國 CO_2 環境庫茲涅茨曲線及其拐點的對應人均收入，並認為能源強度、產業結構和能源消費結構都對 CO_2 排放有顯著影響。[4]

1.2.2.3 國內隱含碳排放研究

張增凱等（2011）在研究國際貿易隱含碳的基礎上縮小了研究範圍，分析了中國省際貿易中隱含碳排放對各省碳減排基數的影響，並估算了我國「十二五」期間各省碳減排基數。[5] 儘管將貿易範圍縮小到了一國範圍內，但是該研究仍然基於貿易過程，未對生產過程進行深入探討。陳紅敏（2009）的研究則在真正意義上針對工業生產過程。通過投入產出法對產業部門在生產過程中的隱含碳排放做了具體研究，並且得出結論認為：所有行業中建築業部門是隱含碳排放最多的部門，而且產業部門分類粗細是對各部門生產過程隱含碳排放核算影響較大的影響因素。[6] 姚亮等（2010）則運用基於投入生產技術的生命週期方法核算了 1997、2000、2002、2005、2007 這 5 年中國居民消費隱

---

[1] Ang J. B. CO_2 Emissions, Research and Technology Transfer in China [J]. Ecological Economics, 2009 (10): 2658-2665.

[2] 牛叔文, 丁永霞, 李怡欣, 等. 能源消耗、經濟增長和碳排放之間的關聯分析——基於亞太八國面板數據的實證研究 [J]. 中國軟科學, 2010 (5): 12-19.

[3] 王鋒, 吳麗華, 楊超. 中國經濟發展中碳排放增長的驅動因素研究 [J]. 經濟研究, 2010 (2): 123-136.

[4] 林伯強, 蔣竺均. 中國 CO_2 的環境庫茲涅茲曲線預測及影響因素分析 [J]. 管理世界, 2009 (4): 27-36.

[5] 張增凱, 郭菊娥, 安尼瓦爾·阿木提. 基於隱含碳排放的碳減排目標研究 [J]. 中國人口·資源與環境, 2011 (12): 47-51.

[6] 陳紅敏. 包含工業生產過程碳排放的產業部門隱含碳研究 [J]. 中國人口·資源與環境, 2009 (3): 25-31.

含碳排放量，認為隱含碳排放呈現出上升趨勢。他們並將碳排放總量用結構分解方法分解為碳排放變化率、經濟內在結構變遷、消費結構轉變、人均消費水平變化、城市化進程和人口總量變化6個因素，並分別考察了各個因素對總碳排放的驅動力。[①] 戴小文（2013）運用Kaya恆等式和LMDI方法，研究了1990—2007年間有投入產出表編製的年份，將影響中國隱含碳排放變化的因素分解為2個層次8個要素即生產過程的經濟規模因素、產業結構因素、投入產出比要素、生產方式進步要素、生活過程的人口規模要素、人口結構要素、生活水平要素以及生活方式進步要素，並嘗試比較了傳統碳排放核算方法與隱含碳排放核算方法。[②③]

1.2.2.4 國內低碳城市建設研究

隨著可持續發展理念日益深入人心，對低碳城市建設的關注也越來越多。於是這樣一個問題擺在了我們面前，即怎樣根據中國的現實國情需要來建設有中國特色的低碳城市，並將其從理論推向實踐。

國內關於低碳城市建設的研究儘管起步比國外晚，但是通過不懈的努力，在該領域也出現了許多有見地的創新。總體上看，我國低碳經濟研究已經全面展開，低碳城市研究剛剛起步並表現出以低碳技術研究為主的研究特點，而突出低碳理念導向的城市規劃方面的研究還不多見。戴亦欣（2009）認為低碳城市的實現需要政府、公民以及市場之間的共同協作，而在這之前低碳的制度設計是整個低碳城市發展的核心內容，科學合理、實事求是的低碳設計藍圖才有可能正確指導低碳城市有序建設。同時他強調低碳城市的發展理念比以往的傳統觀念更加注重政府的綜合性主導功能，而這種主導力量最直接的體現就是對城市實施治理的制度設計，當然這種制度設計離不開經濟基礎與文化的歷史傳承。[④] 顧朝林等（2009）也認為低碳城市建設的成敗關鍵在於低碳城市的規劃。[⑤] 除了對低碳城市建設的前期規劃的重視，學者們也從更加微觀的角度出發來研究和探討中國的低碳城市建設問題。付允等（2008）認為低碳城市不

---

① 姚亮，劉晶茹，王如松.中國居民消費隱含的碳排放量變化的驅動因素 [J].生態學報，2011（19）：36-41.

② 戴小文.中國隱含碳排放驅動因素分析 [J].財經科學，2013（2）：101-112.

③ 戴小文.中國農業隱含碳排放核算與分析——兼與一般碳排放核算方法的對比 [J].財經科學，2014（12）：127-136.

④ 戴亦欣.中國低碳城市發展的必要性和治理模式分析 [J].中國人口·資源與環境，2009（3）：15.

⑤ 顧朝林，等.氣候變化、碳排放與低碳城市規劃研究進展 [J].城市規劃學刊，2009（3）：38-45.

是空中樓閣，但是要真正實現低碳城市或者城市的低碳化發展必須有堅實的物質基礎作為支撐。他將這些基礎支撐歸納為四個方面，即能源製造與使用的低碳、科學技術發展的創新低碳化、產業結構的構成與經濟總發展的低碳化以及社會文明發展的低碳化。① 辛章平等（2008）從低碳城市構成的角度出發研究了城市低碳化建設的可能性，並認為在我國建設低碳城市過程中，能源低碳化開發是基本保證，清潔生產流程與機制是關鍵環節，循環利用是有行之有效的方法，可持續發展是根本動力，因此要在新能源利用、清潔技術、綠色規劃、綠色建築和綠色消費五個方面加大力度。② 陳飛等（2009）具體分析了低碳城市發展模型和指標，認為低碳城市的建設需要具體而細緻的階段性目標以及可操作的評價體系指標，否則無法有效地達到諸如生活低碳化、經濟活動循環化等具體目標。③

關於低碳城市的建設，許多學者在計量統計工具日趨完善和成熟的情況下，紛紛利用各種計量工具對城市化與碳排放進行了數理統計方面詳實的實證分析，以期望從城市碳排放與產業結構、經濟結構之間的關係找出目前中國構建低碳經濟以及低碳城市建設過程中可能存在的問題，提出未來的發展方向。陳詩一（2009）構造了中國工業38個二位數行業的投入產出面板數據，利用超越對數分行業生產函數估算了中國工業全要素生產率變化，並利用綠色增長核算分析了為實現可持續發展能源消耗和CO_2排放對中國工業增長方式轉變的影響。④ 此外，由於全球變暖已經成為世界性問題，氣候變暖問題成為人類共同的挑戰。因此，國務院發展研究中心課題組（2009）利用產權理論和外部性理論，建立了一個界定各國歷史排放權和未來排放權的理論框架，並據此提出一個將各國「共同但有區別的責任」明晰化、將所有國家納入全球減排行動的后京都時代解決方案。⑤ 張雷等（2011）分析了我國結構節能的潛力，通過中國1952—2007年的相關數據，分時期判斷了我國產業結構與能源消費結構之間的關係。並且他認為產業機構演進決定了能源消費的增長基本走向，第

---

① 付允，馬永歡，劉怡君，牛文元. 低碳經濟的發展模式研究 [J]. 中國人口·資源與環境，2008（3）：14-19.
② 辛章平，張銀太. 低碳經濟與低碳城市 [J]. 城市發展研究，2008（4）：98-102.
③ 陳飛，諸大建. 低碳城市研究的內涵、模型與目標策略確定 [J]. 城市規劃學刊，2009（4）：8.
④ 陳詩一. 能源消耗、CO_2 排放與中國工業的可持續發展 [J]. 經濟研究，2009（4）：41-55.
⑤ 國務院發展研究中心課題組. 全球溫室氣體減排：理論框架和解決方案 [J]. 經濟研究，2009（3）：4-13.

二產業在主導產業結構演進過程中極大地延緩了單位 GDP 能耗倒 U 型變化的過程，而我國以煤炭為主的能源供應結構奠定了我國碳排放增長的總體格局。[1] 因此我們認為未來中國二三十年，產業結構和能源供應結構的改善對國家發展低碳經濟至關重要。

1.2.3 國內外相關研究述評及本研究特點

1.2.3.1 國內外既有相關研究評述

通過梳理和總結所能獲取的所有國內外關於低碳經濟、低碳城市、低碳城鎮化、碳排放、隱含碳等領域的研究，筆者認為，可持續發展理論目前已經在各國形成了一定共識，各國關於低碳經濟、碳排放、貿易過程中的隱含碳排放以及低碳城市化的研究都是在可持續發展理論的基礎之上展開的。在全球化的背景下，人類社會（以主權國家為代表）的每一個活動都將對地球造成深刻的影響（尤其是在環境方面）。因此，在進行總結、分析和預測的過程中必須以可持續發展為基礎。

關於低碳經濟、低碳城市等領域的研究，國內外學者都進行了大量豐富的研究。但是關於低碳經濟、低碳城市的概念、內涵仍存在一定的爭論，各位學者也都有理論和實證根據，可以預見的是在未來的該領域研究中這種「分歧」將仍然存在。但就專門研究而言，能夠建立完整的低碳概念描述和內涵闡釋也是值得借鑑和學習的。另外，關於低碳經濟的研究催生了各種新式的研究方法，主要以各種數理模型的建立為代表，為實證研究提供了技術手段，但是大量的文獻缺乏徹底的創新，而是在已有的模型技術上進行擴充或修改，鮮有全新的理論提出。大量的運用數理模型容易使得研究變得空洞和本末倒置，陷入技術主義的歧途。同時，由於數據來源及數據本身可靠性原因，採用大量的計量工具進行研究存在一定的潛在風險。

在隱含碳排放以及碳排放因素分解領域的研究中，學者們也做了大量的工作。但遺憾的是就目前所能獲得的文獻資料而言，關於隱含碳或隱含能的研究基本都是國際貿易領域的研究，將其運用到諸如特定的城市區域的研究少有所見。關於碳排放影響因素的研究，國內外學者的努力也非常多，並認為碳排放主要的因素集中在能源消耗、產業結構、人均 GDP、人均收入等方面，但人口因素本身（日常消費、交通出行、居住條件等）沒有被關注。另外諸如制

---

[1] 張雷，李豔梅，黃園淅，等.中國結構節能減排的潛力分析 [J]. 中國軟科學，2011（2）：42-51.

度因素、文化因素等也很少進入學者們的視線,即便有所涉及都因為難以量化等因素而無法深入研究。

1.2.3.2 本研究特點

本書在計量分析中試圖在傳統的碳排放主要驅動因素的基礎上加入人口結構、生產方式進步、生活方式進步等因素,分析碳排放與相關影響因素之間的關係,並將其與低碳城市建設聯繫起來,同時提出在產業與人口因素之外還需要市政建設、文化和制度要素的支撐才能使低碳城市得以順利建設。結合中國隱含碳排放數量及驅動因素的實證分析和理論上的邏輯推理,本書進一步提出中國低碳城市建設的特殊對策。

1.3 本研究的目的、方法、內容及思路

1.3.1 本研究的目的

本研究的主要目的有兩個方面:一方面是通過對比傳統的碳排放測算方法與過去主要應用於國際貿易領域研究的隱含碳排放方法,為今後在各領域的碳排放管理研究中選擇更加科學、準確的核算方法提供一個思路;另一方面從產業角度切入,分析驅動中國碳排放和隱含碳排放變動的因素,根據這些驅動因素的特點提出相應的措施,從碳排放的驅動因素入手有效地開展碳減排實踐活動。此外,本研究還通過理論分析包括產業因素、人口因素、開展技術因素、文化因素以及制度因素在內的影響中國低碳城鎮化發展的因素,找到我國低碳城鎮化發展的依據與實踐路徑。

在研究過程中,首先將中國碳排放研究的範圍從傳統意義上的碳排放研究擴展到更加全面的隱含碳排放研究,運用I-O模型、LMDI因素分解方法以及Kaya恒等式對中國各產業隱含碳排放進行測算,並且分析影響中國近幾十年來隱含碳排放變動的驅動因素。其次,試圖在文化、制度等目前還較難利用數理模型進行分析的因素與低碳城鎮的建設之間建立聯繫。通過理論分析、邏輯推演說明中國建設低碳城鎮發展的模式選擇和所要關注的重點支撐要素。最后,通過辨析「低碳城鎮化」與「城鎮低碳化」的異同,並結合隱含碳排放驅動因素分析和新提出的文化與制度等因素對我國碳低碳城市建設的模式選擇提出建議。

1.3.2 本研究的方法

縱觀全書,研究方法主要涉及文獻計量分析方法、計量經濟分析方法、邏

輯演繹分析方法和案例分析方法四大類。

1.3.2.1 文獻計量分析方法

通過文獻計量分析方法，分析目前有關低碳城鎮化研究領域的相關文獻，通過影響因子分析、關鍵詞分析、內容分析等具體操作，找出低碳城鎮化發展領域的熱門研究主題、知名理論與論斷，為本研究提供直接的理論指導，使文獻回顧更加具有科學性。

1.3.2.2 計量經濟分析方法

計量經濟分析方法是經濟學研究中最為常見的方法，也是各類型經濟學研究中最為重要的研究方法。在本研究中，通過從統計年鑒、數據庫等數據源獲取的數據資料，通過計量經濟分析軟件，將要考察的各種要素進行關聯分析，以期找到其中的聯繫，發現其中規律，為更有針對性地開展低碳城市建設實踐提供科學依據。數據來源主要是中國統計局發布的各年度的全國統計年鑒以及其他專門統計年鑒。科學數據具有權威性，數據處理的方法與軟件上技術成熟，方法確實可行。

本研究所涉及的數理統計模型和分析方法主要包括：Kaya 恒等式的應用、I-O 投入產出模型以及 LMDI 因素分解方法，關於這三種方法將在相應的章節中做具體的說明，此處不作贅述。

1.3.2.3 邏輯演繹分析方法

由於人口、產業、城鎮化等要素指標可以通過量化數據進行計量分析，但是諸如文化、制度因素則難以有效通過數學模型進行表達，因此本研究採取實證研究與邏輯分析相結合的論證方式，對「低碳城鎮化發展支撐要素」中的產業因素、人口因素等進行實證研究，對文化因素、制度因素等則在更多程度上採取邏輯分析的方法來進行論證。

1.3.2.4 案例分析方法

通過對國內外具有先進低碳城市，尤其是中小城鎮建設經驗的案例進行分析，發現其共同特點與實踐路徑，從而結合國情、區情提出切實可行的，具有中國特色的低碳城市建設方案，為我國的低碳城市建設提供實踐參考。案例分析仍然主要從支持低碳城市建設的各種支撐要素入手進行分析。

1.3.3 本研究的內容

本書共分為七部分，具體研究內容如下：

（1）第 1 章為導論。該部分主要對本研究的選題背景及選題意義，國內外相關研究的進展、不足、研究思路、研究內容、研究框架、資料來源、研究方法以及技術路線等問題進行基本說明。

（2）第2章為低碳城市建設的理論基礎。該部分主要針對本研究涉及的相關概念進行界定，對低碳城市理論、可持續發展理論以及低碳經濟理論進行梳理和概括，為后續的研究提供理論支撐。

（3）第3章為城市化與碳排放關係研究。該部分利用可以獲得的有關城市化水平、碳排放的相關數據進行城市化發展與碳排放關係的實證分析。

（4）第4章為中國產業隱含碳排放實證分析。該部分利用投入產出模型（I-O模型）建立中國隱含碳排放量表，以2007年中國隱含碳排放為例，利用歷史數據通過實證估算出隱含碳排放量，為分析碳排放變化驅動因素奠定基礎。

（5）第5章為中國碳排放與隱含碳排放驅動影響因素分析。該部分通過分解城市隱含碳排放的驅動因素，基於Kaya恒等式和LMDI指數分解法將中國隱含碳排放分解為2個層次8個因素，即生產過程隱含碳排放的經濟規模、產業結構、投入產出比、生產方式進步以及生活隱含碳排放的人口規模、人口結構、生活水平進步和生活方式進步，並比較各種因素的碳排放貢獻，找出造成城市低碳化發展過程中的重點關注對象。

（6）第6章為中國低碳城市建設模式及核心支撐要素。該部分對「低碳城市化」與「城市低碳化」兩個低碳城市建設模式進行了對比，並將影響低碳城市建設的傳統因素以及非傳統因素都納入低碳城市建設體系進行綜合考慮，針對產業、人口、技術、文化、制度提出了具體的對策。

（7）第7章為政策建議與研究展望。該部分主要對全文進行主要結論的總結以及就全書寫作的不足進行總結，以期為未來的深入研究提供思路。

1.3.4 本研究的思路

在對國外可持續發展、低碳經濟以及低碳城市等領域的研究現狀進行評述，對可持續發展理論、低碳經濟法發展研究進行概括、總結，對中國持續發展、城市化、低碳經濟建設的歷史路徑、發展現狀以及特殊困境進行分析的基礎上，本研究的思路如下：第一，就中國的實際情況，通過數理統計方法，研判城市化與碳排放之間的關係，通過嚴謹的實證分析判斷城市化進程與碳排放之間的變化關係；第二，通過隱含碳核算方法分產業部門對中國隱含碳排放進行核算，並對比其與傳統碳排放核算方法的各種區別；第三，以中國產業部門的碳排放和隱含碳排放量為研究的基本出發點，利用Kaya恒等式對影響中國隱含碳排放變動的因素進行有限分解，並通過碳排放因素分解對城市產業結構、人口結構、經濟規模等進行探索性實證分析；第四、結合全球化、可持續

發展、發展低碳經濟的實際，針對中國低碳城市建設的現實需要，提出建立適應中國自然、人文、經濟與社會發展特點的低碳城市建設路徑以及完善支撐低碳城市建設與發展的各種要素建設。

需要說明的是，本研究提出的我國低碳城市支撐要素中，由於文化、制度、技術要素在實證分析上存在技術困難，並且在五大低碳城市支撐要素中，產業要素和人口要素又占據非常重要的地位，因此，在本研究中利用數理方法進行實證研究的要素僅涉及產業要素和人口要素，本研究也將著重在相應章節對產業要素和人口要素進行實證分析。在此基礎上，通過理論分析和邏輯推演對文化要素和制度要素等暫時還無法通過數理模型進行實證分析的要素進行分析論述。綜上，本書的研究框架如圖1.1所示。

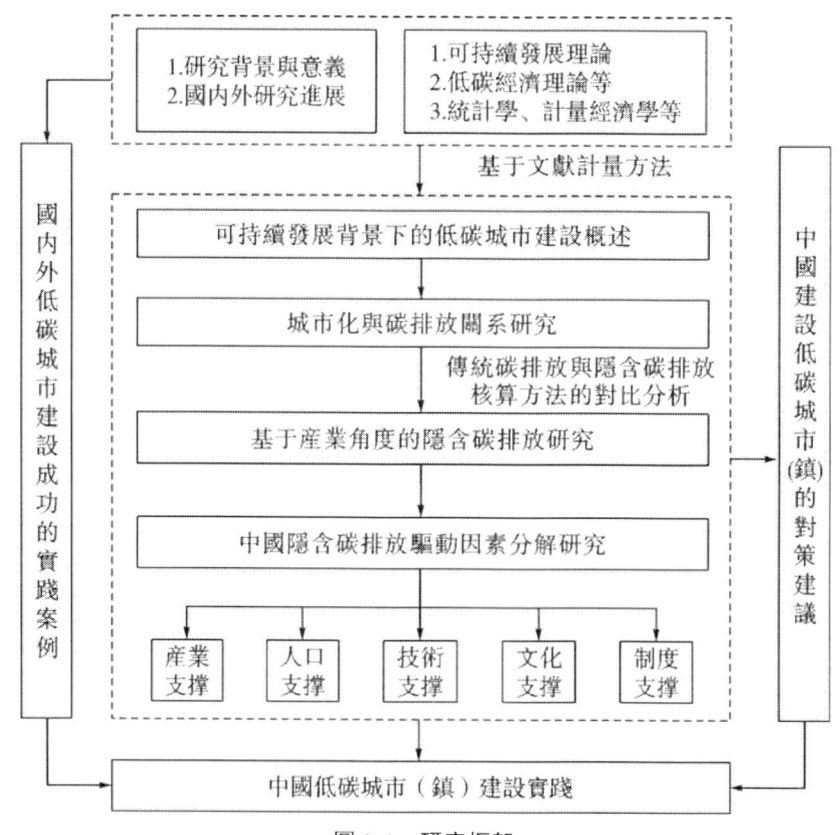

圖1.1　研究框架

2 低碳城市建設的理論基礎

2.1 本章概要

在可持續發展概念提出以後，試圖調和人與自然的各種理論就層出不窮，加之各學科不斷地觸及這些領域的研究，一些經典理論及方法重新被用於可持續發展的研究，為可持續發展注入了新的活力。城市作為世界經濟的主要載體和主要節點對人類文明和人類社會發展有著至關重要的作用。而隨著科學技術的進步，人類活動對城市形成了越來越大的壓力。這一壓力具有很強的外延性，許多的自然災害除了自然界本身的運動規律外，也不乏人類活動所造成的后果，只是這一影響並不容易被人察覺。隨著全球氣候變暖、溫室氣體排放受到全世界的關注，而構成溫室氣體的主要成分是二氧化碳，因此，各國在發展工業和城市建設時開始關注碳排放或二氧化碳排放的問題，開始從根本上尋找造成氣候變暖、空氣質量惡化等問題背後的原因。在這個尋找的過程中，逐漸形成了低碳經濟理論等。隨著研究的深入，「隱含碳排放」又走進了學者的視野。

本章首先對本研究所涉及的幾個重要概念進行了重新界定，尤其是對低碳城市建設中「低碳城市化」與「城市低碳化」這兩個在中文語境下容易混淆的概念進行了仔細分析與定義，為后面的研究鋪平了道路；其次，從可持續發展理論開始，並對其衍生出來的碳排放理論、低碳經濟理論等進行梳理，尤其從文化理論、建築理論、制度理論入手分析了低碳城市建設與這些理論進行結合的現實可能性。

2.2 相關概念的界定

在低碳城市建設的研究中往往出現許多既相互聯繫又相互區別的概念和術

語，在字面上容易被混用，因此在本研究正式開始之前有必要對幾個核心概念進行界定和說明。

2.2.1 碳排放與隱含碳排放

2.2.1.1 碳排放

碳排放是關於溫室氣體排放的一個總稱或簡稱。溫室氣體中最主要的氣體是二氧化碳，因此用碳（Carbon）一詞作為代表。雖然並不準確，但讓民眾最快瞭解的方法就是簡單地將「碳排放」理解為「二氧化碳排放」。多數科學家和政府承認溫室氣體已經並將繼續為地球和人類帶來災難，所以「碳減排」「碳中和」這樣的術語就成為容易被大多數人所理解、接受並採取行動的文化基礎。

日常生產和生活中所使用的燃料本身就是有機碳氫化合物，在燃燒過程中由於與空氣中的氧氣發生化學反應，從而形成對人體和環境基本無害的水和二氧化碳（但目前科學界認為二氧化碳是造成全球氣溫升高的主要因素，其作用機理在於當空氣中的二氧化碳濃度異常升高後，地球無法完成正常的溫度釋放，而來自太陽的光和熱輻射並不會因此而減少，因此相對地造成地球大氣層內的溫度持續升高，進而引起諸如南極冰川融化、海平面上升等一系列所謂「氣候問題」）。但當上述化學反應無法充分發生的情況下，則可能產生有害物質。以汽車為例，當燃料和空氣的比例過小（混合氣過稀）而導致機動車發動機失火時就是如此，此時便會產生大量的碳氫化合物（HC）；而燃料比例過高，則會導致混合氣過濃而不能完全燃燒，其中含碳較多的成分一部分變成含碳較少的碳氫化合物或醛類物質（氣體），一部分變為含碳較多、結構更為複雜的顆粒物或者變成固體的碳煙顆粒物（PM），或者變成燃燒中間產物一氧化碳（CO）。因此氧氣不足造成的不完全燃燒產物是碳氫化合物（HC）排放的又一個重要來源，也是碳煙及顆粒物（PM）排放和一氧化碳（CO）排放的唯一來源。

碳煙的生成需要氧氣嚴重不足的條件，因此主要在非均質燃燒的柴油機中生成。汽油機因為需要燃料與空氣均質混合後才燃燒，並且混合氣一般不會太濃，所以一般沒有碳煙，顆粒物（PM）排放也很少（但如果有機油進入混合氣中，如活塞環壞了導致串機油或燃燒混合油的二衝程汽油機，則也會產生碳煙和顆粒物；另外，如果汽油機供油系統故障導致供油失控，則也會產生碳煙）。氮氧化物（NOx）是由空氣中的氧氣和氮氣反應生成的，包括一氧化氮（NO）、二氧化氮（NO$_2$）等，其中又以一氧化氮（NO）為主，但是空氣中的

氧氣和氮氣在大氣狀態下並不會發生化學反應，只是因為燃燒形成的1,200℃~2,400℃的高溫環境為氧氣和氮氣反應生成一氧化氮和二氧化氮創造了條件，才造成了氮氧化物排放，這就是氮氧化物（NOx）排放的形成機理。而另一個大氣重要污染源——鉛鹽直接來自於燃料，只要燃料不含鉛，發動機就不會造成鉛污染。我國自2000年7月1日起全面禁止了汽油生產企業生產和銷售含鉛汽油。

當然碳排放的主要原因包括但不僅限於以上原因。隨著碳排放研究的深入，尤其是在農業生產領域，禽畜類的排泄自然發酵、反芻動物養殖過程中產生的甲烷排放、農作物種植過程中的碳排放都被納入了碳排放的研究當中。

2.2.1.2 隱含碳排放

隱含碳排放在有的文獻資料中也被翻譯為「內涵碳排放」，這僅是字面翻譯上的出入，並不影響其實際含義。1974年的國際高級研究機構聯合會（IFLAS）首次提出了「隱含流」（Embodied Flow）概念，在「Embodied」後面加上資源或者污染排放物的名稱用以分析產品生產過程中污染的排放以及對資源的消耗。「隱含碳」是「隱含流」的衍生概念，即為了得到某種產品而在整個生產過程中排放的碳總量。隱含碳排放是指為了生產某種產品，而在產品整個生產鏈條中排放的CO_2，包括生產過程中的直接和間接的CO_2排放。[①]根據隱含碳排放的定義，筆者認為將Embodied Carbon Emission譯作「完全碳排放」更加貼切，但為了保持探究術語的一致性，在本研究中仍然使用「隱含碳」以及「隱含碳排放」。

隱含碳排放主要常見於國際貿易中的碳排放問題研究。由於國際分工和貿易行為的可能以及跨區域貿易行為的存在，一個國家可以通過進口能源密集型或者碳排放密集型產品，將本應發生在本土的碳排放轉嫁到其他國家，以經濟的方式來達到本國的碳減排目的，但由於其他國家高碳排放產品和能源密集型產品的生產增加，在宏觀上又致全球碳排放量的增長，並未從實質上減少碳排放量，從而產生所謂「碳泄漏」（Carbon Leakage），從而導致國際碳排放控制的努力失效。可以預見在以主權國家為利益主體的前提下討論如何實現全球的實質性碳排放減量是非常困難的。在各種環境保護的國際公約約束下，碳排放主體之間，尤其是在碳中和技術並未出現突破性進展和大規模普及之前，碳排放的權利和義務劃分讓每一個碳排放主體力爭能夠取得更大的碳排放額度以保

[①] 齊曄，李惠民，徐明．中國進出口貿易中的隱含碳估算［J］．中國人口·資源與環境，2008，18（3）：8-13．

障自身發展。因此，隱含碳排放的提出與研究的深入對國際碳排放權利義務的劃分有積極的現實意義，也為全球共同的實質性碳減排提供了一個有益的思路。

隨著人類生產與生活活動變得越來越複雜，直接衡量生產行為的碳排放不再那麼有說服力。通過隱含碳的定義可以發現，任何一件產品在其生產過程中都會消耗大量的能源與其他中間材料，而通常情況下碳排放核算僅涉及因生產特定商品而消耗能源所產生的碳排放，而並未將其消耗的中間產品納入碳排放的考察範圍，而這些中間產品的生產也同樣會產生碳排放。因此傳統的碳排放核算方法隨著碳減排問題研究的深入逐漸受到質疑，一種更加全面、更加科學的碳排放核算方法亟待建立。

2.2.2 循環經濟與低碳經濟

2.2.2.1 循環經濟

循環經濟的思想萌芽可以追溯到環境保護興起的20世紀60年代。1962年美國生態學家蕾切爾·卡遜發表了《寂靜的春天》，指出生物界以及人類所面臨的危險。「循環經濟」一詞，首先由美國經濟學家 K. 波爾丁提出，主要指在人、自然資源和科學技術的大系統內，在資源投入、企業生產、產品消費及其廢棄的全過程中，把傳統的依賴資源消耗的線形增長經濟，轉變為依靠生態型資源循環來發展的經濟。其「宇宙飛船經濟理論」可以作為循環經濟的早期代表。「宇宙飛船經濟理論」主要認為：地球就像在太空中飛行的宇宙飛船，要靠不斷消耗自身有限的資源而生存；如果不合理開發資源、破壞環境，就會像宇宙飛船那樣走向毀滅。因此，宇宙飛船經濟要求一種新的發展觀：第一，必須改變過去那種「增長型」經濟為「儲備型」經濟；第二，要改變傳統的「消耗型經濟」，而代之以休養生息的經濟；第三，實行福利量的經濟，摒棄只重視生產量的經濟；第四，建立既不會使資源枯竭，又不會造成環境污染和生態破壞、能循環使用各種物資的「循環式」經濟，以代替過去的「單程式」經濟。20世紀90年代之後，發展知識經濟和循環經濟成為國際社會的兩大趨勢。我國從20世紀90年代起引入了關於循環經濟的思想。此后關於循環經濟的理論研究和實踐不斷深入。2004年，提出從不同的空間規模——城市、區域、國家層面大力發展循環經濟。

根據現有對循環經濟的研究，我們可以對循環經濟做如下定義：對於按照自然生態系統的物質循環和能量流動規律所構建的經濟系統，使其自然和諧地融入自然生態系統的物質循環過程中的一種新型的經濟形態。但究其根源仍然

發端於可持續發展的思想。簡言之，循環經濟是在可持續發展的指導思想下，按照清潔生產的方式，對能源和其他的廢棄物進行綜合利用的生產活動過程。它把經濟活動解構為一個資源—產品—再生資源的反饋式流程，其特徵是低消耗、高利用、低排放。

循環經濟有所謂「3R」原則，即減量化（Reduce）原則、再使用（Reuse）原則和再循環（Recycle）原則。減量化原則要求盡可能少地使用原材料和能源來完成既定的生產目標和滿足消費需求。這樣做的結果就是在源頭上較大幅度地減少資源和能源的消耗，從而一定程度上減少直接和間接的碳排放，間接地減小環境污染壓力。例如現代製造業中逐漸開始流行的產品小型化和輕量化設計，產品包裝設計過程中在注重外包裝美觀和包裹安全性的同時注重減少不必要的過度包裝等，都為生產和消費過程中廢棄物的減少貢獻巨大。減量化原則一定程度上也透露出資源高效利用的思想，即通過科學的設計、科技的進步和制度的創新，將資源綜合利用水平和單位要素的生產率發揮到極致。一個典型的例子是在農業生產領域出現的土地集約利用，如推廣套種、間種、混合養殖、林下養殖等。其充分地利用了生物的特性和土地資源，同時又提高了農產品的產量和質量。

再使用原則是要求再生產過程中，產品和產品外包裝能夠反覆被使用。這要求在進行產品設計和包裝設計時摒棄短期使用和一次性使用而純粹地追求利潤的設計思維。除開產品部件的自然老化而導致產品無法繼續使用外，產品的原始設計可以保證產品僅需替換相關部件而實現長時間的使用。因此在外觀設計和功能的設計上也要求一定的前瞻性。此外，也提倡在設計過程中充分考慮產品維修的便利性，替換零件的可獲得性，以便於通過最小的后續消耗延長產品的整個生命週期。再使用原則要求資源的循環利用，通過構築資源循環利用鏈條，建立起生產和生活中可再生利用資源的循環利用通道，達到資源的有效利用，減少向自然資源的索取，在自然和諧循環中促進經濟社會的發展。在農業生產領域這種資源循環利用的可能性更大，目前的農業生產實踐中就有「種植—飼料—養殖」「養殖—廢棄物—種植」「養殖—廢棄物—養殖」「生態兼容性種植—養殖」「廢棄物—能源或病蟲害防治」等形式的循環產業鏈條，極大地減少了農村生產的廢棄物排放，實現了廢棄物的最大化利用。而隨著科學技術的進步，將會有更多的循環模式將被開發出來以供各行各業發展循環經濟。

再循環原則是要求產品在完成使用功能后能夠重新變成可被重新利用的資源。在一般的產品生產過程中不可避免地會產生一些邊角余料，再循環原則要

求設法將生產過程中所產生的這些邊角余料，能夠充分地收集和再利用，一方面減少生產主體的經濟成本，另一方面從更為宏觀的層面為環境容納更多的廢棄物減壓。此外，在產品完成功能使命后一般會被使用者拋棄，而簡單的丟棄不僅會消耗社會資源以處理這些廢棄物；同時，由於一些特殊產品在廢棄后如果不進行特殊的處理，將嚴重危害環境和人的身體健康。最典型的一例就是我們生活中常用的鋅錳干電池，由於其生產工藝和原料的特殊性，極易造成環境污染，其中用於防腐的汞化合物如果處理不當將嚴重危害人的神經系統、內分泌系統和免疫系統。而可循環使用的充電電池的發明也正是再循環原則的一個最好註腳。當然，不得不承認，即便是像充電電池這樣可以再循環利用的生活用品，最終也有被廢棄的一天，而如何及時、正確的處理這些無法再利用的廢棄物，使其達到無害化排放的要求仍然是一個挑戰。廢棄物的無害化處理，其目的在於無法絕對不向自然界排放廢棄物的前提下盡可能地減少生產和生活活動對生態環境的不利影響。仍然以農業為例，如利用發酵技術對動物排泄物進行技術處理后會產生可供使用的沼氣和有機農肥，從而化害為利，使最終排放到自然環境中的廢棄物能夠更快地被自然環境所消解。這也是一種通過人工加速對廢棄物進行消解以維持自然生態與人類活動之間的平衡的過程。

目前對於循環經濟的實現主要分為三個層次，即經濟體內部的小循環、微觀經濟體之間的中循環以及整個社會的大循環。(1) 小循環：即以企業內部的物質循環為基礎，構築企業、生產基地等經濟實體內部的小循環。企業、生產基地等經濟實體是經濟發展的微觀主體，是經濟活動的最小細胞。依靠科技進步，充分發揮企業的能動性和創造性，以提高資源能源的利用效率、減少廢物排放為主要目的，構建循環經濟微觀建設體系。(2) 中循環：以產業集中區內的物質循環為載體，構築企業之間、產業之間、生產區域之間的中循環。以生態園區在一定地域範圍內的推廣和應用為主要形式，通過產業的合理組織，在產業的縱向、橫向上實現企業間能流、物流的集成和資源的循環利用，重點在於廢物交換、資源綜合利用，以實現園區內生產的污染物低排放甚至「零排放」，形成循環型產業集群或循環經濟區，實現資源在不同企業之間和不同產業之間的充分利用，建立以二次資源的再利用和再循環為重要組成部分的循環經濟產業體系。(3) 大循環：以整個社會的物質循環為著眼點，構築包括生產、生活領域的整個社會的大循環。統籌城鄉發展、統籌生產生活，通過建立城鎮或城鄉之間、人類社會與自然環境之間的循環經濟圈，在整個社會內部建立生產與消費的物質能量大循環（包括生產、消費和回收利用），構築符合循環經濟的社會體系，建設資源節約型、環境友好型的社會，實現經濟效

益、社會效益和生態效益的最大化。

2.2.2.2 低碳經濟

「低碳經濟」最早見諸政府文件是在 2003 年的英國能源白皮書《我們能源的未來：創建低碳經濟》。2006 年，世界銀行前首席經濟學家尼古拉斯・斯特恩牽頭做出的《斯特恩報告》指出，全球以每年 GDP1%的投入，可以避免將來每年 GDP5%～20%的損失，呼籲全球向低碳經濟轉型。

關於低碳經濟的定義有很多，為了避免過於龐雜的概念解釋和不必要的重複，我們認為低碳經濟主要是由可持續發展的概念衍生出來的一種通過包括技術、產業、文化、制度創新和結構調整在內的多層次、多維度的，以減少煤炭等化石燃料消耗為手段來控制溫室氣體排放，進而使社會能夠又快又能妥善保護生態環境的雙贏的經濟發展方式。

具體來說，低碳經濟是以控制溫室氣體排放與經濟建設並舉為終極目標的，要達成這樣一種雙贏的目標需要通過構建低能耗、低排放的經濟發展體系來達成。為此，需要對低碳能源系統如太陽能、潮汐能、風能、地熱能以及生物質能等新型可再生能源進行綜合開發和利用；革新低碳技術，包括利用自然特性的生物固碳技術和利用人工技術如清潔煤技術和碳捕捉以及碳存儲技術等；對低碳產業結構如新能源汽車工業、節能建築、資源回收、工業節能減排、環保設備等產業的比重進行調整和技術革新。

低碳經濟的起點是統計碳源和碳足跡。這是有效應對的前提與基礎。低碳經濟的內涵是在生產、流通到消費再到廢棄物回收的一系列社會活動中實現低碳化發展的經濟模式。因此我們認為，低碳經濟是在可持續發展理念指導下發展的，通過理念、技術、制度、產業種類和結構、經營手段和模式、新能源的開發與利用等多方面的創新，來提高能源生產和使用效率，降低高碳能源使用比例，減少煤炭石油等高碳燃料消耗，同時積極開發碳封存、碳中和技術和利用途徑，以達到減緩大氣中二氧化碳濃度增長的目標，最終實現自然環境保護與社會、經濟又快又好發展雙贏的一種社會發展模式。並且這種發展模式有某種機制來保證其長期而有效運行。

低碳經濟的一個重要實現途徑，是低碳理念和低碳技術在產業發展中的根植化。相比低碳技術，筆者認為低碳理念根植於產業發展的意義和作用更大。在產品生產、流通、貿易等環裡的低碳理念可以使各類經濟主體都保持一種低碳環保的意識。通過意識影響各類行為主體的選擇和具體行動將是一個有效的構建低碳經濟體系的手段。當然按照經濟學中「理性經濟人」的假設，單純地用低碳意識來影響人的行為並非完全有效，還需要由外部的制度，諸如法

律來制約非低碳經濟行為的發生。

2.2.3 低碳城市

低碳城市（Low Carbon City），主要指以低碳經濟為發展模式和方向，城市居民以低碳生活理念為指導、以低碳行為為特徵，政府公務管理層以低碳社會建設為目標和藍圖的城市。目前低碳城市已經成為世界各國共同追求的目標，許多國際大都市都紛紛以建設和發展低碳城市為目標並以此為榮，關注和重視在經濟發展過程中的代價最小化以及人與自然和諧共處、人性的舒緩和包容。

低碳城市的主要支撐是低碳經濟活動。就傳統的城市發展規律來看，產業、人口、制度這三個重要方面是城市發展的重要支撐，而在發展低碳經濟的背景下，新型的低碳城市建設也離不開這三個重要支撐。因此，低碳產業、低碳人口、低碳制度成為了低碳城市建設的重要元素。低碳產業主要是指在發展低碳經濟過程中由產業類型、產業結構的創新而形成的低耗能高產出、廢棄物循環利用的新產業生產形式。例如工廠利用新技術進行生產，在原有生產能力的基礎上降低能耗，或者在使用與原來同樣的能耗量的情況下生產出更多的產品；產品的每個生產環節都會產生廢水、廢氣等排放物，利用創新的技術對廢棄物進行回收利用，一方面減少直接的「三廢」排放，另一方面可以節約原材料成本。低碳人口主要是指在城市生活中具備較高的文化素質和較強的低碳意識並在出行、居住、飲食以及其他消費品的消費和處理廢棄商品時能夠踐行低碳行為的人口。人口作為城市環境的創造者、承受者，是低碳城市建設的重要環節。低碳制度主要是指在低碳城市建設和維護過程中，通過制度創新與制度調整能夠切實減少碳排放的一系列制度。這些制度在國家行政體系中通過較為隱蔽和緩慢的方式，配合各種即時發布的低碳政策發揮作用。

此外，低碳城市也可以這樣來理解，即一個城市的運行方式的改變。在低碳城市中，經濟運行方式是低碳經濟的運行方式，而居住在低碳城市中的人口的生活行為也是低碳的。低碳城市的能源消耗相對傳統城市更低，而且其能源的來源更加清潔與環保，例如供應低碳城市運轉的電力來自太陽能、風能等相對傳統的火電更為環保和清潔的能源。城市公共照明設備是功耗比傳統光源更低的 LED 光源。城市公共交通設施採用電力驅動而非石化燃料驅動，私人所有的交通工具也採用更加清潔的電力、氫能源等作為驅動力。城市公共設施及私人住宅的供熱與供冷系統也更多地通過科學合理的房屋結構設計和特殊材料的使用，而非通過能源的使用來實現。

綜上所述，我們可以認為低碳城市是以低碳經濟為基礎，以低碳城市要素（產業、人口、制度等）為內容，以低碳生產和消費為形式，以低碳社會為終極目標的現代城市發展與運行模式。

2.2.4　低碳城市化與城市低碳化

2.2.4.1　低碳城市化

低碳城市化從語言文字的字面上理解，是為「城市化」加了一個「低碳」的定語，其核心還是「城市化」，但本研究中所提及的「低碳城市化」並不是簡單的在「城市化」的前面戴上一頂「低碳」的帽子而已。筆者認為低碳城市化有其自身的深刻含義與規律。

按照傳統的城市化定義，城市化過程是社會資源、生產力、生產關係、人口、技術、制度向特定區域聚集並且在達到一定程度和規模後向外擴散，擴大自身影響，吞噬農村地區的一種動態過程。這一過程永無止境，從不定期出現的集市經過長期的社會變遷演變到今天的城市。在今天看來，城市正在從物理形態上不斷地侵蝕所謂的「農村」地區，擴張自己的「勢力範圍」。而城市化進程的深入以及「城鄉統籌發展」「城鄉一體化發展」等概念的提出，也標誌著在制度和思想意識方面「城市精神」對農村傳統運作方式的一種同化。而從人類歷史的一般發展規律來判斷，這一過程將永不止步地進行下去。儘管從地理空間上存在著對城市體量的一個限制，但更為重要的是「城市精神」對農村地區、農村人口的不斷洗禮。當然，城市化的過程和結果能夠為生活在城市中或者接受「城市精神」洗禮的農村人口提供一種更為豐富的生活選擇。因此，近年來的城市化過程將以城市建成面積的不斷擴大為特徵；而在更遠的未來，由於受到地理空間的限制，城市化可能將更多地改變人口的生活習慣，為不論是生活在城市建成區還是依然保留農村外貌特徵的郊區或農村地區的人口提供更為便捷和現代化的生活。

城市的最大特徵在於聚集所形成的經濟效率。這種聚集包括產業的聚集、人口的聚集、資源與財富的聚集等。而各種資源、產業、人口的聚集為城市的發展與自我進化提供了強大的動力。但不可迴避的現實是，在聚集產生經濟效益的同時也會產生大量的排放，這些排放不僅包括本研究所要討論的二氧化碳，還包括其他各類廢氣、廢水、固體廢料、生活垃圾等。由於城市建成區的污染消解能力比處於相對自然狀態的非城市地區更弱，所有的排放物只能向城市外轉移以維持城市水體、大氣的正常指標進而為城市居民提供正常的生存環境。回到本研究的主要對象，在這種各類資源的聚集和流動的過程中，勢必存

在二氧化碳排放這一行為。如何在這一過程中減少二氧化碳排放正是低碳城市化要研究的問題。也即是說要在繼續城市化過程的同時為城市發展加上低碳化方式的限定。因此在城市化過程中，在低碳經濟發展的理念支撐下，引導產業、人口、資源、資本、技術、制度向特定區域集中，並在這一些特定區域的發展過程中踐行低碳經濟理念，即在城市的各類公共設施建設過程中，在供電、供水、供氣設施鋪設過程中，在城市地塊用途規劃與產業佈局規劃過程中採取較少二氧化碳排放的方式，我們將其稱作「低碳城市化」。低碳城市化是相對傳統城市化發展過程產生更少的碳排放的城市化動態過程。其更加注重城市新區域的低碳規劃、科學、良好的低碳設計性和卓越的低碳前瞻性是其主要特徵。

2.2.4.2 城市低碳化

由於字面上的形似，以及長期以來無論是民間還是學術界都沒有將這二者加以仔細區分，通常低碳城市化（Low Carbon Urbanization）與城市低碳化（Urban Carbon Reduction）這兩個概念容易被混用，尤其是在中文語境下。但仔細推敲不難發現二者還是有非常大的區別。無論從英文字面還是中文字面上看，這二者完全是兩個不同的概念，一個概念的落腳點在「城市化」，而另一個概念的落腳點卻是「低碳化」。上一小節中所定義的「低碳城市化」是指在「城市化」過程之前以及過程之中，將低碳理念植入其中，甚至是在城市化或者我們現在所提倡的城鎮化過程開始之前就做好低碳規劃，比如在引導產業聚集時就經過嚴格的篩選，將高污染、高耗能、高排放的「三高」產業排除在即將要形成的城市建成區和聚集區之外；在進行最基本的城市交通體系建設時就將以電力作為驅動力的公共交通工具、低排放的軌道交通和其他相對低碳的城市公共交通體系作為主要的城市交通方式，形成密集公共交通網路，將因私人車輛所形成的二氧化碳排放量盡可能地壓縮。即這種「低碳城市化」中的低碳實現是發生在城市化的過程之前或之中的。

相對而言，「城市低碳化」則可以理解為低碳化行動是發生在城市形成之後的，與「低碳城市化」的相同之處在於其同樣是在低碳發展的理念支撐之下發展出來的。這是因為，從語義上分析，「城市低碳化」的落腳點在「低碳化」，也即對既有城市所進行的低碳化改造。例如對既有城市的產業和交通系統進行低碳化改造。在新形勢和新要求下，將原來對城市形成起過重要作用的高碳產業通過技術升級換代、產業淘汰等方式實現清潔發展。在達到降低城市碳排放的效果同時使這些產業能夠重新煥發活力，繼續為城市的經濟發展做出貢獻。又例如對既有的城市交通線路進行擴容，在原有城市交通設施容量的基

礎上增加使用電力驅動的軌道交通，架設高架快速公路等。同時利用制度手段限制私人擁有使用高碳燃料的機動車，增加燃油稅來降低城市因機動車造成的碳排放量，從而達到城市減碳的效果。這種「城市低碳化」改造不是對既有城市系統的全盤否定，只是在新的社會環境下，在新的國內外環境下，在低碳環保概念逐漸深入人心、全社會越來越關注環境危機的大背景下，對現有城市發展模式的一種重新審視、一種反思和一種較為溫和的改造與改進。與「低碳城市化」相比，其成本相對較高，可能會導致城市經濟在短時間內受到制度的衝擊進而出現疲軟，尤其是資源型城市。但從更長遠的角度來看，這樣的改造必然發生，而且經過這種改變的鎮痛，能夠使未來城市發展煥然一新，城市經濟更加「綠色」和更具活力。城市作為一個整體，其產生的廢棄物更少，居住在城市中的人們能夠呼吸更加清新的空氣，飲用更加安全的飲水，獲得更加低碳環保的清潔能源。

因此，我們可以這樣來定義「城市低碳化」：在城市已經具有一定規模的基礎上，在低碳經濟和可持續發展理念的支撐下，對原有城市高碳的產業活動、交通行為、消費活動等進行低碳化改造的過程。其與「低碳城市化」概念的最根本區別在於低碳化措施進行的時間階段不同。「低碳城市化」是在城市形成之前的低碳化預備，並貫穿於低碳城市建設與發展的始終，而「城市低碳化」是城市形成並具備一定的發展基礎后，按照應對新形勢下的環境問題的治理理念對現有城市設施進行的低碳化改造。低碳城市化與城市低碳化是兩項並行不悖的低碳城市建設道路，結合我國的城鎮化現狀，對傳統城市的低碳化改造和對新規劃城市的低碳化建設都是構建中國低碳城市體系的重要組成部分。

2.3 低碳城市建設的理論基礎

理論支撐是研究並指導實踐低碳城市建設的基礎，理論基礎的夯實有助於多視角、多維度地引發對低碳城市建設具體實踐與深入研究的思考。本節從可持續發展理論出發，試圖闡述包含生態學、經濟學、建築學、文化學等學科在內的，有益於指導低碳城市建設實踐與研究的各種理論。

2.3.1 可持續發展理論與低碳城市建設

可持續發展（Sustainable Development）的概念明確提出，最早可以追溯到

1980年由世界自然保護聯盟（International Union for Conservation of Nature，IUCN）、聯合國環境規劃署（United Nations Environment Programme，UNEP）、野生動物基金會（World Wide Fund for Nature or World Wildlife Fund，WWF）共同發表的《世界自然保護大綱》。1987年以布倫蘭特夫人為首的世界環境與發展委員會（World Commission on Environment and Develapment，WCED）發表了報告《我們共同的未來》。在這份報告中正式使用了可持續發展概念，並對之做出了比較詳細的闡述，之后便產生了廣泛的影響。有關可持續發展的定義據不完全統計有上百種，但被廣泛接受且影響最大的仍是世界環境與發展委員會在《我們共同的未來》中的定義。在該報告中可持續發展被定義為：「能滿足當代人的需要，又不對后代人滿足其需要的能力構成危害的發展。它包括兩個重要概念：需要的概念，尤其是世界各國人們的基本需要，應將此放在特別優先的地位來考慮；限制的概念，技術狀況和社會組織對環境滿足眼前和將來需要的能力施加的限制。」

可持續發展是人類自進入工業文明以來，在經歷各種環境問題的過程中逐步提出來的一種全新的、注重長遠發展的人類社會發展模式。可持續發展最早於1972年提出，其核心是既可以滿足當代人的需要，又不會威脅到后代人發展的權利和機會。我國在1992年編製了《中國21世紀人口、資源、環境與發展白皮書》，第一次將可持續發展戰略納入我國經濟和社會發展的長遠計劃。1997年，中共十五大把可持續發展戰略確定為我國「現代化建設中必須實施」的戰略。

作為一門新興領域，其在歐美的發展也只有30多年的時間。而隨著全球化進程的加快，許多新的問題不斷湧現，不斷地為可持續發展理論注入新的內容。目前可持續發展理論研究大致包含了以下五個方面的內容：（1）可持續發展模式與可持續發展指標體系的研究；（2）環境變化與可持續發展模式的關係研究；（3）經濟發展模式與可持續發展關係的研究；（4）社會發展變化與可持續發展關係的研究；（5）區域綜合可持續發展。

發展理論是可持續發展的理論基礎。無論各家各派如何定義和解讀可持續發展，其理論核心目標都是發展。但需要注意的是，發展不是單純指經濟的發展，而更大程度上是指生產力的大幅度提高，是在自然環境承載力限度之內的社會綜合大發展。關於可持續發展的定義與內涵，各學科都有自己不同的理解和側重，但其核心理念都是一致的，即既可以滿足當代人的需要，又不會威脅到后代人為滿足自身發展的各種機會。而要達到這樣的目標，必須通過多方面、多因素的共同優化來達到，促成可持續發展的各要素之問環環相扣、緊密

聯繫。可持續發展的核心是發展，但是要在保護環境、遵循環境承載能力的前提下發展，這就要求提高生產力，而要提高生產力和保護環境就需要控制人口數量與素質。凡此種種，環環相扣，可持續發展非一朝一夕能夠實現。其中可持續發展目標達成過程中，技術手段的創新是最基礎的要件。斯帕思（Jamm Gustare Spath）認為可持續發展就是轉向更加清潔、更加有效率的技術——盡可能地接近「零排放」或「密封式」工藝方法——盡可能地減少能源和其他自然資源的消耗。

可持續發展理論經過多年的發展和世界各國的共同努力，基本在世界範圍內達成了可持續發展將成為未來人類社會發展的模式的共識，但在世界仍然在主權國家分治的情況運行下，仍然存在許多因國家利益而產生矛盾的情形，只有通過不斷的磨合才可能向全人類共同的可持續發展邁進。在可持續發展理論的基礎上，根據世界環境的新變化之後又出現諸如循環經濟、低碳經濟等理論，但其實質上仍然是可持續發展理念的一種延續。

我國目前的低碳城市建設有效且經濟的途徑是對傳統城市產業進行低碳化改造，在這一過程中需要以可持續發展理念為指導，並採取低碳的生產、生活方式。其實質仍然是通過創新技術和對舊技術的升級改造，使溫室氣體排放量降低，減輕自然環境所承載的負擔，既滿足當前城市化的發展要求，又為未來低碳城市建設做好技術、物質以及人文上的鋪墊。因此可持續發展理論對於城市低碳化發展有著非常重要的指導意義。

2.3.2 生態學相關理論與低碳城市建設

生態學（Ecology）是德國生物學家恩斯特·海克爾在1866年提出的一個概念。它是研究生物體與其周圍環境，包括非生物環境和生物環境之間相互關係的學科。目前該學科已經發展成為研究生物與其環境之間的相互關係的科學，有自己獨特的研究對象、任務和研究方法。生態學認為生物的生存、活動和繁衍行為需要一定的物理空間、物質和能量。生物在長期的進化過程中，逐漸形成對周圍環境某些物理條件和化學成分，諸如空氣、土壤、光照、熱量和無機鹽類等的特殊需要。各種生物所需要的物質、能量以及它們所適應的理化條件是不同的。工業革命后生產力的巨大飛躍，導致人口快速增長，進而人類活動干擾對環境與資源造成了極大的壓力，而生態學就是用於調整人與自然、資源以及環境的關係，協調社會經濟發展和生態環境的關係，促進可持續發展的科學手段。隨著人類活動範圍的擴大與內容的多樣化，人類與環境的關係問題越來越突出。因此近代生物學研究的範圍除了生物個體、種群和生物群落

外，已經擴展到了包括人類社會在內的多種類型生態系統的複合系統。

一個健康的生態系統是穩定的和可持續的，在時間上可以維持它的組織結構和自治，也能夠維持對已造成損害的恢復力。健康的生態系統能夠維持它們的複雜性，同時也能夠滿足人類的環境需求。通過模仿自然生態系統的生物生產、能量流動、物質循環和信息傳遞構建起人類社會組織，以自然能的流動為主，盡量減少人工附加能源，尋求以盡量小的消耗產生最大的綜合效益，以解決人類面臨的各種環境危機。事實上，城市通過道路、電網、排水管等設施，將自身與外界緊密地聯繫在一起。各種物質的內外部交換中，其內部的各種經濟主體及其行為構成了一個獨特的「生態系統」，怎樣使這個城市「生態系統」像自然的生態系統一樣有效、和諧的運轉也正是低碳城市建設過程中需要注意的問題。目前全球較為流行的三種生態學應用思路是可持續發展，人與自然和諧發展和生態倫理道德觀。

此外，從生態學中演化出來的生態工程學、城市生態建設等概念也是生態學推廣的成果。生態工程主要是指應用生態系統中物質循環原理，結合系統工程的最優化方法設計的分層多級利用物質的生產工藝系統，其目的是將生物群落內不同物種共生、物質與能量多級利用、環境自淨和物質循環再生等原理與系統工程的優化方法相結合，達到資源多層次和循環利用的目的。生態工程是20世紀60年代之後，由於出現了全球生態危機和人們為了尋求解決人類自身發展與資源環境保護之間的矛盾應運而生的。在當時的西方工業化國家，高度的工業化和強烈集約型的農業經營帶來了環境污染及其他社會問題，如大量的化肥和農藥施用造成的土壤污染、地下水污染。不僅如此，大量禽畜的規模化養殖在飼料中大量地添加激素以促使蛋、禽、肉、奶等農產品快速上市，而這些農產品中所累積的各類激素又造成了諸如嬰兒性早熟、全社會對食品安全信任崩潰等一系列社會問題。而落後地區的情況則更為糟糕，一些發展中國家和地區深陷落後、貧窮、環境惡化交織的惡性循環。如人口爆炸性增長導致人口比例與資源比例失調，而資源分配比例的失調導致人口素質下降，人口素質的下降又導致非集約化的資源分配與利用。儘管這些糟糕的因果循環不能完全歸罪於城市的發展，但不可否認的是，城市在這一切的因果循環中扮演著重要的角色。

總體上來說，生態學的思想認為，生物與環境之間存在一種相生相伴的密切關係。而對於人類社會而言，過多的人類行為對自然環境的介入，可能導致環境的惡化，進而使自然生態環境無法支撐人類社會的發展。城市作為一種人類對自然界演進的介入，其存在與發展都深刻地影響著自然環境的變化。因此

充分考慮到城市的運轉過程中，如何使其運轉更符合自然規律，尤其是對於在生產與生活過程中因過多能源消耗使用而產生的超出生態環境承載能力的「三廢」（廢水、廢氣、廢渣），如何消除對人類行為、對自然生態圈所造成的強烈影響是構建低碳城市的重要目的之一。

2.3.3 低碳經濟理論與低碳城市建設

低碳經濟是指在可持續發展理念指導下，通過技術創新、制度創新、產業轉型、新能源開發等多種手段，盡可能地減少煤炭、石油等高碳能源消耗，減少溫室氣體排放，形成經濟社會發展與生態環境保護雙贏的一種經濟發展形態。低碳經濟的目標是減少溫室氣體排放，其實現手段主要是構建低能耗、低污染的經濟綜合發展體系，包括低碳能源系統、低碳技術和低碳產業體系。低碳能源系統如太陽能、潮汐能、風能、地熱能以及生物質能等新型可再生能源的綜合開發和利用；低碳技術包括利用自然特性的生物固碳技術和利用人工技術如清潔煤技術和碳捕捉以及碳存儲技術等；低碳產業結構如新能源汽車工業、節能建築、資源回收、工業節能減排、環保設備等產業的比重調整和技術革新。

城市作為產業、人口密集區域，集中了大量的工業企業和居民，企業生產和居民生活都需要消耗大量的能源。就目前來看，世界範圍內關於節能減排技術的開發還並不成熟，且較為先進的節能減排技術多由西方發達國家掌握。目前中國大量的工業及民用能源都來自高碳的煤炭、石油等。中國的能源消費結構中，煤炭仍然占很大比例。同時，在城市化的過程中產業與人口不斷向城市集中造成能源需求不斷攀升，在目前中國能源結構極度不平衡、新型清潔能源利用率不高以及清潔能源開發利用上存在技術瓶頸的情況下，要達到低碳城市的目標仍存在相當的困難。因此，發展低碳經濟成為了比可持續發展目標更為具體、更具有可操作性的一種發展要求。

城市經濟低碳化發展是發展低碳經濟的主要方面，因此城市低碳經濟的研究成為了低碳經濟研究領域的一個重要組成部分。我國目前二氧化碳的主要來源之一是火力發電所產生的碳排放，增長最快的則是汽車尾氣排放，尤其是我國的汽車工業在進入21世紀以後的飛速發展導致城市汽車尾氣碳排放增長速度逐年攀升。而隨著城市基礎建設的大規模進行，因建築施工直接和間接產生的二氧化碳排放也越來越多。隨著樓市的火爆升溫，建築碳排放也逐年穩定遞增。國計民生的方方面面都會產生碳排放，尤其是在中國這樣人口眾多、勞動力就業不足、經濟增長放緩的情況下，發展經濟、解決就業成為了主要目標，而經濟發展與環境壓力之間的矛盾在人口等壓力下幾乎是「一邊倒」的形勢。

在全球化的背景下，經濟發展與環境壓力之間的矛盾似乎成為了中國在實施小康目標道路上無法逾越的鴻溝。因此，為了順利達成第十三個五年規劃，應對當前國際經濟衰退的衝擊，中國必須將低碳經濟建設作為中國保穩定、爭發展的契機。

低碳經濟理論實際上與可持續發展一脈相承，是脫胎於可持續發展理論，在其指導下通過技術升級、技術創新和產業創新等創新路徑，積極進行新能源開發與低碳減排活動，以減少社會經濟行為中諸如煤炭等高碳能源消耗，進而減少溫室氣體的排放為目的，最終形成自然環境保護與社會經濟發展共進共榮局面的經濟發展模式。對於低碳城市而言，其自身的進化與可持續發展有賴於社會經濟的正常運行。因此對於低碳城市建設而言，低碳經濟是其重要的支撐與依託。脫離了經濟的低碳發展，低碳城市的建設也無異於空談。

2.3.4 產業相關理論與低碳城市建設

從本質上看，產業生態化仍然是可持續發展思想在產業經濟領域的一次實際應用。其主要思想是減量、循環與再利用，最終目的是在產業發展的同時，實現人與自然的和諧發展。而產業作為經濟增長最重要的驅動因素之一，其生態化或低碳化發展是未來地區經濟乃至國家經濟穩定而持續增長的必然選擇。可持續發展是對單純追求經濟增長的傳統工業發展觀的一次揚棄。可持續發展觀已經在前述內容中有所詳細介紹，此處不再贅述。儘管可持續發展的理念深入人心，各國也在某種程度上達成共識並且有國際公約的約束，多年發展實踐也使各國在可持續發展方面累積了相當豐富的經驗，但是相對日益惡化的全球環境，區域可持續發展戰略的制定和實施仍然是杯水車薪。隨著全球人口進入「70億時代」，人類對地球環境的依賴程度空前，人地矛盾再次成為了世界各國所面臨的最緊要的問題。傳統的環境保護、環保產業等「過程末端治理」無法對環境惡化起到實質作用。隨著科技的進步和各國對可持續發展研究的深入，「末端治理」成為國家環境發展政策的主流。在不斷地探索中提出以資源利用最大化和污染排放最小化為主線，逐漸將清潔生產、資源綜合利用、生態設計和可持續消費等融為一體的循環經濟戰略。

產業生態化發展目標是基於自然循環不被破壞的情況下，合理、有序地開發自然環境和資源，既要充分發揮自然資源的最大生產潛力，又要防止環境污染的雙贏發展。具體來講，可以這樣表述：整個產業系統作為一個整體，就像人的身體，其體內循環保證系統中的物種共生與物質循環，並利用現代先進技術手段創造出多層次利用物質的生產系統，設計和建立物質轉化和能量循環的

區域企業集群和產業集群。產業生產過程中能源「脫碳」、排放「三廢」符合環境承受力與自淨力、廢料資源化、產業生態價值鏈閉路循環；改進工業設計以促進產品與服務的非物質化是產業生態化的基本特徵。產業作為城市經濟的重要支撐因素，其生態化發展對城市整體低碳化發展有利。同時在產業實現生態化發展的同時，必須要有可靠的政策、技術、資金的支持，這又涉及政府、科研機構、市場等方面的內容。

產業經濟學中，產業組織理論、產業結構理論、產業關聯理論、產業佈局理論、產業發展理論以及產業政策理論等眾多理論中，包含從產業選址到產業集群內部的企業合作等內容，可謂無所不包。而通過仔細閱讀有關的產業經濟理論可以發現，這些理論中的一些內容與城市低碳化發展的思路不謀而合，可以用來指導低碳城市建設過程中有關產業低碳化改造的實踐。產業發展既是城市這個人類社會發展重要的實際載體的發動機，也是人類社會科學技術與文明持續發展的創新平臺。通過產業平臺的低碳化發展，促使受惠於它的城市在解決人口就業、創造巨大物質財富的同時能夠保持城市的空氣清潔、飲水安全，將向自然環境輸出的廢棄物控制在生態環境的承載力之內。由此可見，城市產業部門在低碳城市的建設中具有非常重要的作用，如何通過產業平臺的低碳化帶動城市載體的低碳化發展是一個值得我們認真思考的問題。

2.3.5 人口相關理論與低碳城市建設

在人類發展史上，不論社會形態、經濟規模、技術水平如何，人口作為所有這些要素的創造者和最終承受者始終發揮著最為關鍵的作用，因此即便是在提倡建設低碳城市的今天，關注人口要素對低碳城市建設的影響是非常必要和重要的。

產業作為城市經濟發展的發動機其作用受到重視，但常被忽略的一個問題是在這些產業背後除開技術因素還有人口因素在起作用。作為參與到三次產業中的就業人口和對產業產品消費的消費人口都在實質上決定著產業的發展方向。隨著經濟發展以及城市化程度的加深，第一產業就業人口比例顯著下降，而第二產業和第三產業就業人口激增。隨著這種就業人口結構的變化，第一產業人均 GDP 的下降和第二、三產業人均 GDP 的上升成為了城市化的一個顯著特徵。集中於城市的第二、三產業以及圍繞這些產業發展起來的產業人口和消費人口成為了碳排放（直接的和間接的排放）的主要來源。作為生產者和消費者，其自身素質直接和間接地影響著生產和生活過程中的能源消耗、廢棄物排放等。也正因如此，人口因素，尤其是城鎮人口的結構、數量、素質等內容

是考慮低碳城市建設過程中不可迴避的重要內容。

中國人口眾多，是目前世界上人口最多的國家，同時也是最大的發展中國家。這種特殊的國情決定了中國在建設低碳城市過程中需要尋找到一條不同尋常的發展道路。人口素質是人口在質的方面的規定性，又稱人口質量。它包含思想素質、文化素質、身體素質等內容。通常稱之為德、智、體。思想素質是支配人們行為的意識狀態；文化素質是人們認識和改造世界的能力；身體素質是人口質量的自然條件和基礎。人口的數量與質量應該是統一的，提高人口質量是社會生產力發展的內在要求，也是社會進步的必然趨勢。在馬克思主義人口理論中，人口質量即人口素質，是指一個國家或地區，在一定的生產方式下，人口群體的身體素質、科學文化素質和思想道德素質的總和。它反應了人口總體認識和改造世界的條件和能力。[1]

人口素質中的科學文化技能素質對於現代低碳城市建設的重要性不言而喻。生產過程中的碳減排技術、二氧化碳收集與中和技術、新能源製造技術等都離不開高技術人口因素。人口的思想道德素質對於現代低碳城市建設同樣起著重要的、潛移默化的作用。人口的思想道德素質是反應特定社會條件下人口素質的社會性精神基礎。一個國家或民族的人口只有具備較高的思想道德素質，才能有利於社會的聚合和穩定，有利於社會的繁榮和進步。人口的思想道德素質包括人生觀、道德觀、思想品質和傳統習慣。儘管這些內容具有很強的時代特徵，但是也不乏優秀的傳統價值觀，如尊老愛幼、救死扶傷等。現代城市發展過程中經濟與道德的平衡發展顯得尤為重要。按照理性經濟人假設，個人總是會做出讓自己效益最大化的選擇，但是作為社會的組成要素，個體的理性往往導致集體的非理性。因此需要在思想道德層面進行自我約束，樹立正確的人生觀、價值觀和世界觀。正確認識我們現在所處的時代、所處的地域、所處的自然與社會環境，通過不斷提升城鎮人口的環境意識、低碳意識以及其他方面的思想道德素質，將環境倫理教育嵌入傳統倫理教育的過程中，結合傳統文化中人與自然和諧的文化發掘與傳承，積極踐行各種有助於低碳城市建設的行為，從居於城市之中的人的方面為低碳城市建設添磚加瓦。

2.3.6 文化相關理論與低碳城市建設

文化包括廣義和狹義兩個層面，廣義的文化是人類社會歷史發展過程中所創造的一切物質和精神財富。文化是特定的社會政治和經濟的反應，並反過來

---

[1] 劉洪康，吳忠觀. 人口理論 [M]. 成都：西南財經大學出版社，1991：272-273.

影響和作用於社會政治和經濟，包括了物質文化、制度文化以及心理文化三個方面。從歷史上看，文化是推動社會前進的重要動力之一，因為涵蓋極廣因此又被稱為「大文化」；狹義的文化則主要指意識形態所創造的精神財富，如宗教、風俗習慣、文學藝術以及科學技術等。它專注於精神創造活動及其結果，主要是心態文化，即「小文化」。

英國文化學家泰勒在其1871年出版的《原始文化》一書中對狹義的文化有所敘述。他認為文化是包括知識、信仰、道德、藝術及習俗和任何人作為社會成員而獲得的能力和習慣在內的複雜整體。各種社會科學對文化的解釋各有千秋，但總體上文化是伴隨人類社會歷史發展的重要產物，文化被不斷地創造、吸收、變化、再創造，深刻地影響著人口的行為方式和社會發展方式。舊文化不斷被新文化取代，舊文化中具有生命力的精華部分在社會發展過程中保持活力，融合新的政治、經濟、文化等要素形成新文化。因此，文化具有一定的傳承性。而在全球化背景下，文化的全球傳播與影響使散落於世界各地的優秀文化有了充分的空間來發揮自身的作用。

文化的主要作用包括了四大功用，即整合功能、導向功能、維持秩序功能以及傳承功能。第一，社會中各個個體都是獨立的行動者。按照理性經濟人的假設，社會個體總會按照自身利益最大化進行選擇，而文化成為了社會成員之間溝通的仲介（語言、習慣等）。如果各個社會成員按照既定的社會文化進行有效的溝通和交流，那麼可以有效地消除隔閡、準確地傳遞信息，促成合作，大大提高社會運行效率。第二，作為參與社會活動的個人希望瞭解自己的行為、言談、甚至是外表是否在其他人看來是適宜的，並希望自己的表現能夠引起對方的積極回應。採取何種行動和怎樣採取行動便是文化導向功能的最大作用。第三，文化是社會人共同生活的過往經驗的累積，是人們通過長期的適應與比較而最終選擇的、被社會大眾所普遍接受的東西。某種文化形成與確立意味著某種價值觀和行為規範被認可，也即意味著某種社會秩序的形成。只要這種文化在發揮其作用，那麼這種文化所確立的社會秩序就將被一直維持下去。第四，如果文化能得到下一代的認同、共享，那麼也就意味著上一代文化會繼續對下一代社會個體產生影響，也即文化的傳承功能。事實上，能夠一直傳承下來的文化都是各種文化中的精華。它們產生於上一代甚至上幾代社會，但是其又能夠適應新的生產力與生產關係，並且在現時代同樣對社會個體起著正向積極的影響，是一種人類社會有用經驗的延續。

從文化功能的視角出發，文化的產生是社會功能演進的結果，文化在本質上能起到維護社會規範的作用。而不同的文化功能又構成了不同的文化佈局，文化

的價值是根據它在社會活動中所處的地位、所聯繫的思想以及對人而言所具有的價值而確定的。每一種文化都有自己的表現形式，其具備獨特的自組織能力。不論構成人的天性的要素是什麼，在每一個時代、每一個社會團體中文化都有著決定性的影響力。人的心理、習慣、性格、行為都與特定的會文化密切聯繫，加強對文化方面的探索將有助於我們解決低碳城市建設中出現的深層次矛盾。

文化這一社會隱性機制從來都是社會發展的重要組成部分，我們今天走可持續發展的道路和建設低碳城市也不應該忽略文化的重要作用。正確利用思想意識的影響指導人口的行動，讓低碳生活、保護環境等優秀、先進的思想意識深深地植入人的社會意識之中，最終使其達到像救死扶傷、尊老愛幼等一樣的程度，使低碳生活成為流行的同時也成為經典的文化；發掘和保護傳統文化中優秀的文化要素，並將這些「古人的智慧」運用到現代低碳城市的建設過程中，這既是對傳統中國文化的保護與發揚，也是對建設以現代生態文明為目標的低碳城市以及走可持續發展道路的創新嘗試。在傳承優秀文化的同時，審時度勢，結合低碳城市建設的現實需要，充分利用全球化這一趨勢，吸收世界先進文化，結合自身實際創造出內容更加豐富、更加適合中國國情的可持續發展文化。

2.3.7　建築相關理論與低碳城市建設

城市的主體是由若干個具體的有形建築物構成。在漫長的城市發展歷史中，建築構成了城市的骨骼並支撐起城市的運行。從廣義上講，建築學是研究建築物及其環境的學科，是建築設計師面對環境、用途和經濟上的條件加以運籌和具體化的過程。任何一種社會活動所創造的空間布置將影響人們在其中的生活方式。因此，這一過程不僅具有實用價值，同時也具備精神價值。建築的服務對象是服務於兩個層次的人：第一層次是自然人，建築物為自然人提供遮風避雨的各式建築；第二層次是社會人，建築物為社會人提供的不僅是遮風避雨的溫暖一隅，更是一定心理需求的外化物，其在滿足人們物質要求的基礎上逐漸昇華為對人類心理需求的滿足。因此，由生產力和生產關係的變革所導致的社會政治、文化等因素的變化都將直接或間接地影響著建築的技術和藝術。我們可以看到城市建築與其他城市要素存在的互動關係，它受其他城市元素的影響，同時它又滿足了其他城市要素的需求。低碳城市要求低碳的建築，從建築材料、建築工藝到后期建築的運作都需要新的低碳技術與低碳理念來支撐。因此，可以說低碳城市的建設要求和城市的可持續發展對建築學提出了新的要求。而建築這門技術與藝術完美結合的古老科學對當今的低碳城市建設仍然有

著舉足輕重的作用。在建築學的眾多分支學科中，市政工程領域的內容對低碳城市建設尤為重要。

市政工程是建築學的重要領域，主要是指市政設施的建設工程，而市政設施又主要是指在城市區域內規劃建設的設置、基於政府責任和義務為城市居民提供的有償或者無償的公共產品以及服務的各種建築物、設備等，具體而言包括城市中的各種交通設施、環境衛生、給排水、城市綠化、城市照明等基礎設施建設。優秀科學的市政工程建設將使城市環境優美、低碳節能，居民生活舒適。在配置合理的市政建設中產業生產效率以及居民生活質量均有所提高。低碳城市的目標不僅是宏觀上的可持續發展，更為重要的目的是居住於城市中的人這個主體能在智力、體力、心智等方面得到更加充分的發展，因此，專門為提高城市運行效率、美化生活環境、服務人口的市政設施需要受到重視，其是否節能低碳體現著市政管理者對低碳城市的態度，直接影響著城市人口對低碳城市生產、低碳生活的態度以及行為。

2.3.8 制度相關理論與低碳城市建設

制度經濟學始於科斯（Coase）的《企業之性質》，其第一次將交易成本這一概念引入了傳統經濟學的研究分析。科斯認為制度的實質是人與人的交往過程中一系列規則與社會組織的結構和機制。制度經濟學的實質是把各種制度的研究作為研究對象的一個經濟學分支。科斯在進行制度分析時加入了邊際分析方法，從而建立起了邊際交易成本的概念，並以此來分析和解釋現實制度的內生化及其對經濟績效的影響。科斯認為諸如「燈塔制度」「公地的悲劇」和環境污染等問題本質上所反應出來的是產權問題，即產權的界定和變遷。

在科斯的研究中，邊際交易成本是決定最終情況的要件，其決定了產權結構的選擇、解決糾紛的制度安排。例如解決矛盾的方式（制度安排）有兩種，當兩種方式所產生的邊際交易成本不相等時，矛盾雙方必然會傾向於採納較低耗費較低交易成本的解決方式，此種情況還可以推及出更多種選擇的情況；如果兩種解決方式的邊際交易成本相同，則會可能出現所謂「制度均衡」，即選擇哪一種方式都無所謂，因為邊際交易成本一樣，但這種情況並不經常發生，現實中總可以找到更好的解決問題的辦法。這也可以解釋為什麼現實社會中存在多樣化的制度安排。還有一種情況是：當交易成本很小或者根本不存在時，各種制度安排就是多餘的，當然這在現實生活中出現的概率基本為零。

新制度經濟學則認為制度即規則，不是人們傳統意義上所理解的政治制度或者經濟制度。新制度經濟學家將制度劃分為了非正式和正式兩種。他們對非

正式的制度的解釋為人們在長期的社會交往過程中所逐漸確立起來、並得到廣大社會成員認可的一系列約束性規則，比如信念、文化傳統、倫理道德、風俗習慣等。而他們對正式制度的定義則是人為創造出來並且通過國家等組織形式強制、正式確立的成文的規則，例如法律、正式合約等。非正式制度的特點是自發性、非強制性、廣泛性和持續性，這種制度的變化演進是緩慢但穩固的，一旦形成便很難發生改變；而正式制度由於其具有強制性、間斷性的特點，其可在「一夜之間」便得以形成，這樣的制度在現實生活中僅占到各種社會契約的很小部分，社會人口的大部分行為還是主要受到非正式制度的約束。

中國從歷史淵源和文化傳統上看是一個倫理社會、人治社會，缺乏契約傳統。社會治理主要依靠道德自律和統治者的倫常觀念，倫理道德文化在社會生活中起著普遍且重要的作用，可以說滲透到了社會生活的各個方面。在這樣的歷史背景下，非正式制度比正式制度發揮著更加廣泛的作用，影響更加深遠。因此，在建設低碳城市的過程中考慮到這種歷史傳承，重視非正式制度的影響更為關鍵。作為現代化國家，從傳統社會向法治社會轉變是不可迴避的歷史洪流。儘管受到各種傳統倫理社會因素的影響，但是擁有並運行在完備現代正式制度之下的社會構建卻十分重要。這關乎國家未來的命運，重視正式制度在低碳城市建設過程中的作用，體現了制度的強制性與持續性，減少了非正式制度的隨意性和波動性。但輔以非正式的民間道德約束，方能在低碳城市的建設過程中形成一條較為適合中國現國情的低碳城市建設的道路。

2.4　本章小結

本章首先從定義入手，根據研究需要，確定了本研究所涉及的一系列定義。其中，在定義低碳城市時特別定義了實現低碳城市的兩種不同途徑，即低碳城市化與城市低碳化。在中文語境下這兩個容易混淆的概念在本章得到了較為詳細的分析和定義，為后面分析中國低碳城市建設的實現路徑奠定了基礎。同時，從可持續發展理論出發至制度理論結束，本章通過分析這些經典理論、低碳城市建設的需要與目標，從中國現實國情出發論證了建設中國低碳城市的可能性。

總之，我們試圖弄清楚什麼是城市低碳化，什麼是低碳城市化，二者之間的聯繫與區別以及二者結合的可能性與必要性。在此基礎上用不同學科的理論來豐富中國低碳城市建設這個龐大的框架，以期使其豐滿而生動。

3 城市化與碳排放關係研究

3.1 本章概要

要全面地開展低碳城市的建設工作，首先需要理清城市發展與二氧化碳排放之間的關係，從而更好地、更有針對性地對城市發展過程中可能的碳排放源頭進行源頭減碳，為低碳城市的構建提供依據。即搞清楚城市的發展與二氧化碳碳排放二者之間的關係。

本章首先就城市化與碳排放二者之間的關係，對前人所做的研究進行了一定的梳理，在此基礎上利用相關性分析和格蘭杰（Granger）因果檢驗方法對二者進行了定量的分析，利用 1978—2013 年間的城市化、能源消耗、二氧化碳排放等統計數據，通過協整分析與格蘭杰因果檢驗對全國城市化水平與碳排放量進行定量觀察。結果表明城市化與二氧化碳碳排放之間在長期存在驅動關係，城市化水平的提高將引起碳排放量的增加，二者之間的關係大致表現為每當城市化水平提高 1%，二氧化碳排放水平將提高 1.6% 左右；將城市化率作為中國現代化標誌，從而「大躍進」式地進行城市化運動將造成我國二氧化碳排放總量隨城市化水平的逐步提高而急遽增加，這將有悖於建設低碳城市的目標和阻礙可持續發展戰略的實施；二氧化碳排放水平除了受到當期城市化水平的影響外，還受到來自前期城市化水平的累積影響，即前期城市化水平體現了城市化進程，而城市化進程的加快勢必引起能源消耗的增加，而從目前中國以煤炭為主的能源結構的情況來判斷，能源消耗的增加又與碳排放密切相關，前期城市化對當期二氧化碳排放水平的影響通過能源消耗的慣性體現出來。因此，盲目地將城市化水平作為衡量國家現代化程度的標準將大幅增加溫室氣體排放，對未來國家二氧化碳排放總量控制、降低單位 GDP 能耗和國家樹立良好國際形象都將造成不利影響。本章通過研究中國城市化率與碳排放量之間的

關係來探討低碳城市建設的有效途徑。

3.2 城市化與碳排放關係的實證研究

3.2.1 問題的提出

改革開放 30 多年來，中國經濟的飛速發展是以快速城市化和城市產業推動為特徵的。隨著中國城市化水平的不斷提高，諸如氣溫驟變、霧霾等越來越多的環境問題開始顯現出來。其中，以二氧化碳為代表的溫室氣體排放是一個受到社會普遍關注的問題。研究城市化與二氧化碳排放之間的關係，有利於探究城市化發展道路與環境保護之間是否存在不可調和的矛盾，為環境保護和經濟發展找到一條協調發展之路。

作為世界上最大的發展中國家，在經濟高速增長的同時，大量的溫室氣體排放也日漸成為世界輿論關注的對象。在以工業化為動力的城市化的發展過程中，產業發展、居民生活都需要消耗大量的能源，生產和生活過程直接或間接地產生大量溫室氣體。因此，在當前國際環境問題日益突出的情況下，作為最大發展中國家和新興市場國家的中國做出承諾：到 2020 年，將單位 GDP 的碳排放強度降低 40%~45%。這一方面是作為大國對環境問題負責的態度，另一方面也提醒我們重新審視我們的經濟發展方式是否能夠適應新形勢下可持續發展的要求。中國亟待找到一條適宜的城市低碳發展之路。

3.2.2 相關研究綜述

目前，關於城市化率與碳排放的研究非常多，國內外學者都有一些研究成果。這些研究使用的分析方法多種多樣，但都有一個共同特點，即沒有專門針對城市化率與碳排放量之間關係的單純因果分析，而將經濟增長（GDP 指標）、能源消耗、居民收入、勞動力指標等因素加入研究對象。這樣做的好處在於，可以考察到眾多因素對城市化或者碳排放的聯合影響，一定程度上較為客觀、科學地反應了眾多自變量對因變量的真實影響。但同時也容易造成一個問題，即研究對象增加，容易造成結果解釋力降低，從而難以判斷後續決策。另外，國內外學者在利用各國甚至全球數據，運用不同方法進行實證研究時也往往得出不同的結論。

Dong & Yuan（2011）基於 1989—2009 年的相關數據，利用 Blanchard & Quah 方法對中國城市化與碳排放做出的研究表明，城市化與溫室氣體排放之

間呈倒駝峰型的關係，即 U 型關係，這意味著目前中國城市化伴隨著能源的節約與溫室氣體排放的減少。[①] 中國的二氧化碳減排在短期實際是以降低經濟增長速度和延緩城市化進程為代價的。與此相反，Zarzoso & Maruoti（2011）在研究了 1975—2003 年發展中國家城市化對二氧化碳排放的影響後，考慮不同國家的異質性，最后得出的結論是城市化與二氧化碳排放之間呈倒 U 型關係。[②] Poumanyvong & Shinji（2010）認為城市化與碳排放之間的關係一定程度上受到經濟基礎和富裕程度的影響，即國家的富裕程度不同，經濟實力不同，城市化與碳排放之間呈現的關係也不同，他們選取了 99 個國家 30 年的數據進行研究，發現城市化對能源的消耗以及二氧化碳的排放隨國家經濟發展水平不同而顯示出很大的差異：在低收入組國家中，城市化降低了能源消耗；而在中、高收入國家組中，城市化卻增加了能源消耗。[③] Hossain（2011）依據 1971—2007 年新工業化國家的時間序列數據分析了二氧化碳排放、能源消耗、經濟增長、貿易開放程度以及城市化之間的動態因果關係，認為在長期所研究的各因素之間存在因果關係，但是在短期變量之間僅存在單向的因果關係，即貿易開放程度增加引起二氧化碳排放增加；經濟增長引起能源消耗增加；貿易開放程度增加引起經濟增長；城市化程度增加引起經濟增長；貿易開放度增加引起城市化率提高。可以看出，城市化與二氧化碳排放之間在短期不存在直接的因果聯繫。而在長期，通過對比以能源消耗為依據的二氧化碳排放彈性系數，得出的結論是在新工業化國家，較高的能源消耗引起了二氧化碳排放的增加，從而高耗能成為了二氧化碳排放增加的罪魁禍首，而由於經濟增長、開放的貿易以及不斷提高的城市化，在長期看來，環境質量會維持在一個較好的水平。[④]

中國目前正處於城市化的上升階段，從中長期來看，不論國際環境如何，中國經濟仍有慣性上升的趨勢，但同時面臨較為嚴重的資源、環境以及產業結

[①] Dong Xiangyang, Yuan Guiqiu. China's Greenhouse Gas Emissions' Dynamic Effects in the Process of Its Urbanization: a Perspective from Shocks Decomposition under Long-term Constraints [J]. Energy Procedia, 2011, (5): 1660-1665.

[②] Inmaculada Martínez-Zarzoso, Antonello Maruotti. The Impact of Urbanization on CO_2 Emissions: Evidence from Developing Countries [J]. Ecological Economics 2011 (70): 1344-1353.

[③] Phetkeo Poumanyvong, Shinji Kaneko. Does Urbanization Lead to Less Energy Use and Lower CO_2 Emissions? A Cross-country Analysis [J]. Ecological Economics, 2010 (70): 434-444.

[④] Sharif Hossain Md. Panel Estimation for CO_2 Emissions, Energy Consumption, Economic Growth, Trade Openness and Urbanization of Newly Industrialized Countries [J]. Energy Policy, 2011, 39 (11): 6991-6999.

構的限制。涂正革（2008）根據我國30個省市地區要素資源投入、工業產出和污染排放數據，計算各地區環境技術效率，並對環境技術效率的差異進行了迴歸分析，認為我國區域間環境工業協調性極不平衡，要實現環境工業的協調發展，必須進行工業經濟結構的升級以及產權結構的改革。[1] 張紅鳳等（2009）以山東省為例，通過對環境規制下污染密集產業的發展狀況進行實證分析和環境規制績效評價，認為嚴格而系統的環境規制政策能夠改變環境庫茲涅茨曲線的形狀和拐點位置，要想改變因單位產出能耗高、污染排放總量高而導致的環境規制壓力大的局面還需要進行產業結構配置政策的調整。此外，與中國相似的眾多發展中國家由於經濟基礎薄弱和資源稟賦的約束，大多只能選擇以煤炭為主的能源消費結構，這又會加重溫室氣體排放和環境污染。[2] 林伯強（2007）通過研究中國煤炭需求的長期均衡關係，認為GDP是引導煤炭需求的源頭，但煤炭需求不是引導GDP增長的原因，模擬得出的政策選擇是工業結構的調整。[3] Parikh & Shukla（1995）利用發展中國家面板數據研究了城市化進程中的能源利用問題，並針對如何避免城市化過程中溫室氣體過量排放的問題提出了一些建議。[4] 牛叔文等（2010）以亞太地區8個國家為考察對象，分析了1971—2005年間耗能、GDP和二氧化碳排放的關係，認為不同國家由於發達程度不同，碳排放基數和能源利用率存在很大差異，發達國家單位能耗和單位GDP的二氧化碳排放較低，而發展中國家則較高，又根據中國的實際情況認為我國應積極轉換能源結構，同時通過技術手段提升能源利用效率，促進節能減排，以在國際氣候談判中謀得主動。[5]

在研究方法方面，在國外學術界，為了表達人類活動對環境的影響，Ehrlich P. R. & Ehrlich A. H.（1970）提出環境影響方程，認為環境影響是人口、富裕程度和技術這三個關鍵驅動力乘積的結果，簡潔地闡述了環境與驅動

---

[1] 涂正革.環境、資源與工業增長的協調性[J].經濟研究，2008（2）：93-105.
[2] 張紅鳳，周峰，楊慧，等.環境保護與經濟發展雙贏的規制績效實證分析[J].經濟研究，2009（3）：14-26.
[3] 林伯強，魏巍賢，李玉東.中國長期煤炭需求：影響與政策選擇[J].經濟研究，2007（2）：48-58.
[4] Jyoti Parikh, Vibhooti Shukla. Urbanization, Energy Use and Greenhouse Effects in Economic Development: Results from a Cross national Study of Developing Countries [J]. Global Environmental Change, 1995, 5 (2): 87-103.
[5] 牛叔文，丁永霞，李怡欣，等.能源消耗、經濟增長和碳排放之間的關聯分析——基於亞太八國面板數據的實證研究[J].中國軟科學，2010（5）：12-19.

力之間的變化關係，因而在二氧化碳減排上也得到廣泛應用。[1] 日本學者Yoichi Kaya（1989）提出的Kaya恒等式反應出能源結構碳強度、單位GDP能源強度、人均國內生產總值對二氧化碳排放量的影響程度，確定了人類經濟與社會活動同溫室氣體排放之間的關係，眾多的國外文獻均採用此方法進行研究。[2] Kaya恒等式通過因式分解，在溫室氣體排放與人口、經濟發展水平、能源利用效率和單位能源消費的碳排放因素之間建立了相應的關係。Juan Antonio Duro & Emilio Padilla（2006）利用Theil指數分解法，證實Kaya因素中人均收入是造成不同國家人均碳排放差異的最重要因素，其次為能源消費碳強度與能源強度。[3] Yang et al.（2009）[4]、David（2009）[5] 利用Kaya恒等式分析了不同國家及部門溫室氣體減排目標實現的可能性，並給出了相應的政策建議。美國經濟學家G. M. Grossman & A. B. Krueger（1991）提出環境庫茲涅茨曲線，此曲線反應出經濟增長和環境污染之間存在倒U型關係，成為后來學術界分析二氧化碳與經濟增長關係的主要方法。[6] 但如前所述，至今許多學者得出的結論仍然有所不同。由於傳統的Granger因果檢驗方法只關注兩個變量之間按時間先后的關係，而不是通常意義上的因果關係，因此很可能得出「聖誕卡片是聖誕節的原因」這樣的結論。依據漸進理論而來的Granger因果檢驗，由於漸進理論只對平穩變量有效，因此如果遇到非平穩變量，那麼只能用兩個變量的一階差分VAR模型來進行變量之間的Granger因果檢驗，這樣做會導致用來檢驗穩定性零假設的單位根檢驗對趨勢穩定具有較低推翻錯誤零假設的可能性。為此，Toda H. Y. & Yamamoto T.（1995）提出的TY因果檢驗方法，避免了傳統的格蘭杰因果檢驗所存在的問題。[7] Soytas et al.（2007）利

---

[1] Ehrlich P R, Ehrlich A H. Population, Resources, Environment Issues in Human Ecology [M]. San Francisco: Freeman, 1970.

[2] Yoichi Kaya. Impact of Carbon Dioxide Emission on GNP Growth: Interpretation of Proposed Scenarios [R]. Paris: the Energy and Industry Subgroup, Response Strategies Working Group, IPCC, 1989.

[3] Yoichi Kaya. Impact of Carbon Dioxide Emission on GNP Growth: Interpretation of Proposed Scenarios [R]. Paris: the Energy and Industry Subgroup, Response Strategies Working Group, IPCC, 1989.

[4] Christopher Yang, David McCollum, Ryan McCarthy, Wayne Leighty. Meeting an 80% Reduction in Greenhouse Gas Emissions from Transportation by 2050: A Case Study in California [J]. Transportation Research Part D: Transport and Environment, 2009, 14 (3): 147-156.

[5] David McCollum, Christopher Yang. Achieving Deep Reductions in US Transport Greenhouse Gas Emissions: Scenario Analysis and Policy Implications [J]. Energy Policy, 2009, 37 (12): 5580-5596.

[6] G. M. Grossman, A. B. Krueger. Economic, Growth and the Environment [J]. Quarterly Journal of Economics, 1995, 110 (2): 353-377.

[7] Toda H. Y., Yamamoto T. Statistical Inference in Vector Auto Regressions with Possibly Integrated Processes [J]. Journal of Econometrics 1995, 66: 225-250.

用TY方法，探討了多因素之間的雙向影響關係，而非單向的因果關係[1]。Zhang & Cheng（2009）利用TY方法考察了中國的GDP、固定資產形成、能源消耗、碳排放量和城市化之間的關係，並認為從長期來看真實GDP增長是碳排放增加的原因。[2]

國內學者對中國現階段城市化與經濟發展過程中的碳排放問題，主要集中在對碳排放增長的預測和影響分析上。

上述研究各具特色，有的著重分析了能源消費與經濟發展對碳排放的影響，但是涉及城市化與碳排放二者之間的關係研究卻相對缺乏。因此本章僅從城市化與碳排放之間關係進行考量，排除其他因素，考察二者之間的純粹關係。本章嘗試分析碳排放和城市化這兩全球關注的問題之間短期、長期的動態關係。本章採用的具體方法為：利用1978—2010年城市化與碳排放量的年度時間序列，借助協整理論考察我國碳排放與城市化水平的長期均衡關係，進而利用誤差修正模型，分析二者之間的短期動態關係，運用Granger因果檢驗分析二者之間的因果關係，最后根據定量研究結果，提出相應的政策建議。

3.2.3 實證分析

3.2.3.1 中國城市化與碳排放現狀

（1）城市化水平。

城市化水平的測度按照不同標準一般有5種（姜愛林，2002）[3]，即人口比重法、系數調整法、農村城鎮化指標法、城鎮土地利用指標法和現代城市化指標法。但由於實際的操作過程和數據的獲得方面存在一定困難，因此，就目前所知的研究來看，普遍採用城市人口占總人口比重來衡量城市化率。本研究考慮到數據獲得的便利性以及與其他研究對比的可行性，仍選用城市人口占總人口的比率作為城市化率的代表，記作UR。我國城市化水平從新中國1949年的10.64%到1978年的17.92%經歷了漫長的30年，而從1978年的17.92%到2013年的36年間，城市化水平伴隨改革開放的不斷深入也大幅度提高，到2013年，我國人口城市化率已經達到53.73%，其增幅是新中國成立時的5倍多。結合后面的圖3.1中所呈現的具體數據和趨勢，可以看出，改革開放以

---

[1] Ugur Soytas, Ramazan Sari, Bradley T. Ewing. Energy consumption, Income and Carbon Emissions in the United States [J]. Ecological Economics, 2007, 62: 482-489.

[2] Xing-Ping Zhang, Xiao-Mei Cheng. Energy Consumption, Carbon Emissions and Economic Growth in China [J]. Ecological Economics, 2009, 68: 2706-2712.

[3] 姜愛林. 城鎮化水平的五種測算方法分析 [J]. 中央財經大學學報, 2002 (8): 76-80.

來，中國的城市化處於一個快速上升的階段。

（2）碳排放量。

本書通過下式顯示的公式對碳排放量進行測算：

$$C = \sum_{i=1}^{n} N_i \times \delta_i \tag{3.1}$$

其中，C 代表碳排放總量，N_i 代表第 i 類能源的消費總量，且 $N_i = E \times F_i$，E 表示所有能源消費總量，F_i 表示第 i 類能源消費量占總消費量中的比重，E 和 F_i 的數據通過《中國能源統計年鑒（2013）》和《中國統計年鑒（2014）》獲得，並整理為表 3.1。δ_i 代表第 i 類能源的碳排放系數。關於碳排放系數，對單位為標準煤的系數進行轉換，採用學者陳詩一（2009）[①] 估算的碳排放系數進行計算。即煤炭：$2.763tCO_2/tSCE$，石油：$2.145tCO_2/tSCE$，天然氣：$1.642tCO_2/tSCE$。通過計算可以得到我國 1978—2013 年的碳排放量，表 3.2 為基於表 3.1 獲得的計算結果。

表 3.1　　　　　　1978—2013 年全國能源消費總量及其構成

年份	能源消費總量（萬噸標準煤）	占能源消費總量比重（%）			年份	能源消費總量（萬噸標準煤）	占能源消費總量比重（%）		
		煤炭	石油	天然氣			煤炭	石油	天然氣
1978	57,144	70.7	22.7	3.2	1996	135,192	73.5	18.7	1.8
1979	64,562	71.3	21.8	3.3	1997	135,909	71.4	20.4	1.8
1980	60,275	72.2	20.7	3.1	1998	136,184	70.9	20.8	1.8
1981	63,227	72.7	20.0	2.8	1999	140,569	70.6	21.5	2
1982	66,778	73.7	18.9	2.6	2000	145,531	69.2	22.2	2.2
1983	71,270	74.2	18.1	2.4	2001	150,406	68.3	21.8	2.4
1984	77,855	75.3	17.5	2.4	2002	159,431	68.0	22.3	2.4
1985	76,682	75.8	17.1	2.2	2003	183,792	69.8	21.2	2.5
1986	80,850	75.8	17.2	2.3	2004	213,456	69.5	21.3	2.5
1987	86,632	76.2	17.0	2.1	2005	235,997	70.8	19.8	2.6
1988	92,997	76.2	17.0	2.1	2006	258,676	71.1	19.3	2.9
1989	96,934	76.1	17.1	2.1	2007	280,508	71.1	18.8	3.3
1990	98,703	76.2	16.6	2.1	2008	291,448	70.3	18.3	3.7
1991	103,783	76.1	17.1	2.0	2009	306,647	70.4	17.9	3.9
1992	109,170	75.7	17.5	1.9	2010	324,939	68.0	19.0	4.4

[①] 陳詩一.能源消耗、二氧化碳排放與中國工業的可持續發展 [J].經濟研究，2009（4）：41-55.

表3.1(續)

年份	能源消費總量（萬噸標準煤）	占能源消費總量比重(%) 煤炭	石油	天然氣	年份	能源消費總量（萬噸標準煤）	占能源消費總量比重(%) 煤炭	石油	天然氣
1993	115,993	74.7	18.2	1.9	2011	348,002	68.4	18.6	5.0
1994	122,737	75.0	17.4	1.9	2012	361,732	66.6	18.8	5.2
1995	131,176	74.6	17.5	1.8	2013	375,000	66.0	18.4	5.8

註：由於數據缺失，1978—1990年數據來源於《中國能源統計年鑒（2013）》，其余數據來源於《中國統計年鑒（2014）》。

表3.2　　我國1978—2013年城市化率與碳排放總量表

年份	城市化率（%）	碳排放量（萬噸）	年份	城市化率（%）	碳排放量（萬噸）
1978	17.92	142,454.28	1996	30.48	332,771.86
1979	18.96	161,007.31	1997	31.91	331,606.82
1980	19.39	150,072.88	1998	33.35	331,564.87
1981	20.17	156,488.22	1999	34.78	343,648.05
1982	21.14	165,405.91	2000	36.22	352,812.26
1983	21.62	176,182.93	2001	37.66	360,094.07
1984	23.01	193,593.64	2002	39.09	382,089.62
1985	23.71	191,495.89	2003	40.53	445,578.71
1986	24.52	202,210.70	2004	41.76	516,183.57
1987	25.32	216,973.14	2005	42.99	571,963.75
1988	25.81	232,914.52	2006	44.34	627,572.81
1989	26.21	242,714.98	2007	45.89	679,373.27
1990	26.41	246,358.54	2008	46.99	698,215.56
1991	26.94	259,693.92	2009	48.34	733,850.73
1992	27.46	272,724.56	2010	49.95	766,413.47
1993	27.99	288,306.29	2011	51.27	825,099.52
1994	28.51	303,980.03	2012	52.57	842,402.21
1995	29.04	323,496.94	2013	53.73	867,561.00

註：表3.2中城市化率保留小數點后兩位，年度碳排放重量根據公式 $C = \sum_{i=1}^{n} E \times F_i \times \delta_i$ 計算得來。

為了便於進一步地觀察，根據表 3.2，可以獲得 1978—2013 年中國城市化率與碳排放總量的關係圖，如圖 3.1 所示。由圖 3.1 可見，我國城市化率與碳排放總量依年份逐年遞增，且城市化率與碳排放總量變化方向一致，尤其在 2002 年以後，碳排放總量增長速度明顯快於城市化速度。這說明城市化與碳排放之間存在相關關係。

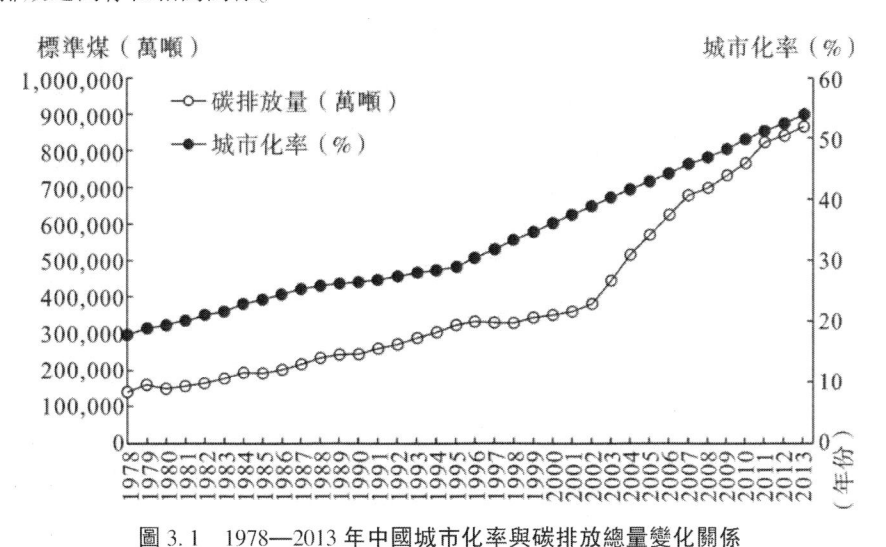

圖 3.1　1978—2013 年中國城市化率與碳排放總量變化關係

3.2.3.2　中國 1978—2013 年城市化水平與碳排放總量關係的定量分析

（1）研究方法與數據處理。

本研究根據中國 1978—2013 年城市化與碳排放總量的變化情況，使用協整分析和 Granger 因果檢驗法對二者之間的相互關係和相互影響進行定量分析。所有數據來自《中國統計年鑒（2014）》《中國能源統計年鑒（2013）》以及《新中國 60 年統計資料匯編》。為了盡量避免政策等因素干擾使數據發生突變，故選取 1978 年以後的數據作為樣本數據。研究變量符號如下：UR 代表城市化率，CE 代表碳排放總量，為了消除原始數據可能存在的異方差，對城市化水平和二氧化碳排放總量數據均做取對數處理，並分別記作 $LnUR$ 和 $LnCE$。通過相關性分析發現，城市化率與碳排放總量之間高度相關，二者相關係數達到 0.97。當然，具體的經濟關係還需要通過計量方法來驗證。

（2）單位根檢驗及協整性檢驗。

在設定模型形式和估計模型之前，對 $LnUR$ 和 $LnCE$ 數據序列進行平穩性檢驗，其一階差分序列分別記為 $\Delta LnUR$ 和 $\Delta LnCE$。考慮到碳排放量與當年消耗能源有關，且能源消耗依照消費習慣存在一定滯後效應，而城市化率指標僅

表示當年城市人口占總人口數量，故本研究認為在進行單位根檢驗時對碳排放指標的最大滯后期按照 SIC 原則定義為 1 期，對城市化率指標的滯后影響，在進行單位根檢驗時按照 SIC 原則選擇滯后期數為 0 期。同時由圖 3.1 趨勢圖可以認為在進行單位根檢驗時需要考慮截距項和時間趨勢，但在進行對數化處理以後已完成對數據的平滑性處理，因此在選擇是否選擇帶截距項或者趨勢項進行檢驗時選擇不帶截距項和趨勢項。ADF（Augmented Dickey-Fuller）單位根檢驗結果如表 3.3 顯示：

$\Delta LnUR$ 和 $\Delta LnCE$ 的 P 很大且自身值都大於臨界值，因此接受原假設，即存在單位根，說明該時間序列不平穩。對 $LnCE$ 進行一階差分后再進行 ADF 檢驗，其值小於所有臨界值，P 值顯示有 0.13% 的概率接受原假設，可以初步判斷此時 $\Delta LnCE$ 序列已經平穩。一階差分后 $\Delta LnUR$ 的 ADF 值小於所有臨界水平，因此通過檢驗，拒絕原假設。所有變量符合 I(1)，滿足構造協整方程的條件。

（3）建立協整迴歸模型。

以 $LnCE$ 為被解釋變量，以 $LnUR$ 為解釋變量，建立一元線性迴歸模型，並對殘差進行單位根檢驗，其結果如表 3.4 所示。

表 3.3　　　　　$LnCE$ 與 $LnUR$ 序列單位根 ADF 檢驗結果

	ADF 值	P 值	1% 臨界值	5% 臨界值	10% 臨界值
$LnCE$	0.541,968	0.985,8	-3.632,900	-2.948,404	-2.612,874
$LnUR$	-0.945,872	0.761,3	-3.632,900	-2.948,404	-2.612,874
$\Delta LnCE$	-4.411,326	0.001,3	-3.639,407	-2.951,125	-2.614,300
$\Delta LnUR$	-4.674,553	0.000,6	-3.639,407	-2.951,125	-2.614,300

表 3.4　　　　　　　殘差單位根檢驗結果

			t-Statistic	Prob.*
Augmented Dickey-Fuller test statistic			-3.165,497	0.031,1
Test critical values:	1% level		-3.639,407	
	5% level		-2.951,125	
	10% level		-2.614,300	

根據表 3.4 顯示的檢驗結果表明，殘差序列 t=-3.165,497 在 5% 置信水平上拒絕原假設，即殘差不存在單位根。由此可以認為碳排放總量與城市化水平

存在長期穩定的均衡關係。利用 OLS 迴歸估計得到如下估計模型：

$LnCE = 6.92 + 1.68 LnUR$

$t = (42.06)\ (35.42)$

$R^2 = 0.961 \quad \bar{R}^2 = 0.974 \quad DW = 0.236 \quad F = 1,254.425$

根據顯示結果，解釋變量 LnUR 通過了 T 檢驗，並且擬合優度較好。但值得注意的是 DW 值很小。對於樣本容量為 36，$k=1$，在 5% 的顯著水平下查 DW 統計量表可知，$d_L = 1.411\ d_U = 1.525$，顯然 $DW < d_L$，說明模型存在自相關。利用科克倫-奧科特迭代法對原模型進行修正。在加入 2 個滯後變量後，模型 DW 值得到改善並得到拒絕存在自相關假設的 DW 值。修正后模型表達式如下：

$LnCE = 6.57 + 1.78 LnUR + 1.37 AR(1) - 0.58 AR(2)$

$t = (19.28) \quad\quad (18.45) \quad\quad (9.72) \quad\quad (-4.20)$

$R^2 = 0.996,2 \quad \bar{R}^2 = 0.995,8 \quad DW = 1.77 \quad F = 2,624.988$

修正后的模型顯示，迴歸方程可決系數與修正的可決系數都很高，迴歸系數均符合經濟意義且顯著。$DW = 1.77$ 已落入方程存在自相關的拒絕區域。模型表明城市化水平與碳排放呈正相關關係，且存在城市化率每上升 1%，碳排放總量就上升 1.78% 的水平。同時說明碳排放總量除了受當期城市化率的影響以外，也受到前兩期的城市化率因素的影響。關於這一點，筆者認為可能是因為碳排放主要來源於人口對能源的消耗，尤其是城市人口，而人口對於能源消耗有一定慣性，因此當期碳排放可能會受到以前時期城市化所形成的能源消耗習慣的影響。

（4）Granger 因果檢驗。

如前所述，城市化與二氧化碳排放之間關係的協整檢驗表明變量之間存在長期均衡關係，但尚不能確認變量之間是否具有因果關係，對此仍需要進一步進行檢驗。利用 Granger 因果檢驗對碳排放總量與城市化率進行因果檢驗，分別選取滯後期為 1、2、3、4。檢驗結果如表 3.5 所示。

表 3.5　　　碳排放量與城市化率的 Granger 因果檢驗表

滯后期數	碳排放不是引起城市化的格蘭杰原因			城市化不是引起碳排放的格蘭杰原因		
	F 值	P 值	結果	F 值	P 值	結果
1	0.686,7	0.413,4	接受	4.716,7	0.037,4	拒絕
2	1.566,4	0.226,0	接受	15.506,6	3.0E-5	拒絕

表3.5(續)

滯后期數	碳排放不是引起城市化的格蘭杰原因			城市化不是引起碳排放的格蘭杰原因		
	F值	P值	結果	F值	P值	結果
3	1.122,7	0.358,0	接受	6.611,32	0.001,8	拒絕
4	1.421,6	0.258,5	接受	5.412,34	0.003,2	拒絕

檢驗結果顯示：原假設 LnUR（城市化）不是 LnCE（碳排放）的格蘭杰原因，通過F檢驗，在四種滯后期限的選擇下，所得P值均小於0.05的顯著水平，即認為可以拒絕原假設，即城市化是引起碳排放的格蘭杰原因。

3.2.4 結論

3.2.4.1 主要結論

綜合以上分析，本研究根據1978—2013年各項統計數據，通過協整分析與Granger因果檢驗，對中國城市化率與碳排放量之間的關係進行了定量觀察，獲得以下結論：

（1）通過協整性分析與Ganger因果檢驗，判斷了中國城市化率與碳排放量之間的關係。分析結果表明，在長期，城市化率與碳排放之間存在均衡關係，且城市化水平變化會引起碳排放量的變化。通過模擬的變量模型可以看出，當城市化水平每增加1%，碳排放量以高於1%的1.78%增加，這印證了圖3.1所顯示的自2002年以後，碳排放量增加速度超過城市化率的增長速度。

（2）在長期，如果繼續將高城市化率作為中國現代化標誌，「大躍進」式地進行城市化運動，相對於城市化率而倍增的碳排放將造成我國碳排放總量隨城市化率的逐年提高而急遽增加，這有悖於我國目前大力倡導的建設低碳城市的目標，阻礙可持續發展戰略的實施和真正的現代化的實現。

（3）碳排放量除了受到當期城市化率水平的影響，還受到來自前期城市化率水平的累積影響。關於這一點，筆者認為可以這樣理解，即前期城市化率水平體現了城市化進程，而城市化進程的加快勢必引起能源消耗的增加，而就目前中國以煤炭為主要能源結構的情況來看，能源消耗的增加又與碳排放密切相關，因此前期城市化率對當期碳排放量水平的影響通過能源消耗的慣性體現出來。

此外，關於在進行統計量單位根檢驗時滯后期的選擇，本研究認為，當期碳排放量會因為能源消費慣性存在一定程度上的滯后，但是具體滯后多少期仍

不能準確判斷。同時，由於樣本數據時間範圍較小，僅有 36 個，故將滯后期數設為滯后 1 期。基於該統計量的取得形式，對城市化率的單位根檢驗不設滯后期。本研究所使用的城市化率是城市人口數量/總人口數量，因此每一期的城市化率水平是獨立的，故在進行單位根檢驗時沒有滯后項的操作。

3.2.4.2 政策啟示

(1) 將城市化水平作為衡量國家現代化與否的標誌之一，而非唯一標準。歐美國家的高城市化率源於長達百年的累積，非旦夕之功。若以歐美為標準，「大躍進」式地提高我國的城市化率，在目前沒有足夠雄厚的經濟基礎和一定的技術條件下，我國可能在世界環境保護問題上陷於被動局面。因此，將城市化率作為重要參考指標，在充分發揮中國資源優勢，將經濟軟實力上升到一定水平之後，在能源利用效率、環境治理水平都有顯著提升以後再談城市化水平向發達國家看齊。

(2) 考慮中國國情，不盲目做出碳減排承諾。出於實際國情的考慮，目前中國的能源消費結構在短期內難以改變，同時由於技術上突破的困難，傳統能源利用效率難以在短時間內得以提高。此外，考慮到中國近 14 億人口的生活耗能實際和目前中國在經濟發展過程中遇到的實際困難，在承擔起大國環境道德職責的基礎上，中國不應輕易承諾，放棄自己發展的權利。畢竟中國溫室氣體減排的門檻比歐美國家更高，因此以犧牲中國經濟利益和國民福利換取的碳減排僅在環境道德層面是無可厚非的，但是作為為了換取國際認可而抑制人類發展精神的政治手段是不值得提倡的。

(3) 在進行我國城市化建設過程中，改變過去以煤炭為主要能源消耗的能源結構，開拓新能源渠道，將生物能、風能、潮汐能等新興清潔能源作為今後主要實用能源的努力方向。同時充分利用現有技術，積極創新，提高傳統能源利用效率，使單位能源使用強度得到提高。降低單位 GDP 和單位城市化率的碳排放水平。並通過開發低碳技術與引進國外先進技術構造低碳生活系統，使人與城市、城市與環境良性互動，最終使經濟發展方式、社會發展方式實現從高碳到低碳的轉變。

本章聚焦於碳排放水平與城市化率之間的關係研究。當然，影響碳排放水平的因素絕不止城市化水平一項，許多其他影響因素諸如工業化水平、能源價格、能源消費、對外貿易水平等在經驗上都會通過各種傳導機制影響一個國家的二氧化碳排放水平。而我們試圖剔除其他影響因素，單獨研究城市化水平對碳排放水平的影響，模擬得出的方程有一定解釋力。同時，不可否認其他常數項的擾動因素也可能對碳排放水平造成影響。下一步的研究將對其他常數項的

擾動因素間的關係及其相互影響機制進行更加深入的觀察。

3.3 本章小結

本章試圖通過對中國城市化與二氧化碳排放之間關係做出定量的觀察與研究，探討在低碳城市的建設過程中，從城市化這一因素角度可以採取怎樣的措施來抑制城市二氧化碳排放，同時能夠保證城市的正常發展。

首先，對城市化與二氧化碳排放之間的關係做出判斷；其次，利用計量經濟的手段模擬城市化與二氧化碳排放之間的關係，找到二者之間較為準確的變動關係；最后針對前實證分析的結果，結合前人研究成果和理論分析得出一定的結論，並在此基礎上提出了城市發展過程中減少二氧化碳排放的措施建議。

4 中國產業隱含碳排放實證分析

4.1 本章概要

在本章我們將主要採用投入產出模型（I-O 模型）以中國 2007 年為例進行碳排放和隱含碳排放的驅動因素分解分析並得出一定結論。研究將按以下幾個步驟開展：

第一，對將要用於實證分析的基礎模型以及隱含碳排放的估計方法進行了必要的介紹和說明；第二，根據 Kaya 恒等式的特徵構建中國碳排放驅動因素的分解模型，利用 1978—2010 年相關數據進行實證分析並得出一定結論；第三，對驅動中國隱含碳排放的因素根據本研究需要進行模型的構建與說明；第四，對得出的運算結果和結論，結合實際情況進行了一定的說明。

本章將採用投入產出模型（I-O 模型），通過計算有投入產出表數據年份的隱含碳排放量，並且比較各個產業隱含碳排放量占部門總隱含碳排放量的比重以及各部門產出占部門產出總和的比重來分析各部門是否存在碳排放效率。

由於統計口徑和數據可獲得性等原因，本章實證研究所有數據均採自國家官方公布的統計數據。產業部門分類根據實際情況參考產業部門分類標準重新劃分為 29 個部門。

4.2 文獻綜述

4.2.1 隱含碳排放與 I-O 模型

如前所述，隱含碳排放是經濟行為中二氧化碳排放研究中一個較新的視角。目前在國際貿易領域的研究中較為多見。展開對隱含碳排放的測算，有利

於更完整、更科學、更合理地發現碳排放規律與制定碳減排策略，也是通過生產過程減碳與生活過程減碳，創造低碳城市基礎環境的必要前提。儘管隱含碳排放的計算與分析對更加全面的認識碳減排活動，明確各國碳減排責任有非常重要的意義，但是在隱含碳排放計算與隱含碳排放的數據獲得方面仍然存在一定技術困難，部分數據的獲得甚至是不可能的。因此，對於隱含碳排放的精確估計在目前看來還難以做到，各種數理分析方法的應用大大地推進了隱含碳排放的研究，但至今仍無一個統一的、被廣泛認同的方法用於隱含碳排放研究。目前在研究隱含碳排放領域應用較多的是I-O模型（投入產出模型），並有許多學者以此模型為基礎開發出更多的模型進行研究。本研究也以該模型為基礎，根據研究需要進行一定的變化和擴展，以期能夠獲得較好的研究效果。

　　本章主要將相對宏觀的國際貿易所產生的隱含碳排放估算移植到一國之內進行考察，研究作為國家經濟引擎的城市經濟在其發展過程中所產生的隱含碳排放。這對於根據不同的區域環境制定更加適宜的二氧化碳減排措施以及承擔相應的地區二氧化碳減排責任有著非常重要的意義。

　　由於國際貿易的存在，各貿易國之間存在的碳排放轉移問題就無法避免。造成這種現象的原因主要是各個貿易國在資源、技術、勞動力等多方面存在差距。同樣的問題也發生在一國之內。由於地理、地貌、資源分佈以及歷史發展軌跡等存在差異，一個國家境內不同地區之間也存在資源、技術、勞動力豐沛程度以及地區發展基礎等方面的差異。在各國積極推進全球二氧化碳減排的背景下，將視線轉移到一國內部，探究國家內部地區之間隱含碳排放，細緻分析國內不同地區之間碳減排差異，採取因地制宜的辦法，切實降低國內碳排放，比在總量上承諾降低碳排放強度來得更加實際。

　　目前學界較為常見的關於碳排放的分析方法有如下五種：①IDA（Index Decomposition Analysis）指數分解方法；②SDA（Structural Decomposition Analysis）結構分解方法；③LMDI（Logarithmic Mean Divisia Index）對數平均迪氏指數分解方法；④I-O（Input-Output）投入產出方法；⑤I-O SDA（Input-Output Structural Decomposition Analysis）投入產出結構分解方法。

　　IDA指數分解方法由於在數據獲取以及分析的操作方面具有方便易行的特點而被廣泛使用。指數分解方法中的「拉氏分解過程」最早被提出和使用，該方法的主要思想是控制一部分變量的變化，觀察某一個特定變量的變動引起的整體變動。SDA結構分解方法是指利用消耗系數矩陣對各個影響因素進行較為細緻的分析。相較之下IDA指數分解方法更適合進行時間序列分析和在影響因素較少的情況下採用，但IDA指數分解方法過於簡單導致其無法在最終

需求結構與中間投入等因素的分解上勝任。因此有學者將 I-O 方法與 SDA（結構分解分析）方法結合起來，即 I-O SDA 方法。I-O 方法是近年來在隱含碳研究領域運用較多的方法，其主要利用統計資料編製投入產出表並利用數學方法建立數理模型進而反應經濟系統各部門之間的關係。正是由於其便利性使得該方法在國際貿易隱含碳排放研究領域大量使用。I-O SDA 方法相當於投入產出法的一個擴展，這樣對隱含碳排放的驅動因素分解就更進一步，彌補了 IDA 無法進一步分解最終需求結構以及中間技術等因素的缺憾，因而 I-O SDA 方法很快在隱含碳研究領域得到推廣。儘管 I-O SDA 方法的解釋力比 IDA 指數分解方法強，但是基於拉式分解進行的研究始終被殘差問題所困擾。因此又有學者提出了「簡單平均迪氏分解法」（Simple Average Divisia, SAD）。該方法以基期與比較期的平均值作為權重，並以對數方法處理各變化因素。在此之後學者 Ang B. W（2004）提出了 LMDI 方法，並提供了具體的分解步驟。[①] 該方法允許數據中存在負值，LMDI 方法在分解過程中不產生殘差，因此被廣泛應用。

就目前所掌握的相關研究資料來看，關於貿易隱含碳問題的研究，在隱含碳排放驅動因素分解方面採取 IDA 指數分解方法和 I-O 方法的研究較多，而使用擴展的 I-O SDA 方法的研究則相對少一些，即便運用該種方法的研究也對因素分解鮮有涉及。另外，該模型也存在一定的局限性，在殘差項的後續處理問題上所採用的因式分解並未有效地解決結果偏差。

4.2.2 相關研究綜述

關於隱含碳排放的研究目前還主要是在國際貿易領域的研究中較為常見，而針對城市活動的隱含碳排放研究則較少。Ackerman（2007）對中美貿易之間碳排放轉移問題的研究顯示中美兩國之間的貿易並未使二氧化碳排放發生明顯的跨國轉移。[②] 由於「碳泄漏」問題的出現，各國學者開始另闢蹊徑從最終消費過程來考慮最終產品被使用過程中所產生的碳排放問題——消費過程隱含碳排放，從而考察各國實際產生的碳排放量，以便對因國際貿易產生的碳排放轉移問題有更加清醒的認識，同時有利於對各國的碳減排責任進行重新考察。

Schaeffer & Sac（1996）基於其對 1972—1992 年巴西進出貿易口中的隱含

[①] Ang B. W. Decomposition Analysis for Policy Making in Energy which is the Preferred Method [J]. Energy Policy, 2004 (6).

[②] Frank Ackerman, Masanobu Ishikawa, Mikio Suga. The Carbon Content of Japan-US Trade [J]. Energy Policy, 2007 (35): 4455-4462.

碳的分析，指出發達國家通過國內消費產品的離岸生產將二氧化碳排放轉移到了眾多發展中國家。[1] Ahmad & Wyckoff（2003）通過對65個國家因石化燃料燃燒所產生的二氧化碳排放數據進行分析后認為：在1995年，為了滿足OECD（經濟合作與發展組織）國家國內消費需求的二氧化碳排放比與產出相關的排放高出5%，這些過度的排放可歸因於幾個主要的隱含碳進口國——美國、日本、德國、法國和義大利，這種因經濟行為而發生的國家之間的碳排放轉移顯然不利於全球碳減排總目標的實現。[2] 關於隱含碳的大量研究揭示了各國的碳失衡。

張增凱等（2011）在研究國際貿易隱含碳的基礎上縮小了研究範圍，分析了中國省際貿易中隱含碳排放對於各省碳減排基數的影響，並估算了我國「十二五」期間各省碳減排基數。儘管將貿易範圍縮小到了一國範圍內，但是該研究仍然基於貿易過程，未對生產過程進行深入探討。[3] 陳紅敏（2009）設計了針對隱含碳排放的計算模型，並通過計算隱含碳排放係數的方式重新構建了隱含碳排放的計算公式，根據投入產出原理對產業部門在生產過程中的隱含碳排放做了深入研究。研究顯示，建築業部門是所有行業中隱含碳排放量最高的部門，且產業部門分類粗細是對各部門生產過程隱含碳排放核算影響較大的影響因素。[4]

4.3　模型的構建與說明

前文中所提及的各種數理研究方法都從不同的方面對隱含碳排放的估算有所貢獻，或改進或擴展，但其目的都是盡可能地在利用模型對隱含碳排驅動因素做出分析並且有一定準確度的預估基礎上盡量縮小與真實情況之間的差距。因此在研究方法多樣化的情況下，本研究根據所研究問題的需要從簡單方法入手，避免走入純技術派的誤區，以論述問題為主要目的，採用最簡單的I-O投

---

[1] Schaeffer R, Sac AL. The Embodiment of Carbon Associated with Brazilian Imports and Exports [J]. Energy Conversion and Management, 1996, 37 (6-8): 955-960.

[2] Ahmad N, Wyckoff AW. Carbon Dioxide Emissions Embodied in International Trade of Goods [R]. Paris: Organization for Economic Cooperation and Development (OECD), 2003.

[3] 張增凱、郭菊娥、安尼瓦爾·阿木提. 基於隱含碳排放的碳減排目標研究 [J]. 中國人口·資源與環境, 2011 (12): 47-51.

[4] 陳紅敏. 包含工業生產過程碳排放的產業部門隱含碳研究 [J]. 中國人口·資源與環境, 2009, 3 (19): 25-31.

入產出分析方法，並根據實際研究需要進行適當的擴展，以配合問題論述需要，獲得較為合理且有說服力的結論。

計算產品所產生的二氧化碳排放目前主要有兩種方法，一種是基於 I-O 模型的投入產出法，該方法由列昂惕夫於 20 世紀 30 年代提出，通過統計資料編製的投入產出表，利用數理模型來反應經濟系統各產業之間的關係。投入產出法不僅可以較為全面地計算出產品生產過程中的二氧化碳排放，並且實際操作性較強，是目前較為主流的測算產品二氧化碳排放量的方法。另一種測算二氧化碳排放的方法是生命週期評價方法（Life Cycle Assessment, LCA），其作為一種「從搖籃到墳墓」的定量分析評價方法，被廣泛地應用於各個研究領域，但是由於在真實的經濟運行中產品種類繁多，利用生命週期評價方法對每一種產品進行測算非常困難並且過程繁瑣，因此在實際的研究中，該方法使用並不多。鑒於本研究的目的，我們採用基於 I-O 模型的投入產出法來測算中國的二氧化碳排放強度。

4.3.1 模型的構建

由於本研究有別於國際貿易領域的隱含碳排放研究，還涉及城市產業生產過程產生的隱含碳排放，因此，在利用 I-O 模型進行分析時，需要進行一定的擴展，將生產過程中的隱含碳排放納入其中。

首先，計算由於生產過程中能源消耗所引起的各部門的隱含碳排放。在此之前，必須要設法得到各部門的完全碳排放係數，包括直接碳排放係數和間接碳排放係數。完全碳排放係數是指各個產業部門產品單位產值的完全碳排放量，包含直接碳排放和間接碳排放兩個部分，即直接碳排放係數和間接碳排放係數之和。

直接碳排放係數可以表示如下：

$$ce_i^{E, d} = f_i \cdot e_i \tag{4.1}$$

（4.1）式中，e_i 表示 i 部門的單位產值所消耗的能源數量（萬噸標準煤／萬元）；$e_i = E_i / X_i$，其中 E_i 表示 i 部門的能源消耗量（以萬噸標準煤計算，下同），X_i 表示 i 部門的總產出（以萬元計算，下同）；f_i 表示 i 部門的能源消耗碳排放係數（tCO_2/tce）。

$$f_i = \sum_{k=1}^{m} \theta_k \cdot \alpha_{ki} \tag{4.2}$$

（4.2）式中 θ_k 表示能源 k 的碳排放係數（tCO_2/tce）；α_{ki} 表示第 i 行業的總能源消費中，k 能源所占消費比例。

間接碳排放系數可以由下式表示：

$$ce_i^{k,\,ind} = f_i \cdot (\sum_{j=1}^{n} e_j \cdot b_{ji}) \qquad (4.3)$$

（4.3）式中 e_i 上角標 ind 與（4.1）式中 e_i 上角標 d 分別代表 $indirect$（間接）與 $direct$（直接）；b_{ji} 表示在投入產出表中第 i 部門所生產的最終產品對第 j 部門作為原材料的產品的完全消耗系數，該值表示為了能夠提供 1 單位 i 部門的產品需要多少單位的 j 部門產品進行生產；$\sum_{j=1}^{n} e_j \cdot b_{ji}$ 表示為了提供 1 單位產量的 i 部門產品需要消耗的所有作為中間原材料的 n 種產品消耗所導致的間接能源消耗總量。

如前所述，完全碳排放系數是直接碳排放系數與間接碳排放系數之和。因此，能源消耗完全碳排放系數表達式如下：

$$ce_i^{E} = f_i \cdot e_i + f_i \cdot (\sum_{j=1}^{n} e_j \cdot b_{ji}) \qquad (4.4)$$

整理（4.4）式，有：

$$ce_i^{E} = f_i \cdot (\sum_{j=1}^{n} e_j \cdot C_{ji}), \quad C_{ji} = \begin{cases} b_{ji}, & i \neq j \\ 1 + b_{ji}, & i = j \end{cases} \qquad (4.5)$$

（4.5）式中 C_{ji} 表示投入產出表中 i 部門對 j 部門產品的完全需求系數。

在求得因能源消耗導致的各產業部門隱含碳排放后才能進一步計算各產業部門的生產過程隱含碳排放。第一，計算各部門生產過程中隱含碳排放系數。該計算過程基於 j 部門在生產產品過程中會產生碳排放的假設，其作為 i 部門產品的生產原料，當 j 部門產品被 i 部門所消耗消耗，並由此引發 i 部門單位產值的生產過程隱含碳排放可以表示如下：

$$ce_i^{ip} = f_j^{p} \cdot b_{ji}, \quad i \neq j \qquad (4.6)$$

$$ce_i^{ip} = f_j^{p} + f_j^{p} \cdot b_{ji}, \quad i = j \qquad (4.7)$$

上式中定義 $f_j^{p} = \omega_j \cdot Q_j / X_j$，其代表 j 部門產品生產過程直接碳排放系數，即每萬元產值所產生的二氧化碳排放，單位為「噸二氧化碳/萬元」；其中 ω_j 表示 j 部門生產每一單位產品過程中的碳排放量，單位為「噸二氧化碳/噸產品」，該參數可以參考 IPCC 的相應推薦值，也可以自行根據生產過程進行測算；Q_j 表示 j 部門的產品產量；X_j 表示 j 部門的總產出。（4.7）式等號右邊第一項表示 j 部門生產過程中的直接碳排放系數，第二項代表 j 部門使用其他部門產品作為生產原材料時，同時 j 部門產品作為其他部門生產材料進行生產時所產生的 j 部門單位產品的生產過程間接碳排放。綜合（4.6）式及（4.7）式可得：

$$ce_i^{ip} = f_j^{p} \cdot C_{ji} \qquad (4.8)$$

綜上所述，包含能源消費和生產過程碳排放的產業各部門隱含碳排放系數就可以表示為：

$$ce_i = ce_i^{E,d} + ce_i^{E,ind} + ce_i^{jp} = ce_i^{E} + ce_i^{jp} = f_i(\sum_{j=1}^{n} e_j \cdot C_{ji}) + f^{jp} \cdot C_{ji} \tag{4.9}$$

（4.9）式並不是固定不變的等式，其可以根據實際需要加入更多的變量，例如，如果有 k 產品的生產過程會產生碳排放，那麼 i 部門的隱含碳排放表達式就變為：

$$ce_i = ce_i^{E} + ce_i^{jp} + ce_i^{kp} \tag{4.10}$$

以此類推，當有許多其他會在生產過程中產生碳排放的部門被考慮的時候，（4.10）式可以擴展為：

$$ce_i = ce_i^{E} + ce_i^{jp} + ce_i^{kp} + \cdots\cdots + ce_i^{np} \tag{4.11}$$

此外，這種擴展可以延伸出許多碳排放過程，比如包括消費行為在內的能源消耗以及工業生產行為之外的其他人類活動過程中的碳排放，從而可以更加精確地計量產品生產過程中的隱含碳排放系數。

綜合前述各式，可以得到計算包含能源消費和生產過程排放的各產業部門隱含碳排放量以及所有部門的最終消耗的總的隱含碳排放量表達式為：

$$CE_i = ce_i \cdot Y_i \tag{4.12}$$

$$CE = \sum_{i=1}^{n} CE_i = \sum_{i=1}^{n} ce_i \cdot Y_i \tag{4.13}$$

上面兩式中 Y_i 表示 i 部門以萬元計量的部門最終產出，在貿易隱含碳排放的研究中可用出口總額代替，並以此來得到各部門以及總的隱含碳出口數量。

4.3.2 模型說明

前文中所構建的基於投入產出方法的隱含碳估算模型及其擴展形式，將生產過程中的隱含碳排放納入了考察的範圍，從而在過去常見的生產能耗隱含碳研究基礎上將隱含碳的研究推到了一個更高的層次。一方面，其從宏觀角度更加完整地考察隱含碳排放系統；另一方面，由於各產業部門生產過程本身的複雜性，其在實際的應用中也存在一些缺憾。模型的作用是在可控制的實驗條件下以最小的代價模擬與真實世界最接近的情況。在實際的操作中，仍然可能存在下面幾個方面的問題。

第一，投入產出表中，諸如煤炭開發與洗選業、石油和天然氣開採業、採礦業等部門中大多存在企業生產地與註冊地分離的情況，因此在計算隱含碳排放的過程中，是否應該將這些產業部門的生產過程隱含碳排放納入隱含碳排放的計算中，是一個值得探討的問題。並且，根據每個城市自身的地理位置不

同，有的城市可能靠近礦藏所在地，因此上述的這些產業部門不僅可能是這些近礦城市的支撐產業，是 GDP 的主要來源，而且在生產過程中，對城市隱含碳排放的貢獻率就相較於其他產業更大。

第二，就目前所掌握的信息來看，投入產出表信息最低層級是基於省域範圍的統計，城市投入產出表的編製只有上海等直轄市有過編製記錄。因此這就給模型在微觀條件下進行測算造成了障礙。

第三，由於投入產出數據的調查、統計、匯總以及編製需要投入巨大的人力、財力和物力，因此投入產出表不像統計年鑒依據時間順序逐年編製，而是有一定間隔的編製，利用這樣非連續的、有斷層的數據進行模型估計勢必會影響模型的估計精度。

第四，各地編製投入產出表的部門分類存在差異。在以省為投入產出表編製單位時，各省編製投入產出表部門分類不統一。有的省份部門劃分較為細緻，有的則劃分比較粗淺。利用這種部門分類不統一的投入產出表進行跨區域的橫向比較就存在一定困難，需要將一些部門進行拆分與合併。但是由於數據來源渠道的限制，這種拆分與合併也是非常困難的。

第五，碳排放量與生產技術息息相關。隨著科學技術的進步，各產業在生產過程中的直接碳排放與間接碳排放都會因為節能技術以及各個部門之間對產品的消耗系數發生變化而發生重大變化。因此，非連續編製的投入產出表很難反應出技術進步所帶來的碳排放改善。

第六，模型中關於生產過程隱含碳排放部分，難以以一個令人信服的理由來選取某一個生產過程，並且只以這一個生產過程來進行測算，顯然是不全面的。陳紅敏（2009）就利用投入產出模型測算了包括能源消費以及水泥生產過程而引起的各產業部門最終消費的隱含碳排放。而其選擇水泥生產過程作為生產隱含碳排放的考察對象僅僅是因為「水泥的生產過程碳排放量最大」。由此也可以看出，要全面地、系統地、詳細地分析包括各產業部門在生產過程中所產生的隱含碳排放是一個體系非常龐大的系統工程。單個考察某一產品的生產過程所引發的各部門最終消費的隱含碳排放是不全面的。但也不可否認，這樣的分析也為我們全面認識產業系統內、城市工業化過程中的隱含碳排放開啓了一扇大門。

綜上所述，儘管投入產出方法是目前研究隱含碳排放的主流方法，但是由於投入產出表編製過程中存在的一些問題，以及在編製時間上的不連續性，利用 I-O 模型進行橫向比較和縱向比較時精度較低，與真實情況偏差較大。因此，該研究方法還有待改進。在還沒有找到一個分析隱含碳排放的更簡便方法之前，投入產出法研究可以作為一種替代方法進行研究，但是必須要在計算之

后的分析中加以詳細的說明，並預想到可能存在的缺陷。

4.4 實證分析

本章主要以 2007 年各產業部門投入產出表為例進行研究，並僅計算直接能源消耗與間接能源消耗所引起的隱含碳排放。城市隱含碳排放研究分為三個部分：第一部分是城市產業部門因能源消耗所產生的直接碳排放；第二部分是城市產業生產部門在產品生產過程中產生的隱含碳排放；第三部分是城市貿易過程中產生的隱含碳排放。第三部分的城市對外貿易層面上的隱含碳排放統計與估算目前還只是停留在理論研究層面，由於計算每一個產業部門因生產所產生的隱含碳排放需要大量翔實的數據支撐，且過程繁復，因此本研究將省去模型（4.11）中除因直接和間接能源消耗而產生的隱含碳排放外的其他因素，只考慮第一部分因直接能源消耗和生產中間接能源消耗所產生的隱含碳排放。

由於 2007 年投入產出表相關產業部門分類與當年統計能源消費行業分類口徑不統一，在進一步進行研究之前，將部門分類以投入產出表部門分類為主，進行一定的調整，最終將國民經濟行業能源消費的 44 個部門（不包括生活消費一欄）和投入產出表 42 個部門合併為 29 個部門，見表 4.1。具體合併行業項目見表 4.2。

表 4.1　　　　　　　經調整后的部門分類表（29 部門）

代碼	行業	代碼	行業
01	農、林、牧、漁、水利業	16	通用、專用設備製造業
02	煤炭開採和洗選業	17	交通運輸設備製造業
03	石油和天然氣開採業	18	電氣機械及器材製造業
04	金屬礦採選業	19	通信設備、計算機及其他電子設備業
05	非金屬礦及其他礦採選業	20	儀器儀表及文化辦公用機械製造業
06	食品製造及菸草加工業	21	工藝品及其他製造業
07	紡織業	22	廢棄資源和廢舊材料回收加工業
08	紡織服裝鞋帽皮革及其製品業	23	電力、熱力的生產和供應業
09	木材加工及家具製造業	24	燃氣生產和供應業

表4.1(續)

代碼	行業	代碼	行業
10	造紙印刷及文教體育用品製造業	25	水的生產和供應業
11	石油加工、煉焦及核燃料加工業	26	建築業
12	化學工業	27	交通運輸、倉儲和郵政業
13	非金屬礦物製品業	28	批發、零售業及住宿、餐飲業
14	金屬冶煉及壓延加工業	29	其他服務行業
15	金屬製品業		

表4.2　　　　　　　部門分類合併項說明表

合併前	合併后
黑色金屬礦採選業	金屬礦採選業
有色金屬礦採選業	
非金屬礦採選業	非金屬礦及其他礦採選業
其他礦採選業	
食品製造業	食品製造及菸草加工業
菸草製造業	
紡織服裝、鞋、帽製造業	紡織服裝鞋帽皮革及其製品業
皮革、毛皮、羽毛（絨）及其製品業	
木材加工及木、竹、藤、棕、草製造業	木材加工及家具製造業
家具製造業	
造紙及紙製品業	造紙印刷及文教體育用品製造業
印刷業和記錄媒介的複製	
文教體育用品製造業	
化學原料及化學製品製造業	化學工業
醫藥製造業	
化學纖維製造業	
橡膠製品業	
塑料製品業	
黑色金屬冶煉及壓延加工業	金屬冶煉及壓延加工業
有色金屬冶煉及壓延加工業	
通用設備製造業	通用、專用設備製造業
專用設備製造業	

表4.2(續)

合併前	合併后
交通運輸及倉儲業	交通運輸、倉儲和郵政業
郵政業	
批發和零售業	批發、零售業及住宿、餐飲業
住宿和餐飲業	
信息傳輸、計算機服務和軟件業	其他服務行業
金融業	
房地產業	
租賃和商務服務業	
研究與試驗發展業	
綜合技術服務業	
水利、環境和公共設施管理業	
居民服務和其他服務業	
教育	
衛生、社會保障和社會福利業	
文化、教育和娛樂業	
公共管理和社會組織	

4.4.1 產業部門能源消耗隱含碳排放估計

對於合併后的部門，首先可以計算其在生產過程中由於直接能源消耗產生的二氧化碳排放。由於各產業部門在生產過程中消耗的能源多種多樣，因此本研究僅選擇具有代表性的、進入能源統計量表的一次能源作為考察對象。各種代表性一次能源的二氧化碳排放系數如表4.3所示。

表4.3　　代表性燃料二氧化碳排放系數（tCO_2/tce）

類型	煤炭	焦炭	原油	汽油	煤油	柴油	燃料油	天然氣
碳排放系數	2.53	3.14	2.76	2.2	2.56	2.73	2.98	2.09

各行業能源消費直接碳排放由公式（4.14）求得。式4.14如下：

$$C_i^d = Q_{i1}\lambda_1 + Q_{i2}\lambda_2 + Q_{i3}\lambda_3 + Q_{i4}\lambda_4 + Q_{i5}\lambda_5 + Q_{i6}\lambda_6 + Q_{i7}\lambda_7 + Q_{i8}\lambda_8 \quad (4.14)$$

其中$Q_{in}(n=1,\cdots,8)$表示i部門消費的第n種能源的數量，n_i($i=1,\cdots,8$)分別表示煤炭、焦炭、原油、汽油、煤油、柴油、燃料油、天然氣這八種代表性能源。λ_i($i=1,\cdots,8$)表示第i種能源的二氧化碳排放系數（由

IPCC2006年推薦值確定)。各行業能源消耗直接碳排放經計算列入表4.4。

表4.4 29部門能源消耗直接碳排放表
(按實際消耗能源計算) 單位：萬噸

行業	直接碳排放	行業	直接碳排放
農、林、牧、漁、水利業	11,839.45	通用、專用設備製造業	4,502.76
煤炭開採和洗選業	42,261.20	交通運輸設備製造業	2,581.32
石油和天然氣開採業	5,023.33	電器機械及器材製造業	638.44
金屬礦採選業	1,078.98	通信設備、計算機及其他設備	589.51
非金屬礦及其他礦採選業	1,702.33	儀器儀表及文化辦公機械製造	97.89
食品製造及菸草加工業	7,942.21	工藝品及其他製造業	1,206.70
紡織業	6,363.96	廢棄資源和廢舊材料回收加工業	29,742.0
紡織服裝鞋帽皮革羽絨及製品	979.44	電力、熱力的生產和供應	340,516.06
木材加工及家具製造業	1,071.93	燃氣生產和供應	3,889.38
造紙印刷及文教體育用品製造	8,992.57	水的生產和供應	91.93
石油加工、煉焦及核燃料加工	150,292.45	建築業	3,158.19
化學工業	52,335.28	交通運輸及倉儲業及郵政業	33,885.33
非金屬礦物製品業	46,717.46	批發、零售及住宿、餐飲業	4,964.38
金屬冶煉及壓延加工業	147,331.20	其他服務行業	6,685.21
金屬製品業	1,216.02		

在得到29部門能源消耗直接碳排放的基礎上，利用式(4.3)、式(4.4)求各部門隱含碳系數進而各部門完全隱含碳排放量，並將其列入表4.5。

表4.5 29部門能源消耗隱含碳排放表 (按中間消費量計算)①
單位：萬噸

行業	直接碳排放	間接碳排放	隱含碳排放	行業	直接碳排放	間接碳排放	隱含碳排放
01	3,701.72	7,349.30	11,051.02	16	2,341.80	27,562.79	29,904.59
02	1,310.03	1,163.73	2,473.75	17	1,139.66	17,704.64	18,844.30
03	227.32	298.17	525.49	18	341.43	9,066.17	9,407.60
04	34.53	97.84	132.37	19	517.92	10,939.58	11,457.50

① 表4.5中的直接碳排放是按照中間消費量計算的，因此與表4.4中的數值不同。

表4.5(續)

行業	直接碳排放	間接碳排放	隱含碳排放	行業	直接碳排放	間接碳排放	隱含碳排放
05	54.55	158.09	212.64	20	96.49	1,990.78	2,087.27
06	947.06	12,474.04	13,421.10	21	523.43	2,708.89	3,232.32
07	1,671.39	6,047.85	7,719.23	22	0.20	2.30	2.50
08	547.46	7,595.54	8,143.00	23	18,735.92	35,796.57	54,532.49
09	317.96	1,683.66	2,001.62	24	904.02	1,245.32	2,149.34
10	1,236.20	4,012.07	5,248.28	25	21.41	23.98	45.39
11	11,657.40	14,196.38	25,853.78	26	3,420.28	60,789.88	64,210.16
12	8,420.84	17,302.51	25,723.35	27	12,481.04	10,091.03	22,572.07
13	2,883.43	3,105.40	5,988.83	28	2,726.76	8,502.49	11,229.26
14	12,127.14	15,620.38	27,747.52	29	4,760.12	40,607.71	45,367.83
15	329.14	3,313.58	3,642.72				

從表4.5可以看出，我國集中於城市經濟中的各個產業部門的隱含碳排放因其自身特點不同，而存在很大差異。根據計算結果顯示，2007年除開分類較為模糊的「其他服務行業」之外，建築業是隱含碳排放最高的部門，其隱含碳排放高達64,210.16萬噸，占所有部門隱含碳排放的15.48%。電力、熱力的生產和供應行業在直接能源使用耗費（按照實際能源消耗量計算）中與直接碳排放（按照生產中間消費計算）均排在首位，分別高達340,516.06和18,735.92萬噸，分別占所有部門直接能源使用耗費與直接隱含碳排放的38.34%和20.04%。這與我國目前電力生產主要依靠火力發電為主密不可分，2007年中國電力總產量為32,815.5億千瓦，其中火電產量為27,229.3億千瓦時，占總電力產量的82.98%，而火力發電的主要原料為煤炭，其2.53tCO$_2$/t的二氧化碳排放係數儘管在所有IPCC所列化石燃料中不是最高，但是由於火電占比過高，其已成為我國目前因直接能源消耗所產生二氧化碳排放最高的部門與隱含碳排放次高的部門。

其他服務服務業直接能源消耗碳排放為6,685.21萬噸，處在所有部門排名的中上游水平，僅占所有部門直接能源消耗碳排放的0.75%。但其隱含碳排放卻在所有部門直接隱含碳排放排名第三，僅次於建築行業和電力生產行業。其隱含碳排放達到45,367.83萬噸，占所有部門隱含碳排放的10.94%。造成

「其他服務行業」隱含碳排放較高的主要原因有兩點：第一，由於其他服務行業屬於第三產業，處於產業鏈末端，是眾多中間投入產品的最終消費終端，包含了從原料開採到製成品之間所有過程的隱含碳；第二，由於「其他服務業」分類較粗，本研究所涉及的其他服務行業由金融業、房地產業等12個分類較粗的部門合併而來，因此過粗的分類幾乎涵蓋整個生產過程，導致了其他服務行業的完全隱含碳排放較高。

反觀隱含碳排放較少的部門：金屬製品業、工藝品及其他製造業、煤炭開採和洗選業、燃氣生產和供應、儀器儀表及文化辦公用機械製造業、木材加工及家具製造業、石油和天然氣開採業、非金屬礦及其他礦採選業、金屬礦採選業、水的生產和供應、廢棄資源和廢舊材料回收加工業。這些部門全隱含碳排放佔比均不足所有部門隱含碳排放比重的1%。其中廢棄資源和廢舊材料回收加工業最低，僅佔所有部門完全隱含碳排放的0.000,214%，是被考察部門中隱含碳排放量最小的部門，該部門無論能源消耗直接碳排放還是隱含碳排放均為所有行業中最低。另外，煤炭開採和洗選業、石油和天然氣開採業、燃氣生產和供應業等部門多是能源部門，其產品將作為產業鏈下游的原料投入生產過程中，因此，其基於終端消費的隱含碳排放量較少。而對於建築業、其他服務業等接近終端消費或本身就是終端消費的部門，隱含碳排放則相應較高。

值得注意的是，通常被認為是二氧化碳排放大戶的交通運輸部門，通過計算其基於終端消費的隱含碳排放並不高，僅佔到所有部門完全隱含碳排放總量的5.44%，但也是隱含碳排放過億噸的部門之一，達到22,572.07萬噸。而其直接消耗能源所造成的直接碳排放高達33,885.33萬噸，佔所有部門直接能源消耗碳排放的3.82%，排名第八。究其原因，主要是由於隱含碳排放的計算主要基於終端消費，而交通運輸部門中間投入部分主要是燃料，而不像其他產品從原材料到終端消費會經歷較長的鏈條和生產步驟。

綜上所述，由於一般碳排放測算與隱含碳的測算從意義到方法都有所不同，因此基於（生產）消費過程測算的各部門隱含碳排放，能夠較好地說明消費驅動的能源消耗和二氧化碳排放之間的關係，並對於從消費的角度來考察和控制能源消費與碳排放有較好的指導意義。

4.4.2 產業部門間隱含碳排放效率分析

為了進一步說明各產業部門隱含碳排放測算的重要性，本研究進一步對比各部門隱含碳排放佔所有產業隱含碳排放比重、各產業部門生產中的中間投入增加值比重以及當年產值比重。對比結果通過表4.6反應。

表4.6 29部門完全隱含碳排放比重、中間投入增加值及部門產值比重比較表

代碼	隱含碳排放比重	增加值比重	產出比重	代碼	隱含碳排放比重	增加值比重	產出比重
01	0.026,633,6	0.107,7	0.059,7	16	0.072,071,9	0.034,3	0.048,2
02	0.005,961,9	0.016,6	0.011,8	17	0.045,415,9	0.024,1	0.040,3
03	0.001,266,5	0.021,4	0.011,6	18	0.022,672,9	0.017,4	0.033,2
04	0.000,319,0	0.008,1	0.007,5	19	0.027,613,3	0.025,6	0.050,3
05	0.000,512,5	0.005,7	0.004,7	20	0.005,030,4	0.003,3	0.006,0
06	0.032,345,7	0.038,3	0.051,0	21	0.007,790,1	0.005,0	0.007,6
07	0.018,603,8	0.018,5	0.030,8	22	6.025×10^{-6}	0.013,2	0.005,3
08	0.019,625,1	0.015,2	0.022,1	23	0.131,426,6	0.033,1	0.038,5
09	0.004,824,0	0.009,8	0.013,4	24	0.005,180,0	0.000,8	0.001,4
10	0.012,648,7	0.013,4	0.018,2	25	0.000,109,4	0.002,1	0.001,4
11	0.062,309,2	0.014,1	0.025,7	26	0.154,750,4	0.054,6	0.076,6
12	0.061,994,8	0.047,2	0.075,7	27	0.054,400,1	0.056,2	0.039,6
13	0.014,433,4	0.023,6	0.027,8	28	0.027,063,2	0.086,1	0.053,3
14	0.066,873,2	0.044,8	0.074,6	29	0.109,339,2	0.244,3	0.142,0
15	0.008,779,2	0.013,9	0.021,6				

　　由表4.6及圖4.1可知，建築業，電力、熱力的生產和供應業，石油加工、煉焦及核燃料加工業，通用、專用設備製造業，金屬冶煉及壓延加工業，交通運輸設備製造業，化學工業等部門的產業增加值比重遠遠小於部門完全隱含碳排放比重。這些行業所創造的價值與其消耗的中間投入不成比例，也即是說從節能減排的角度看，這些部門消耗多，產出低，生產效率較為低下，是城市產業低碳化發展中應該重點關注的對象。其中，建築業的部門隱含碳排放約高達15.48%，而其增加值比重僅約為5.5%，部門產出的比例僅為7.66%，其所產生的隱含碳與產出經濟價值偏差較大，碳排放效率較低。因此，對建築業的發展應該採取適當措施，通過財政政策、貨幣政策、行政指導等方式對其進行恰當干預，防止其過度、無序的發展，尤其是對與避免建築行業密切相關的其他行業，如鋼鐵、水泥等產業也應當有所聯控。在城市基礎設施建設方面防止重複建設、過度建設、建築過度裝修等；在建築材料使用方面防止大量使用

高碳材料進行建築物修築，並且在建築施工過程中通過建築流程優化等措施節約能耗與避免建築材料的過度使用，並通過科技創新降低建築材料使用過程中可能產生的能耗與碳排放；在聯控產業方面充分利用市場機制，根據現實市場需求以及國民訴求對房地產業等相關產業進行引導和規範，防止建築業在房地產業等行業出現泡沫的情況下隨之畸形發展。

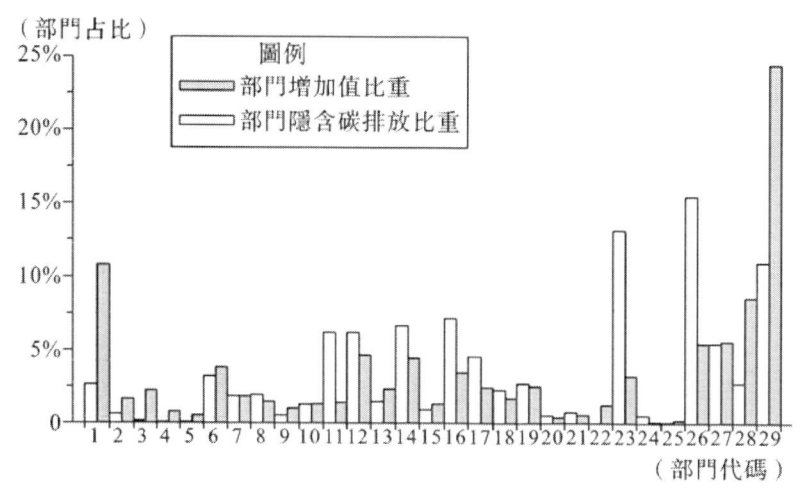

圖 4.1　部門隱含碳排放及增加值占比對比圖

通用、專用設備製造業等製造業部門的發展是國家建設、社會發展的中堅力量。作為城市化發展的支撐，製造業部門的良好發展可以說決定了未來國家經濟實力、社會發展方向以及文化繁榮程度。縱觀歷史，世界上無論是早期的資本主義發達國家還是近年來經濟快速發展的發展中國家，其立國之根本還是在於製造業。而通過部門隱含碳排放分析，可以發現製造業產業鏈條相對較長，而且其產品主要是終端消費品，因此，其部門完全隱含碳排放比重相對較高。對於這些重要的製造業部門，可以設法在產業鏈條中找問題，通過技術創新和制度創新加強產業鏈條的管理，採取各種先進技術，在產品設計、功能強化、低碳環保上下功夫，在保證產品質量不變或提高的基礎上縮短產業鏈條，減少中間投入和部門隱含碳排放，並在產品最終消費之後加強后續的升級與回收處理。將單純的產品銷售轉變為服務的持續供給。這樣不僅可以節約在生產過程中的直接能源消耗，減少因能源直接消耗而引起的碳排放，還可以通過縮短產業鏈條和簡化生產過程降低部門完全隱含碳排放，同時也可以樹立產業企業及其產品的低碳環保形象，為企業良性發展打下基礎。當然要實現這些目標仍然需要科學合理的生產流程設計以及強大的制度支撐。所有針對產業部門低

碳發展的舉措都需要城市規劃者以及建設者對城市過去、現在以及未來有一個清醒的認識和判斷，胸懷人類主義的宏大世界觀和價值觀。同時城市產業部門的低碳化改造以及發展更有賴於長期、合理、科學的城市規劃和成熟、完善並執行有力的制度保障。

通過計算占比差值還可以發現，其他服務業部門的隱含碳排放比重與增加值比重之間差距最小，其部門完全隱含碳排放比為10.93%。儘管與其他部門相比，其部門隱含碳排放比重較高，僅次於建築業和電力、熱力生產與供應業，但是其增加值比重卻高達24.43%，部門產出比也達到了14.2%，排在所有部門之首。因此，可以初步判定該部門投入產出的低碳效益較高，且在經濟效益上也是高於其他產業部門的。事實上，其他服務行業是被劃歸在第三產業當中，而第三產業正是城市化過程中對社會經濟起到巨大推動作用的產業部門。在城市化程度日益提高的今天，在工業化支撐城市化發展的背後，積極發展第三產業，尤其是服務業，增加第三產業在國民經濟中的比重，對城市發展低碳經濟，進行產業結構低碳化調整意義重大。此外，批發零售及餐飲住宿業的中間增加值比重也遠高於其部門隱含碳排放比重，因此從節能減排和提高二氧化碳減排效益的角度來說，扶持和鼓勵這些部門的發不僅有利於提高第三產業在國民經濟中的比重，同時第三產業的發展將延續第二產業的產品價值，促使工業部門的資源利用效率提高、流程優化、產品設計創新及服務升級，從而有利於「減物質化」的發展和城市產業低碳化以及工業發展模式的轉變。

此外，值得一提的是農業部門。儘管本研究沒有涉及對農業低碳化發展的探討，但從前面的隱含碳排放分析中所得出的數據可以看出，農業部門雖然是非城市產業部門，但其仍然存在節能減排的要求，尤其是在城市對糧食、燃料需求日益擴大的情況下，農業生產效率是否能在低碳的基礎上得以提高也深刻關係著城市的低碳化發展。

首先，農業部門產品是供養城市人口以及第二產業重要的生產資料來源。隨著經濟的發展和城市化進程的加快，農村耕地面積日益縮小，農村人口日益減少（主要是由農村城市化進程加快，農村人口在名義上轉變為城市人口所造成的）。但農業生產率的提高速度卻並沒有像農村向城市轉化的速度那樣快速，城市人口及產業的發展對農業產品的需求日益受到制約。又由於分佈廣、受傳統生產方式影響太深、太久，傳統的「刀耕火種」式的生產方式仍然在我國廣袤的農村地區普遍存在。而這樣的生產方式往往是低效率和非環保的，其造成的能源浪費、碳排放以及其他污染物排放數量驚人。

其次，煤炭、石油、天然氣等化石燃料的絕對儲藏量日益減少，需要依靠

農業生產的新型生物質能源的開發但又面臨著「開車還是餓肚子」的兩難選擇。儘管農業作為產業鏈前端部門，在國民經濟中的比例日益降低，地位逐漸被工業和城市服務業所代替，但是面臨 13 億人口的溫飽問題，在農業比重與農村人口增長率逐年降低的情況下，確保國家糧食安全，更好、更快地發展農業仍然是中國未來經濟發展之路上重要的任務之一。而更好、更快就意味著需要更加科學、更加環保、更加低碳的農村生產、生活方式。截至 2010 年年底，我國農業生產總值占全國國民生產總值的 10.1%，能源總消耗為 8,244.57 萬噸標準煤，直接碳排放為 11,839.45 萬噸二氧化碳，而且部門完全隱含碳排放為 11,051.02 萬噸二氧化碳，在 29 部門分類中處於中上水平。隱含碳排放比為 10.93%，中間投入比為 24.43%。可見其部門隱含碳排放的效益還是較高，因此應當在保持國家總體產業發展思路不變的情況下，加大農業投入，繼續深化農村生產、經營體制改革，使農業健康、高效發展，進而保障后續城市產業及產業鏈的低碳改造與低碳化發展。

4.4.3 直接碳排放與隱含碳排放比較分析

本節利用中國 1990—2007 年能源統計數據以及投入產出數據，通過計算由能源消耗引起的直接二氧化碳排放以及由於生產及生活行為而產生的隱含碳排放，對兩種不同的碳排放計量和考察方法進行了實證對比分析。研究表明：（1）隱含碳排放核算由於考慮了直接碳排放和間接碳排放兩個方面，相較於僅考慮直接碳排放的核算方法更加全面，更容易於對我國今後節能減排進行宏觀把握，對因產品跨區域流動造成的「碳泄漏」有所識別並提供了合理而有效的核算方法；（2）隱含碳排放與一般碳排放均具有一定的趨勢性，這種趨勢性是社會經濟發展的歷史必然，即整體上隱含碳排放和一般碳排放的變動趨勢隨著經濟、社會的不斷發展而呈現出在坐標圖內向右上方傾斜的特徵，並且隱含碳排放曲線呈現出向上拉動或向下擠壓的一般碳排放曲線的特徵。根據隱含碳排放的內涵及其變化特徵，筆者認為，中國為了謀求低碳化發展道路必須更加科學、全面地對碳排放進行評估，重視包含生產與生活過程中因能源間接耗用而產生的隱含碳排放核算。

根據研究需要我們重新將二氧化碳排放模型設計如下：

$$CO_2 = \sum_{i=0}^{n} CO_2 = \sum_{i=0}^{n} ce_i^{k,d} \cdot N_i \qquad (4.15)$$

在（4.15）式中，N_i 表示第 i 種能源的消耗量，我們選取煤炭、焦炭、原油、汽油、煤油、柴油、燃料油和天然氣這 8 種代表性燃料，根據這些代表性

燃料的二氧化碳排放系數計算可得到我國 1990—2007 年的碳排放量。

根據研究需要，我們將隱含碳排放模型設計如下：

$$CO_2^e = \sum_i^n CO_{2i}^e = \sum_i^n ce_i \cdot Y_i \qquad (4.16)$$

上式中 CO_2^e 表示隱含碳排放，上角標 e 是「Embodied」的縮寫，(4.16) 式中 Y_i 表示 i 部門最終使用額（以萬元計算），並以此得到各部門以及總的隱含碳出口量，ce_i 表示第 i 種產品在生產過程中的隱含碳排放係數，即由公式 (4.5) 表示。

實證研究的數據來源主要是各年《中國統計年鑑》、1990—2007 年官方公佈的投入產出表數據，各年年鑑缺失數據根據《新中國 60 年統計資料匯編》補齊，研究時間截止到 2007 年。由於各年投入產出表相關產業部門分類與當年統計能源消費行業分類口徑不統一，在進一步進行研究之前，將部門分類以三次產業分類代替，即第一產業、第二產業和第三產業，在分別計算三次產業隱含碳排放的基礎上匯總隱含碳排放總量。

二氧化碳排放係數參考 IPCC 推薦值如表 4.7 所示，總投入為中間消費加上最終使用中部分項，排除了政府消費項、固定資本形成項、存貨調整項、資本形成總額項、進口項、出口項及其他項，僅包含城鎮人口消費項和農村人口消費項。投入按照中間投入項記，不含勞動者報酬、生產稅淨額、固定資產折舊以及營業盈余等增加值項。

表 4.7　　代表性燃料 CO_2 排放係數（tCO_2/tce）

代表性燃料	煤炭	焦炭	原油	汽油	煤油	柴油	燃料油	天然氣
排放係數	2.53	3.14	2.76	2.20	2.56	2.73	2.98	2.09

根據式（4.15）及式（4.16）分別計算中國碳排放以及隱含碳排放並繪製曲線圖如表 4.8 及圖 4.2 如下：

表 4.8　　中國 1990—2007 年直接碳排放及隱含碳排放量表

單位：萬噸

年份	隱含碳排放	直接碳排放	年份	隱含碳排放	直接碳排放
1990	204,936.88	160,861.47	*1999	392,892.74	259,821.67
*1991	216,634.32	161,304.85	2000	407,426.51	262,366.73
1992	228,331.76	161,748.22	*2001	434,178.91	271,749.33

表4.8(續)

年份	隱含碳排放	直接碳排放	年份	隱含碳排放	直接碳排放
*1993	245,270.45	178,436.88	2002	460,931.31	281,131.94
*1994	279,147.83	211,814.20	*2003	640,174.96	345,833.12
1995	296,086.52	228,502.86	*2004	998,662.27	475,235.47
*1996	322,688.97	240,344.67	2005	1,177,905.93	539,936.64
1997	349,291.43	252,186.48	*2006	1,004,214.74	548,385.69
*1998	363,825.20	254,731.54	2007	830,523.56	556,834.74

註：帶 * 號年份隱含碳排放是為平滑曲線而採用平均數的方法推定所得的，直接碳排放值為真實值。

從表4.8和圖4.2我們可以發現隱含碳排放的兩個顯著特點：其一是在同一年份的隱含碳排放數量超過因能源消耗而產生的直接碳排放；其二是隱含碳排放同一般碳排放一樣具有一定的變化趨勢，從圖形上來看呈現出自1990年以後緩慢增長，到2002年突然激增再到2004年以後迅速回落的趨勢。

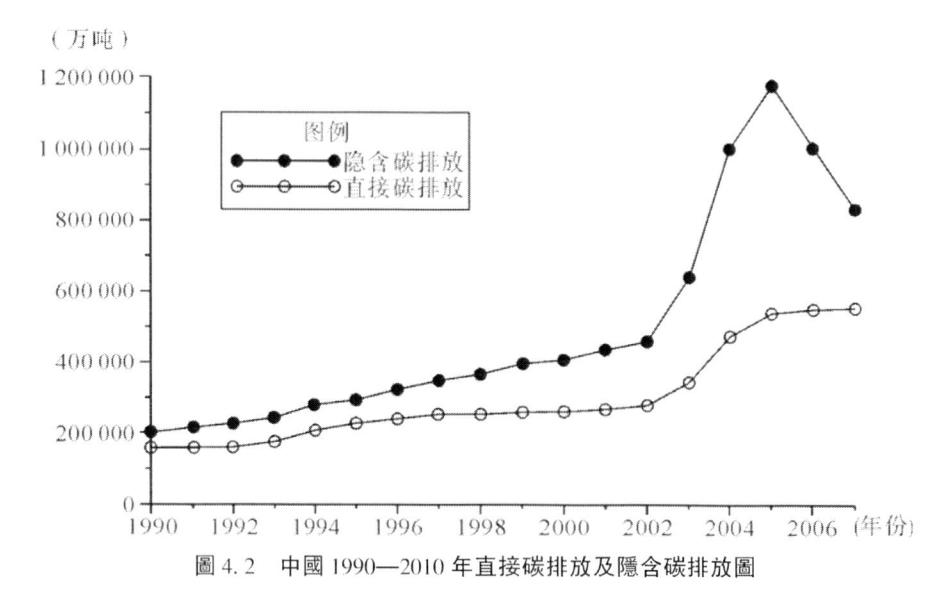

圖4.2　中國1990—2010年直接碳排放及隱含碳排放圖

造成隱含碳排放呈現出以上兩個特點主要是由於以下幾個原因：其一，由隱含碳排放核算自身的特點所決定。從隱含碳排放的定義出發，其包含了能源耗用直接產生的碳排放，也包含由於耗用其他產品作為原材料而產生的間接能源消耗碳排放，因此勢必顯示出比一般碳排放更高的值；其二，由國家經濟發

展的特點所決定。我國自1978年改革開放以后大力發展經濟，在生產技術、發展理念均較國際領先水平落后的情況下，為了盡快提升自身經濟實力難免在經濟發展策略上有失周全。伴隨著工業化、城市化程度逐步提高，我國以煤炭為主的能源消費結構使得我國的經濟建設取得巨大成就，但隱含碳排放也呈逐年上升趨勢。這種趨勢是一個自然歷史趨勢，與一般碳排放核算時表現出來的增長趨勢一致，都源於經濟發展的驅動力；其三，隨著居民收入、生活水平的大幅度提高，對能源的需求也逐年攀升，同時由於生產技術、組織管理體系的相對落後與生產工序的相對冗長，間接能耗相應增加，從而導致了間接碳排放的增加進而使隱含碳排放呈現上升趨勢。

通過前面的定義和分析，我們可知，隱含碳排放是較一般碳排放核算更加詳細、更加全面的碳排放核算方法，其不僅包括因能源消耗而引起的直接碳排放核算，同時還包含了因生產過程耗用其他產品、因間接能源消耗等所產生的碳排放。通過比較使用一般碳排放核算方法和隱含碳排放核算方法，我們可以得出以下結論：

第一，隱含碳排放核算由於考慮了直接碳排放和間接碳排放兩個方面，因此相較於一般碳排放核算方法更加全面。同時，隱含碳排放核算方法對因經濟活動中商品流動造成的「碳泄漏」有所識別，對跨區域的碳排放核算問題提供了有效的方法。當然，隱含碳排放也存在自身的缺陷，由於隱含碳排放的計算需要用到投入產出表數據，而投入產出數據的搜集編製往往需要耗費大量的人力、財力、物力且編製週期較長，因此數據的獲得存在一定的滯后性，對連續研究有一定限制。

第二，根據一般經濟發展規律以及工業化、城市化發展的歷史經驗，碳排放的總體趨勢的上升是難以抑制的。只能設法緩和與降低這個上升趨勢的速率，直到找到更加有效的方法實施經濟行為，如有效的碳中和技術等。

針對目前建設低碳城市、發展低碳經濟、走可持續發展之路的總體戰略思路，結合本研究實證分析所得出的結論，我們認為：

首先，確立隱含碳排放核算的長效機制，為低碳經濟建設與可持續發展提供可靠的行動依據。針對傳統碳排放核算簡單易行的特點，開發一套全新的、更加簡便的、可進行逐期考察的隱含碳排放核算方法。

其次，針對隱含碳排放與直接碳排放核算各自的優勢，我們可採取如下措施：第一，我們仍需要注重在能源消費方面做文章，尤其是在經濟水平逐漸提高、賣方市場向買方市場轉變、人均生活能源消費增加的情況下做好基礎性的節能減排約束；第二，在生產環節採取新技術、新工藝、新的企業組織與管理

模式，壓縮生產流程和降低中間產品（含燃料）耗用，提高碳排放效率從而在隱含碳排放核算中體現出減排的效果；第三，提高能源使用效率，目前中國的能源消費結構中80%以上來源是煤炭，通過技術手段提高能源利用效率是在目前還無法有效改變能源消費結構情況下的最佳選擇。

最後，鼓勵和培養國民低碳行為與意識。使人口這個終將承擔自己行為的主體在生產與生活過程中正確對待收入水平的提高和享受經濟大發展的成果，減少不必要的能源使用，在滿足自身發展需求的同時更多地關注周圍的環境，更加關愛環境和關心人類未來走向。

4.4.4　結論與建議

通過分析各產業部門因直接能源消耗產生的直接碳排放以及因生產過程中耗用中間產品而導致的隱含碳排放，可以得出以下結論與建議：

第一，突破傳統思維局限，科學分析並完整理解碳排放概念。關於碳排放的傳統認識不盡完善，在城市低碳化發展道路上，尤其是開放環境下對碳排放進行科學計量的重要性日益凸顯。傳統上，我們在研究經濟行為、社會發展過程中對碳排放的理解有失偏頗，僅僅關注了第一層次的碳排放——能源直接耗用所產生的碳排放。通過能源實際耗用量以及能源碳排放系數等，可以方便、直接地進行計算並直觀地表現出來。而第二層次的碳排放——生產過程中耗用其他產品而產生的碳排放——隱含碳卻在很長一段時間內被忽略。從前文的分析可以看出，以建築業為例，如果在探索節能、低碳化發展過程中忽略其因中間耗用而產生的隱含碳排放，那麼將可能導致低碳城市策略上的整體失誤。因此，重新全面認識碳排放的「過程性」是實現低碳城市建設的重要前提。

第二，重視農業低碳化發展在低碳城市建設中的重要作用。儘管本研究沒有以農業部門的低碳化發展作為考察對象，但是在對城市產業部門進行碳排放分析時，一併對農業部門的碳排放情況進行了簡要的考察。結果發現，不僅農業的低碳化發展對城市低碳化發展有非常重要的支撐作用，而且農業部門在未來是否能夠採取低碳的方式發展，關係國計民生的各個領域。通過研究發現我國農業部門在生產中因能源直接向大氣排放的二氧化碳與生產過程中間接排放的二氧化碳之間存在較大差距。作為城市工業生產的原材料以及城市居民消費的商品，農業產品生產是產業鏈的最前端，其隱含碳排放相對較低。同時由於農業機械化程度和產業化程度不高，各地農產品生產技術水平參差不齊，總體上農業部門的直接耗能還是相當可觀的，其能源消耗直接碳排放已經達到了11,839.45萬噸，占所有部門能源直接消耗碳排放的比例為1.34%；全國農業

部門隱含碳排放為7,349.3萬噸,部門占比為11.81%。因此,在降低直接能耗的基礎上,通過提升農作物種植技術和農產品深加工技術降低農業部門隱含碳排放是農業低碳化發展的重要一環。

第三,繼續推進工業化與城市化進程,積極調整三次產業結構。以建築業和工業部門組成的第二產業部門仍然是國民經濟發展的重要推進器。我國通過改革開放30年的努力,積極發展了工業,並已經達到中等工業化國家水平。而工業化推動下的快速城市化過程需要相應的人口、服務對城市發展進行支撐,因此工業化與城市化的不斷發展推動著中國經濟、社會向更高層次發展。但必須注意到,在快速的工業化和城市化過程中,也存在諸如可用資源不斷減少、城市人口不斷增多、空氣質量惡化、城市熱島效應等城市問題,因此如何發展低碳工業與低碳城市,成為解決資源矛盾、人口矛盾等一系列矛盾的關鍵。

工業乃立國之本。一套完整的工業體系得以建立需要漫長的磨合期,一旦形成便很難有動力進行調整,而面對國內外各種無法迴避的挑戰,如何調整產業結構成為一個首要問題。在確保優勢產業規模繼續擴大的基礎上,首先通過技術改造、升級,提高碳排放效益,減少直接碳排放,降低單位產值能耗。通過改進產品設計,減少產品生產環節與中間投入,在節約可見生產成本的同時,降低部門隱含碳排放。其次,合理規劃市政建設,對城市市政建設、交通設施建設等採取更加科學的態度。從建築設計開始就以低碳、綠色、環保理念為指導,對建築材料、施工手段、施工設備嚴格把關,降低隱含碳排放。最後,發展以服務業為代表的第三產業符合工業化與城市化發展的一般規律,積極發展交通、物流運輸、旅遊、餐飲、住宿等第三產業,發揮第三產業在產業隱含碳排放與產業增長比之間碳排放效益較高的優勢,平衡低碳化發展與經濟總量增長兩方面訴求。此外,因地制宜發揮地區優勢,避免「一刀切」式地將各地低碳城市化發展道路模式化,充分利用各地的優勢資源,提升優勢產業,又快又好地轉換城市經濟發展思路,將低碳化發展理念滲透到經濟、民生的方方面面,形成有統一思想的、豐富多樣的、具有地方特色的低碳發展之路。

4.5 本章小結

本章在參考一般碳排放測算方法的基礎上,構建隱含碳排放核算模型,計算了中國2007年經調整後各個產業部門因直接和間接能源消耗所導致的隱含

碳排情況，並比較了隱含碳排放占比與經濟增加值占比，得到各產業隱含碳排放效率指標。

首先，根據研究需要，參照已經較為成熟的碳排放估算模型構建出了為本研究服務的隱含碳排放估算模型：$CE = \sum_{i=1}^{n} CE_i = \sum_{i=1}^{n} ce_i \cdot Y_i$，並以2007年為例，計算了中國各產業部門的隱含碳排放量。

其次，在得出各部門隱含碳排放數量的基礎上，比較各部門隱含碳排放占所有部門隱含碳排放總和的比例以及其部門增加值占所有部門增加值的比例，得出該部門的隱含碳排放效率。通過比較發現建築業的隱含碳排放效率較低而以服務業為主的第三產業的隱含碳排放效率較高，因此認為在努力減少隱含碳排放的政策制定中應更多地向第三產業傾斜。

最後，實證分析的基礎上得出一些基本結論，即重視隱含碳排放測算在低碳城市建設過程中的重要性，其對於更加全面的判斷經濟活動的碳排放是非常有益的手段與視角；重視農業低碳化發展在中國發展低碳經濟、建設低碳城市中的重要作用；為了更快、更好地建設低碳城市，應重視各產業部門的隱含碳排放效率；在建設低碳城市的過程中大力發展高隱含碳排放效率的產業部門，而限制與改造低隱含碳排放效率的部門。

5 中國碳排放與隱含碳排放驅動因素分析

5.1 本章概要

在上一章中，我們分析了中國各產業部門因在生產過程中投入中間產品而產生的隱含碳排放，結果發現各產業部門因其各自的產業特點、生產技術等因素不同，而存在著能源消費結構、能源使用強度、經濟規模等方面的差異。同時，從更加宏觀的角度看，產業結構、能源消費結構、城市化水平（用人口城市化率衡量）、城市居民生活水平等都是影響城市隱含碳排放的重要因素。因此本章將在分產業考察中國碳排放的基礎上，從經濟規模、城市化水平、生活水平、產業結構等方面考察二氧化碳排放以及隱含碳排放的驅動因素。

本章整體分為兩個部分：第一部分為在傳統碳排放測算基礎上分析引起碳排放變動的驅動因素；第二部分是在傳統碳排放變動驅動因素分析的基礎上進一步分析影響隱含碳排放變動的驅動因素。

首先，對影響碳排放與隱含碳排放變動因素分析的相關研究進行了簡單的回顧與梳理；其次，對將要進行的碳排放及隱含碳排放變動影響因素分解模型進行設計和說明，充分考慮在進行實證分析前、中、後可能出現的困難與不足；最後，分別對影響碳排放和隱含碳排放變動的因素進行分解分析，在構建本研究需要的模型基礎上，分兩步進行二氧化碳排放驅動因素的分析。第一步是利用1987—2013年度數據，包括各種代表性能源消耗數據、人口數據等分析中國整體二氧化碳排放驅動因素；第二步是利用1990、1992、1995、1997、2000、2002、2005、2007、2010年的投入產出數據分析中國隱含碳排放驅動因素，根據實證分析的結果得出相關結論並提出相應的建議。

5.2 文獻綜述

在分產業部門分析了中國隱含碳排放的量的基礎上，本研究試圖通過因素分解的方法，找到影響隱含碳排放變動的驅動因素。本研究主要運用目前學界分析碳排放驅動因素的 LMDI 指數分解方法進行，並以 Kaya 恒等式為基礎進行分解變化。本研究結合實際的研究需要，對通常的 LDMI 方法進行了一定的擴展。

5.2.1 Kaya 恒等式與 LMDI 方法

5.2.1.1 Kaya 恒等式概述

Kaya 恒等式由日本學者茅陽一（Yoichi Kaya）於 1990 年首次在其論文中提出，該恒等式揭示了二氧化碳排放、能源消耗、人口、經濟規模因素之間的關係。最初的 Kaya 恒等式用數學表達式可以表示為：

$$CO_2 = \frac{CO_2}{E} \cdot \frac{E}{GDP} \cdot \frac{GDP}{P} \cdot P \tag{5.1}$$

(5.1) 式中，CO_2 表示二氧化碳排放量（下同），E 表示能源消耗量，GDP 為國內生產總值，P 代表人口數量。通過因式分解，將 CO_2 分解為能源二氧化碳排放強度，又稱為能源結構碳強度、單位 GDP 能源強度、人均 GDP 以及人口這四個要素，即 CO_2/E、E/GDP、GDP/P 以及 P，從而將二氧化碳排放與能源消耗量、國內生產總值、人口這三個因素之間的關係進行了轉化，更加豐富了關於二氧化碳排放因素的內容，更加科學地解釋了二氧化碳排放與這三個要素之間的關係。經過多年的發展，能源消耗碳排放、單位 GDP 能耗強度等指標已經成為目前衡量一個國家碳減排效率的重要指標。

Kaya 恒等式另一個特點就是運用了因素分析的方法。因素分析方法主要是指數法原理在經濟分析中的應用。該方法的思路是當有若干種變量（因素、自變量）對分析指標（目標函數、應變量）產生影響時，在假設其他因素不變的條件下，先后順序是確定每個因素單獨變化對分析指標產生影響的標準。基於 Kaya 恒等式，假設基年和 t 年的 CO_2 排放總量為 C^0 和 C^t，$\Delta C = C^t - C^0$ 表示 t 年相對於基年 CO_2 排放總量所發生的變化。假定 $CO_2/E = C_E$，$E/GDP = E_{GDP}$，$GDP/P = G_P$，則碳排放強度對 CO_2 排放的影響可以用 ΔC_E 表示，能源強度效應則可以用 ΔE_{GDP} 表示，經濟規模則可以用 ΔG_P 表示，人口變化用 ΔP 表

示。由此可以得出以下等式：

$$\Delta C = C^t - C^0 = \Delta C_E + \Delta E_{GDP} + \Delta G_P + \Delta P \tag{5.2}$$

$$\Delta C_E = (C_E^t - C_E^0) \cdot \Delta E_{GDP}^0 \cdot \Delta G_P^0 \cdot \Delta P^0 \tag{5.3}$$

$$\Delta E_{GDP} = \Delta C_E^t \cdot (E_{GDP}^t - E_{GDP}^0) \cdot \Delta G_P^0 \cdot \Delta P^0 \tag{5.4}$$

$$\Delta G_P = \Delta C_E^t \cdot \Delta E_{GDP}^t \cdot (G_P^t - G_P^0) \cdot \Delta P^0 \tag{5.5}$$

$$\Delta P = \Delta C_E^t \cdot \Delta E_{GDP}^t \cdot \Delta G_P^t \cdot (P^t - P^0) \tag{5.6}$$

綜合（5.2）~（5.6）式，我們可得：

$$\Delta C = C^t - C^0 = C_E^t \cdot E_{GDP}^t \cdot G_P^t \cdot P^t - C_E^0 \cdot E_{GDP}^0 \cdot G_P^0 \cdot P^0 \tag{5.7}$$

由此，我們可以看出，通過因素分解，我們可以更加細緻地考慮到影響二氧化碳排放的各種因素，為更加科學的分析二氧化碳減排提供有力的科學證據。

5.2.1.2 LMDI 方法概述

在對隱含碳變化的影響因素分析方面，學界主要有兩種方法，即指數分解分析法（IDA，Index Decomposition Analysis）和投入產出結構分解方法（I-O SDA，Input-Output Structural Decomposition Analysis）。IDA 方法較為簡單，儘管被學者們廣泛應用，但是由於其無法將最終需求結構、中間投入等因素繼續進行分解，因而隨著對隱含碳排放的研究深入，對隱含碳變化影響因素的研究方法逐漸轉向了能夠填補 IDA 方法缺陷的 I-O SDA 方法。不過 I-O SDA 方法也存在一個問題，就是其分解的最終結果存在殘差項。對於這些殘差項，有的學者利用變動基期方法降低殘差值並將其作為交叉項，但這樣仍然無法給予這些殘差項合理的經濟學解釋。針對分解殘差的問題，之後有學者提出利用基期與比較期的平均值作為權重，並通過對數化的方法計算隱含碳排放變化影響因素的變化，即簡單平均迪氏分解法（Simple Average Divisia，SDA）[1]。之後又有學者對 SDA 方法進行了改進，提出了採用共同生產平均分擔的原則（Jointly Created and Equally Distributed）將殘差項平均分配給各影響因素[2]。儘管通過各種改進方法將殘差進行分解、分配，但是仍然無法對殘差的實際意義給以明確的解釋。1997 年，新加坡國立大學學者 Ang（1997）提出了對數平均迪氏

---

[1] Gale A. Boyd, Donald A. Hanson, Thomas Sterner. Decomposition of Changes in Energy Intensity: A Comparison of the Divisia Index and Other Methods [J]. Energy Economics, 1988, 4 (10): 309-312.

[2] Sun J W. Changes in Energy Consumption and Energy Intensity: A Complete Decomposition Model [J]. Energy Economics, 1998, 1 (20): 85-100.

分解法（Logarithmic Mean Divisia Index Decomposition，LMDI）[①]。該方法允許數據中存在零值，並且分解後不存在殘差項，因此很快受到碳排放研究領域的青睞。根據 Ang 的理論，LMDI 分解結構具有加和乘積兩種形式，並且可以互相轉換。其具體形式如下。

設 $Y = Y(X_{i1}, X_{i2}, \cdots, X_{in})$，其中 Y 表示被分解的因素，在本研究中 Y 為 CO_2 排放量。$X_{i1}, X_{i2}, \cdots, X_{in}$ 表示對 Y 造成影響的 n 種因素，下角標 i 表示 X_n 的不同分類，例如不同的產業分類、不同能源種類等。以 0 為基期，以 t 為考察期，當 $X_{ij}^0 \neq X_{ij}^t$ 時，其加法分解形式和乘法形式分別如下：

$$\Delta Y_{Vj} = \sum_i \frac{(Y_i^t - Y_i^0)}{(\ln Y_i^t - \ln Y_i^0) \cdot \ln(\frac{X_{ij}^t}{X_{ij}^0})} \tag{5.7}$$

$$D_{Vj} = \exp\left[\frac{(Y_i^t - Y_i^0)/(\ln Y_i^t - \ln Y_i^0)}{(Y^t - Y^0)/(\ln Y^t - \ln Y^0)}\right] \cdot \ln(\frac{X_{ij}^t}{X_{ij}^0}) \tag{5.8}$$

當 $X_{ij}^0 = X_{ij}^t$ 時，取 $\ln(X_{ij}^t/X_{ij}^0)$ 的系數為 X_{ij}^t。

基於 Kaya 恒等式的 LMDI 分解模型一方面可以借助 Kaya 恒等式的優勢，將二氧化碳排放的諸多簡單影響因素（能源消耗量、GDP、人口）通過恒等式的形式表達出來，通過簡單變形將這些因素轉變為更具有說服力，更加能夠反應經濟、社會發展水平的指標體系（能源耗用強度、人均 GDP、單位 GDP 能耗）並且通過 LMDI 方法在不產生殘差的情況下對所有影響二氧化碳排放的驅動因素進行分解，並給予合理的說明，使其具說服力。該方法經過多年的發展和完善，已經成為分析二氧化碳排放驅動因素研究中最為常用的方法。

5.2.2 相關研究綜述

中國目前工業部門的二氧化碳排放占到整體因能源的直接消費所產生的二氧化碳排放量的 80% 以上。[②] 針對中國工業部門的二氧化碳排放進行研究，將對中國未來的節能減排具有重要的參考價值。

部分學者運用對數平均迪式指數（LMDI）分解方法研究了中國工業部門能源消費與二氧化碳排放之間的關係，普遍得出結論認為中國工業部門總產出對二氧化碳排放有較大的正向效應，而能源強度的變化則對二氧化碳排放施加

[①] Ang B W, Choi K. Decomposition of Aggregate Energy and Gas Emission Intensities for Industry: A Refined Divisia Index Method [J]. Energy, 1997, 3 (18): 59-74.

[②] 王鋒, 吳麗華, 楊超. 中國經濟發展中碳排放增長的驅動因素研究 [J]. 經濟研究, 2010 (2): 123-136.

了負向抑制①②，工業經濟發展和工業終端能源強度是推動工業部門二氧化碳排放變化的最重要因素③。中國不同歷史階段不同經濟增長方式的差異是導致碳排放波動的重要原因。20世紀90年代以來，「高投入、高排放、低效率」的經濟增長方式直接導致了碳排放的顯著增加。④ 經濟的快速發展拉動了中國人均碳排放的貢獻率，使其呈指數型增長，能源效率和能源結構對抑制中國人均碳排放的貢獻率都呈現出倒U的形態。⑤

除了運用LMDI方法以外，也有許多學者運用Kaya恒等式及其變化形式對影響中國碳排放變動的因素進行了分解研究，主要有以下結論：經濟發展與人口增長因素是影響碳排放正向變動（增加）的主要因素，而能源效率提高則有效抑制了碳排放的增加。⑥ 此外，也有研究表明技術進步水平、技術轉移程度以及經濟對外來技術的接收能力與碳排放之間存在著負向相關關係。⑦ 在對直接碳排放的分解基礎上，還有學者對新近興起的隱含碳排放也進行了因素分解的研究。姚亮等（2011）則運用基於投入生產技術的生命週期方法核算了1997、2000、2002、2005、2007這5年的中國居民消費隱含碳排放量，認為隱含碳排放呈現出上升趨勢，並採用結構分解方法將碳排放總量分解為碳排放變化率、經濟內在結構變遷、消費結構轉變、人均消費水平變化、城市化進程和人口總量變化6個因素，並分別考察了各個因素對碳排放總量的驅動力。戴小文（2013）運用Kaya恒等式和LMDI方法，研究了1990—2007年間有投入產出表編製的年份，將影響中國隱含碳排放變化的因素分解為2個層次8個要素即生產過程的經濟規模因素、產業結構因素、投入產出比要素、生產方式進步要素以及生活過程的人口規模要素、人口結構要素、生活水平要素以及生活

---

① Ang B. W., Zhang F. Q., Choi K. Factorizing Changes in Energy and Environmental Indicators Through Decomposition [J]. Energy, 1998 (6): 489-495.

② Zhang M., Mu H., Ning Y., Song Y. Decomposition of Energy-related CO_2 Emission Over 1991—2006 in China [J]. Ecological Economics, 2009 (7): 2122-2128.

③ Liu L., Fan Y., Wu G., Wei Y. Using LMDI Method to Analyze the Change of China's Industrial CO_2 Emissions from Final Fuel Use: An Empirical Analysis [J]. Energy Policy, 35 (11): 5892-5900.

④ 宋德勇，盧忠寶.中國碳排放影響因素分解及其週期性波動研究 [J].中國人口·資源與環境，2009 (3): 93-108.

⑤ 徐國泉，劉則淵，姜照華.中國碳排放的因素分解模型及實證分析：1995—2004 [J].中國人口·資源與環境，2006 (6): 78-85.

⑥ 馮相昭，鄒驥.中國CO_2排放趨勢的經濟分析 [J].中國人口·資源與環境，2008 (3): 43-47.

⑦ Ang J. B. CO_2 Emissions, Research and Technology Transfer in China [J]. Ecological Economics, 2009 (10): 2658-2665.

方式進步要素。[1]

5.3 碳排放驅動因素實證研究

5.3.1 模型構建

目前，既有的關於碳排放的研究一般將能源消費量、經濟增長率、城市化水平作為主要的驅動因素進行考慮，在這幾大分類之下又將碳排放總量的變化歸因於能源規模、碳排放系數、能源強度、能源結構、產業結構、人口規模、人口結構等因素。本研究旨在考查中國隱含碳排放（隱含 CO_2 排放）的驅動因素，但由於計算隱含碳排放需要使用投入產出數據，無法逐年進行考查，因此在考查城市隱含碳排放變化方面存在一定困難。本研究將分別利用 1990、1992、1995、1997、2000、2002、2005、2007 和 2010 年的全國投入產出數據進行相應的隱含碳排放研究，同時也將按照時間順序考查 1978—2013 年全國碳排放變化的驅動因素，為低碳城市建設重點改造項目提供具體證據。

根據本研究需要，我們選擇能源消費規模、能源結構、碳排放系數、能源使用強度、總體經濟規模、產業結構、人口城鄉結構以及居民生活水平為所要考察的驅動因素，並將原始 Kaya 恒等式進行適當擴展。

本研究選擇 LMDI 分解方法的加法形式進行分解。首先對中國碳排放變化的驅動因素進行研究，其次對中國隱含碳排放變化的驅動因素進行研究。第一步，將按照能源結構對中國碳排放總量進行第一層次的分解並建立分解模型；第二步，將能源消費再進一步分解為生產性能源消費和生活性能源消費兩個部分；第三步，進一步在生產性能源消費部分具體研究經濟規模、產業結構、能源使用強度這三個驅動因素，而在生活消費能源部分將對城市化水平、城市人口規模、城市生活方式這三個驅動因素進行具體研究；第四步，將以上幾步得出的模型最終匯總到總體碳排放的驅動因素的疊加模型。

5.3.1.1 二氧化碳排放能源結構模型

LMDI 分解的第一步，我們考慮一次能源的消費總量、能源結構以及 CO_2 排放強度對 CO_2 排放的影響。將原始 Kaya 恒等式進行一定變化，以便將一次能源消費總量因素、能源消費結構因素以及 CO_2 排放強度因素納入恒等式。

---

[1] 戴小文. 中國隱含碳排放驅動因素分析 [J]. 財經科學，2013（2）：101-112.

Kaya 恒等式變化如下：

$$CO_2 = \sum_i = \sum_i E \cdot \frac{E_i}{E} \cdot \frac{CO_{2i}}{E_i} = \sum_i E\alpha_i C_{Ei} \qquad (5.9)$$

其中 $\alpha_i = E_i/E$，表示第 i 種能源的使用占比，反應能源消費結構；$C_{Ei} = CO_2i/E_i$，表示每消耗一單位 i 種能源所產生的 CO_2 排放，即能源 CO_2 排放系數。

$$\Delta CO_2 = \Delta CO_{2E} + \Delta CO_{2\alpha} + \Delta CO_{2C_i} + \Delta CO_{2rsd} \qquad (5.10)$$

根據 LDMI 分解方法的加法分解形式即（5.7），可以得到如下表達式：

$$\Delta CO_{2E} = \sum_i \frac{CO_{2i}^t - CO_{2i}^0}{LnCO_{2i}^t - LnCO_{2i}^0} \cdot Ln\frac{E^t}{E^0} \qquad (5.11)$$

$$\Delta CO_{2\alpha} = \sum_i \frac{CO_{2i}^t - CO_{2i}^0}{LnCO_{2i}^t - LnCO_{2i}^0} \cdot Ln\frac{\alpha_i^t}{\alpha_i^0} \qquad (5.12)$$

$$\Delta CO_{2C_i} = \sum_i \frac{CO_{2i}^t - CO_{2i}^0}{LnCO_{2i}^t - LnCO_{2i}^0} \cdot Ln\frac{C_{Ei}^t}{C_{Ei}^0} \qquad (5.13)$$

由於能源消耗年度數據取得的有限性，本章研究選取煤炭、石油和天然氣這三種代表性一次能源作為 CO_2 排放的主要來源。式（5.9）~（5.13）中，t 和 0 分別表示現期和基期，$i = 1$，2，3 分別代表一次能源中的煤炭、石油和天然氣；CO_{2i} 表示第 i 種能源消費后所產生的 CO_2 排放；E 則表示一次能源總消耗量；α_i 表示第 i 種能源消耗占總能源消耗的比例，即能源消耗結構；C_{Ei} 表示第 i 種能源消耗所引起的 CO_2 排放量，即第 i 種能源的碳排放系數；ΔCO_2 表示相對於基期的 CO_2 排放的總量變化，也稱作總量效應；ΔCO_{2E} 表示相對於基期的能源總量效應；$\Delta CO_{2\alpha}$ 表示相對於基期的 CO_2 排放的結構效應；ΔCO_{2C_i} 表示相對於基期的 CO_2 排放系數效應；ΔCO_{2rsd} 表示因素分解的殘差項，根據 LDMI 分解方法原理，在 LMDI 分解中殘差項為 0。

5.3.1.2 二氧化碳排放能源驅動因素擴展模型

由於國民經濟分為生產部門和消費部門兩部分，因此，對於能源消耗也應該分別對生產部門耗能和生活部門耗能進行區分。第三章已經從消費角度詳細論述了隱含碳排放問題，即由於隱含碳排放是由於中間產品的耗用而產生的，產業鏈條越長意味著在生產終端或消費終端所產生的隱含碳排放就越高。因此將能源消耗分生產部門和生活部門加以分解分析，有助於更加清晰地判斷這兩大部門對隱含碳排放變化的影響程度。

將（5.9）式中的 E 進行繼續分解。將其分解為 E_P 和 E_L，分別表示生產部門能源消耗與生活部門能源消耗。則有：

$$E = E_P + E_L = \sum_j E_{Pj} + \sum_k E_{Lk} \tag{5.14}$$

（5.14）式中 j 表示產業部門分類，$j = 1, 2, \cdots, n$；$k = U, R$，分別表示城鎮和農村。E_{Lk} 表示 k 人口的能源消耗量。E_{LU} 表示城鎮人口能源消耗量，E_{LR} 表示農村人口能源消耗量，E_{Pj} 表示第 j 部門的生產能耗。

為能夠在生產部門與生活部門的能源消耗與經濟規模、產業結構、能源使用強度、城市化率、人口城鄉結構、人口規模等因素之間建立數學關係，由（5.14）式可以繼續推導出生產部門與生活部門能源消耗的 LMDI 分解模型。

5.3.1.3 生產部門能耗的產業結構擴展分解模型

該擴展分解模型的目的是將經濟規模、產業結構、能源使用強度引入分解模型，並且反應出其對生產能源消費量變化的影響。我們採取以下形式進行表述：

$$E_P = \sum_j E_{Pj} \sum_j GDP \cdot \frac{GDP_j}{GDP} \cdot \frac{E_{Pj}}{GDP_j} = \sum_j G\beta_j E_{PG_j} \tag{5.15}$$

上式中，G 為 GDP 總量，反應經濟規模；$\beta_j = GDP_j/GDP$，表示 j 部門產值占 GDP 總量比例，反應產業結構；$E_{PG_j} = E_{Pj}/GDP_j$，表示 j 部門單位 GDP 能耗，即產業能耗強度。

$$\Delta E_P = \Delta E_{PG} + \Delta E_{P\beta} + \Delta E_{PE_{PG}} + \Delta E_{Prsd} \tag{5.16}$$

$$\Delta E_{PG} = \sum_j \frac{E_{Pj}^t - E_{Pj}^0}{\mathrm{Ln} E_{Pj}^t - \mathrm{Ln} E_{Pj}^0} \cdot \mathrm{Ln} \frac{G^t}{G^0} \tag{5.17}$$

$$\Delta E_{P\beta} = \sum_j \frac{E_{Pj}^t - E_{Pj}^0}{\mathrm{Ln} E_{Pj}^t - \mathrm{Ln} E_{Pj}^0} \cdot \mathrm{Ln} \frac{\beta_j^t}{\beta_j^0} \tag{5.18}$$

$$\Delta E_{PE_{PG}} = \sum_j \frac{E_{Pj}^t - E_{Pj}^0}{\mathrm{Ln} E_{Pj}^t - \mathrm{Ln} E_{Pj}^0} \cdot \mathrm{Ln} \frac{E_{PG_j}^t}{E_{PG_j}^0} \tag{5.19}$$

式（5.16）~（5.19）中 ΔE_P 代表當期相對基期的生產部門能源消耗變化總效應；ΔE_{PG} 表示當期相對於基期的經濟規模效應；$\Delta E_{P\beta}$ 表示當期相對於基期的產業結構效應；$\Delta E_{PE_{PG}}$ 表示當期相對於基期的能源消耗強度效應；ΔE_{Prsd} 為因素分解殘差項，在 LMDI 分解中其值為 0。

5.1.3.4 生活能源消耗擴展分解模型

該部分模型主要針對人口規模、城市化水平、人口城鄉結構以及生活水平這四大要素對生活能源消費量的影響進行評估，本節模型採取如下形式進行分解：

$$E_L = \sum_k E_{Lk} = \sum_k P \cdot \frac{P_k}{P} \cdot \frac{E_{Lk}}{P_k} = \sum_k P\delta_k E_{LP_k} \tag{5.20}$$

其中，P 為總人口數量；$\delta_k = P_k/P$，$k = U, R$。U 代表城鎮人口數量占總人口比例，即目前用來衡量城市化水平的人口城市化率，R 表示農村人口占總人口比例；$E_{LP_k} = E_{Lk}/P_k$，表示 k 人口人均所消費的生活能源，也即人均生活耗能指標，代表城市人口生活水平。

$$\Delta E_L = \Delta E_{LP} + \Delta E_{L\delta} + \Delta E_{LE_{LP}} + \Delta E_{Lrsd} \tag{5.21}$$

$$\Delta E_{LP} = \sum_k \frac{E_{Lk}^t - E_{Lk}^0}{\ln E_{Lk}^t - \ln E_{Lk}^0} \cdot \ln \frac{P^t}{P^0} \tag{5.22}$$

$$\Delta E_{L\delta} = \sum_k \frac{E_{Lk}^t - E_{Lk}^0}{\ln E_{Lk}^t - \ln E_{Lk}^0} \cdot \ln \frac{\delta_k^t}{\delta_k^0} \tag{5.23}$$

$$\Delta E_{LE_{LP}} = \sum_k \frac{E_{Lk}^t - E_{Lk}^0}{\ln E_{Lk}^t - \ln E_{Lk}^0} \cdot \ln \frac{E_{LP_k}^t}{E_{LP_k}^0} \tag{5.24}$$

公式（5.21）～（5.24）中，ΔE_L 表示當期相對於基期的生活耗能變化總量效應；ΔE_{LP} 代表人口規模效應；$\Delta E_{L\delta}$ 為當期相對於基期的人口結構效應；$\Delta E_{LE_{LP}}$ 表示生活水平效應。同上，ΔE_{Lrsd} 表示分解殘差項，按定義其值為 0。

5.3.1.5 *碳排放驅動因素疊加分解模型*

由前面三節所述的分解模型，根據已經得出的碳排放的能源結構分解模型與能源驅動因素分解模型，將模型（5.9）～（5.24）進行綜合，得到本研究最終需要的與碳排放量變化有關的驅動因素的疊加模型。可以用以下公式表達：

$$\begin{aligned}\Delta CO_2 &= \Delta CO_{2E} + \Delta CO_{2\alpha} + \Delta CO_{2C_t} \\ &= \Delta CO_{2G} + \Delta CO_{2\beta} + \Delta CO_{2E_{PC}} + \Delta CO_{2P} + \Delta CO_{2\delta} + \Delta CO_2 E_{LP} + \Delta CO_{2\alpha} + \\ &\quad \Delta CO_{2C_t}\end{aligned} \tag{5.25}$$

其中：

$$\Delta CO_{2G} = (\Delta E_{PG}/\Delta E) \cdot \Delta CO_{2E} \tag{5.26}$$

$$\Delta CO_{2\beta} = (\Delta E_{P\beta}/\Delta E) \cdot \Delta CO_{2E} \tag{5.27}$$

$$\Delta CO_{2E_{PC}} = (\Delta E_{PE_{PC}}/\Delta E) \cdot \Delta CO_{2E} \tag{5.28}$$

$$\Delta CO_{2P} = (\Delta E_{LP}/\Delta E) \cdot \Delta CO_{2E} \tag{5.29}$$

$$\Delta CO_{2\delta} = (\Delta E_{L\delta}/\Delta E) \cdot \Delta CO_{2E} \tag{5.30}$$

$$\Delta CO_{2E_{LP}} = (\Delta E_{LE_{LP}}/\Delta E) \cdot \Delta CO_{2E} \tag{5.31}$$

式（5.25）～（5.31）中，ΔCO_{2G}、$\Delta CO_{2\beta}$、$\Delta CO_{2E_{PC}}$、ΔCO_{2P}、$\Delta CO_{2\delta}$ 以及 $\Delta CO_{2E_{LP}}$ 分別表示碳排放量變化的總體規模效應、產業結構效應、能源強度效應、人口規模效應、人口結構效應以及城市生活水平效應。至此，城市規模、城市結構以及技術對碳排放的驅動力經過分解、疊加的模型較全面地反應了出來。

5.3.2　數據來源及說明

為了較為全面地分析全國 CO_2 排放的變化情況與找到這些變化的驅動因素，本研究選取 1978—2010 年 CO_2 排放相關數據的時間序列進行研究。國民經濟數據源於 1978—2012 年各年度《中國統計年鑒》，缺失數據由《新中國 60 年統計資料匯編》補齊。由於原始數據中相關燃料的單位為「萬噸標準煤」，因此這裡不用 IPCC 推薦的燃料碳排放系數，而採用通過轉化的以標準煤為單位的燃料碳排放系數。① 即煤炭：2.763 tCO_2/tSCE，石油：2.145 tCO_2/tSCE，天然氣：1.642 tCO_2/tSCE。CO_2 排放量按照式（5.9）計算。由於使用相同的碳排放系數進行計算，暗含這樣的假設，即在較長時間內沒有通過技術進步來降低能源的碳排放系數，也即意味著燃料技術的中性，從而式（5.25）中的 $\Delta CO_{2C_j} = 0$，即碳排放系數不存在 CO_2 排放因素的驅動效應。1990、1992、1995、1997、2000、2002、2005、2007、2010 年各年投入產出表數據來自各年份《中國統計年鑒》。需要說明的是，由於投入產出表編製的時間跨度較大，相對於連續時間序列的數據研究，精度相對較低，同時由於部分投入產出表編製年份的完全消耗系數數據有所缺失，因此在計算隱含碳排放過程中存在一定困難。

5.3.3　中國碳排放實證分析

5.3.3.1　碳排放能源結構擴展分解模型的實證分析

以 1978 年為基期，根據式（5.9）~（5.13）可以得到各年的二氧化碳排放總量、能源消費規模效應和能源結構效應的變化情況。所得數據列於表 5.1：

表 5.1　1978—2010 各年 CO_2 排放總量效應、能源規模效應、能源結構效應數據表

年份	ΔCO_2	ΔCO_{2E}	$\Delta CO_{2\alpha}$	年份	ΔCO_2	ΔCO_{2E}	$\Delta CO_{2\alpha}$
1978—1979	18,553.03	18,495.32	57.72	1996—1997	-1,165.05	1,756.85	-2,921.90
1979—1980	-10,934.44	-10,679.24	-255.20	1997—1998	-41.95	670.25	-712.20
1980—1981	6,415.34	7,326.15	-910.81	1998—1999	12,083.18	10,697.83	1,385.35
1981—1982	8,917.70	8,791.67	126.03	1999—2000	9,164.21	12,079.06	-2,914.85
1982—1983	10,777.01	11,115.16	-338.15	2000—2001	7,281.82	11,744.27	-4,462.46

---

① 陳詩一.能源消耗、二氧化碳排放與中國工業的可持續發展［J］.經濟研究，2009（4）：41-55.

表5.1(續)

年份	ΔCO_2	ΔCO_{2E}	$\Delta CO_{2\alpha}$	年份	ΔCO_2	ΔCO_{2E}	$\Delta CO_{2\alpha}$
1983—1984	17,410.71	16,326.76	1,083.95	2001—2002	21,995.55	21,618.07	377.49
1984—1985	-2,097.75	-2,920.89	823.15	2002—2003	63,489.08	58,724.37	4,764.72
1985—1986	10,714.81	10,416.57	298.25	2003—2004	70,604.86	71,822.82	-1,217.96
1986—1987	14,762.44	14,471.10	291.33	2004—2005	55,780.18	54,565.03	1,215.14
1987—1988	15,941.38	15,941.38	0.00	2005—2006	55,609.06	54,992.03	617.04
1988—1989	9,800.46	9,859.14	-58.67	2006—2007	51,800.46	52,918.48	-1,118.03
1989—1990	3,643.56	4,422.32	-778.76	2007—2008	18,842.30	26,350.27	-7,507.98
1990—1991	13,335.38	12,695.48	639.89	2008—2009	35,635.17	36,392.03	-756.86
1991—1992	13,030.65	13,468.44	-437.80	2009—2010	32,562.74	43,449.60	-10,886.86
1992—1993	15,581.72	17,000.96	-1,419.24	2010—2011	58,686.04	54,538.11	4,147.93
1993—1994	15,673.74	16,731.90	-1,058.15	2011—2012	17,302.69	32,260.30	-14,957.61
1994—1995	19,516.91	20,855.57	-1,338.66	2012—2013	25,158.79	30,794.84	-5,636.04
1995—1996	9,274.93	9,893.86	-618.94	1978—2013	860,388.93	754,068.47	106,320.46

註：標準碳 CO_2 排放系數按照煤炭 2.763 tCO₂/tSCE，石油 2.145 tCO₂/tSCE，天然氣 1.642 tCO₂/tSCE 計算。

根據表 5.1 繪製碳排放總量、能源結構效應以及能源規模相應的逐年變化圖，如圖 5.1 所示：

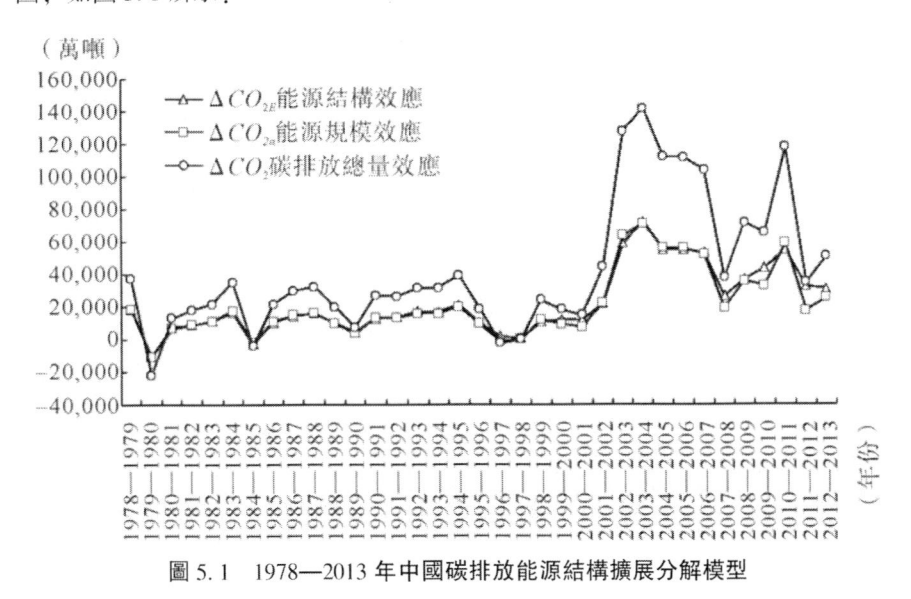

圖 5.1　1978—2013 年中國碳排放能源結構擴展分解模型

從圖 5.1 中可以看出：

5　中國碳排放與隱含碳排放驅動因素分析　107

第一，二氧化碳排放變動總量從1978—2013年一直處於波動狀態，其中在1978—2001年碳排放變動處於相對低位波動區間，在此期間除1979—1980、1984—1985、1996—1997、1997—1998四個年度區間的碳排放量為負值外，其餘年度區間內的碳排放都為正，這也就意味著從大多數的年份來看，中國的碳排放變化更多地呈現出正向的變動。1979—1980、1984—1984、1989—1990、1996—1997這幾個年份碳排放增量較上一區間年度明顯減少，其餘年份碳排放增量均呈現上升趨勢，形成一個向上通道，並在2001年之後開始激增，除2004—2008年之間有一個較為大幅度的負向變化以外，從整體上看，碳排放總量的變化量處於不斷上升的過程中。

第二，能源規模效應的變化與碳排放總量變化基本趨於一致。其對碳排放總體變動的貢獻除1979—1980和1984—1985年度區間以外均為正值，也即是說能源消費中的規模效應在絕大部分年度區間正向地驅動了碳排放總量的變化。

第三，能源的結構效應在所有考察的35個年度區間中，21個年度區間的因能源結構效應引起的碳排放變動呈負值狀態，也就是說在這21個年度區間內能源結構效應負向地驅動碳排放總量的變化，而在其他14個年度區間內能源結構效應正向地驅動了碳排放總量的變動。根據統計資料顯示，我國能源消費結構（以三種重要一次能源為例）主要以煤炭為主，從1978至2013，煤炭在能源消耗中的占比一直保持在68%～76%之間，變化微弱，石油消耗占比保持在17%～23%之間，天然氣消耗占比保持在2%～5.8%之間。可見，能源消費結構基本在過去的35年間基本沒有發生變化，從而造就了能源消費結構效應對碳排放總量變化驅動影響不大的現象。

1978—2013年能源消費規模貢獻度與能源消費結構貢獻度可以通過表5.2進行說明：

表5.2 CO_2排放能源結構擴展分解模型各驅動因素貢獻率（%）

年份	$\dfrac{\Delta CO_{2E}}{\Delta CO_2}$	$\dfrac{\Delta CO_{2\alpha}}{\Delta CO_2}$	年份	$\dfrac{\Delta CO_{2E}}{\Delta CO_2}$	$\dfrac{\Delta CO_{2\alpha}}{\Delta CO_2}$
1978—1979	0.996,9	0.003,1	1997—1998	−15.979,0	16.979,0
1979—1980	0.976,7	0.023,3	1998—1999	0.885,3	0.114,7
1980—1981	1.142,0	−0.142,0	1999—2000	1.318,1	−0.318,1
1981—1982	0.985,9	0.014,1	2000—2001	1.612,8	−0.612,8
1982—1983	1.031,4	−0.031,4	2001—2002	0.982,8	0.017,2

表5.2(續)

年份	$\dfrac{\Delta CO_{2E}}{\Delta CO_2}$	$\dfrac{\Delta CO_{2\alpha}}{\Delta CO_2}$	年份	$\dfrac{\Delta CO_{2E}}{\Delta CO_2}$	$\dfrac{\Delta CO_{2\alpha}}{\Delta CO_2}$
1983—1984	0.937,7	0.062,3	2002—2003	0.925,0	0.075,0
1984—1985	1.392,4	-0.392,4	2003—2004	1.017,3	-0.017,3
1985—1986	0.972,2	0.027,8	2004—2005	0.978,2	0.021,8
1986—1987	0.980,3	0.019,7	2005—2006	0.988,9	0.011,1
1987—1988	1.000,0	0.000,0	2006—2007	1.021,6	-0.021,6
1988—1989	1.006,0	-0.006,0	2007—2008	1.398,5	-0.398,5
1989—1990	1.213,7	-0.213,7	2008—2009	1.021,2	-0.021,2
1990—1991	0.952,0	0.048,0	2009—2010	1.334,3	-0.334,3
1991—1992	1.033,6	-0.033,6	2010—2011	0.929,3	0.070,7
1992—1993	1.091,1	-0.091,1	2011—2012	1.864,5	-0.864,5
1993—1994	1.067,5	-0.067,5	2012—2013	1.224,0	-0.224,0
1994—1995	1.068,6	-0.068,6	1978—2013	0.876,4	0.123,6
1995—1996	1.066,7	-0.066,7	平均貢獻	0.540,8	0.459,2
1996—1997	-1.508,0	2.508,0			

1978—2013年能源消費的規模效應總體貢獻率為87.64%，平均貢獻率為54.08%；能源結構效應總貢獻度為12.36%，平均貢獻率為45.92%。從總貢獻率來看，能源規模效應的貢獻遠大於能源結構效應的貢獻度。而從平均貢獻率來看，二者則基本各占一半的比例。因此非常有必要將能源消費進行更加詳細的分解，從而探究能源消費中究竟還有什麼具體因素在影響著碳排放總量的變化。

5.3.3.2 能源驅動因素擴展模型實證分析

(1) 總體能源消耗驅動因素分解實證分析。

根據(5.14)式的分解結果可以將能源消費分為生產耗能和生活耗能。需要說明的是，生活能源消耗數據來自1992—2013各年《中國能源統計年鑒》綜合能源平衡表，所有能耗均以萬噸標準煤為單位。由於1980年以前生活能源消費數據缺失，因此以1980年為基期，1981—1984年之間缺失的數據通過求平均值的方式補充。1980—2010各年的碳排放總量、能源消費規模效應和能源結構效應的變化情況列於表5.3：

表 5.3　　　碳排放量、生產能耗、生活能耗驅動因素數據表

年度區間	ΔE	ΔE_P	ΔE_L	年份	ΔE	ΔE_P	ΔE_L
1980—1981	791.96	1,706.75	-914.79	1996—1997	561.82	570.00	-8.18
1981—1982	1,988.29	1,706.75	281.54	1997—1998	-3,892.31	-3,983.00	90.69
1982—1983	2,241.08	1,706.75	534.33	1998—1999	-1,787.41	-2,254.00	466.59
1983—1984	2,669.67	1,706.75	962.92	1999—2000	16,832.47	16,483.00	349.47
1984—1985	8,773.89	7,277.00	1,496.89	2000—2001	-11,999.58	-12,561.00	561.42
1985—1986	1,338.60	1,046.00	292.60	2001—2002	12,675.02	11,700.00	975.02
1986—1987	8,651.87	7,905.00	746.87	2002—2003	26,590.22	23,976.00	2,614.22
1987—1988	6,326.59	5,148.00	1,178.59	2003—2004	29,690.86	26,691.00	2,999.86
1988—1989	3,918.46	3,888.00	30.46	2004—2005	32,388.85	29,836.00	2,552.85
1989—1990	1,742.73	1,553.00	189.73	2005—2006	11,665.93	9,190.00	2,475.93
1990—1991	5,109.51	4,886.00	223.51	2006—2007	31,890.86	28,811.00	3,079.86
1991—1992	5,365.29	5,744.00	-378.71	2007—2008	10,889.21	9,857.00	1,032.21
1992—1993	6,821.07	6,728.00	93.07	2008—2009	15,215.60	13,254.00	1,961.60
1993—1994	6,733.64	7,062.00	-328.36	2009—2010	18,260.34	17,547.00	713.34
1994—1995	8,438.96	8,107.00	331.96	2010—2011	23,067.46	20,241.00	2,826.46
1995—1996	4,820.40	5,803.00	-982.60	2011—2012	13,843.34	11,474.00	2,369.34

根據表 5.3 的數據繪製驅動因素圖，如圖 5.2 如示：

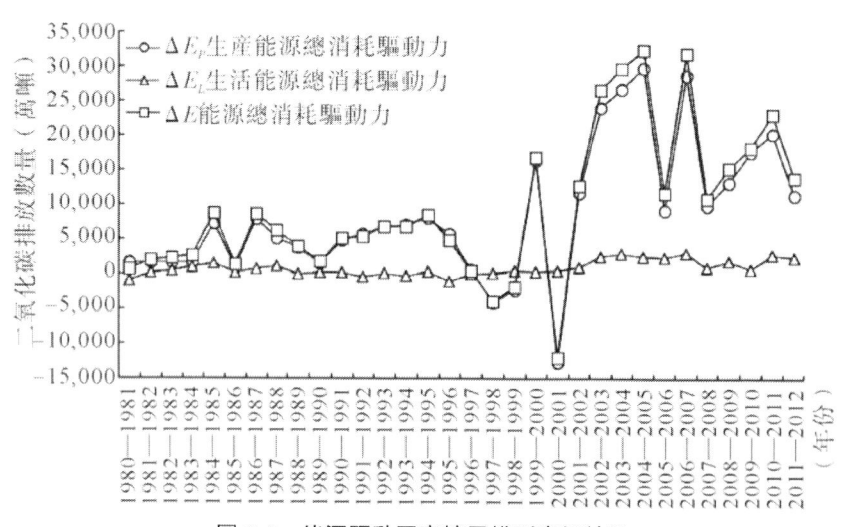

圖 5.2　能源驅動因素擴展模型實證結果

從圖 5.2 可以看出，能源總消耗驅動力主要來源於生產過程的能源消耗驅動。從形態上，二者基本保持一致。1980—2010 年之間的能源消費變化中，生產能源消費是主要的能源消耗驅動力。1997—1998 受到亞洲金融危機影響，我國製造業等受到衝擊，以致在隨後的幾年中，生產能源消耗驅動為負向，這與經濟環境的惡化分不開。2008 年以及之後幾年由於受美國次貸危機影響，全球經濟不景氣，中國製造業、出口加工等行業受到較大衝擊，因此生產耗能驅動力有所減弱，但是國內積極的經濟舉措仍然促進了危急中生產性行業的一定發展，從圖形中可以發現，在 2007—2008 之間生產能源消耗驅動呈下降趨勢，但比起 1997 年亞洲金融危機時的不良影響，這次全球經濟危機對國內造成的影響相對較小——生產耗能驅動力有所下降，但仍為正值。由圖可見，通常情況下生產能源消耗仍是能源總消耗的主要驅動因素。生活能源消費的驅動力相對較小，且較為平穩。其大部分年份的驅動力為正向驅動，個別年份（集中在 1990—1997 年）的驅動力為負向。

表 5.4　　　　　能源總消耗各驅動因素貢獻度（%）

年份	$\Delta E_P/\Delta E$	$\Delta E_L/\Delta E$	年份	$\Delta E_P/\Delta E$	$\Delta E_L/\Delta E$
1980—1981	2.155,1	−1.155,1	1997—1998	1.023,3	−0.023,3
1981—1982	0.858,4	0.141,6	1998—1999	1.261,0	−0.261,0
1982—1983	0.761,6	0.238,4	1999—2000	0.979,2	0.020,8
1983—1984	0.639,3	0.360,7	2000—2001	1.046,8	−0.046,8
1984—1985	0.829,4	0.170,6	2001—2002	0.923,1	0.076,9
1985—1986	0.781,4	0.218,6	2002—2003	0.901,7	0.098,3
1986—1987	0.913,7	0.086,3	2003—2004	0.899,0	0.101,0
1987—1988	0.813,7	0.186,3	2004—2005	0.921,2	0.078,8
1988—1989	0.992,2	0.007,8	2005—2006	0.787,8	0.212,2
1989—1990	0.891,1	0.108,9	2006—2007	0.903,4	0.096,6
1990—1991	0.956,3	0.043,7	2007—2008	0.905,2	0.094,8
1991—1992	1.070,6	−0.070,6	2008—2009	0.871,1	0.128,9
1992—1993	0.986,4	0.013,6	2009—2010	0.960,9	0.039,1
1993—1994	1.048,8	−0.048,8	2010—2011	0.877,5	0.122,5
1994—1995	0.960,7	0.039,3	2011—2012	0.828,8	0.171,2

表5.4(續)

年份	$\Delta E_P/\Delta E$	$\Delta E_L/\Delta E$	年份	$\Delta E_P/\Delta E$	$\Delta E_L/\Delta E$
1995—1996	1.203,8	−0.203,8	1980—2012 平均貢獻	0.967,7	0.032,3
1996—1997	1.014,6	−0.014,6			

如表5.4所示，1980—2010年能源總體消耗變化中，用於生產的能源消耗對總能源消耗的驅動貢獻度為−102.2%～107.6%不等，用於生活的能源消耗對總能源消耗的驅動貢獻度為−7.6%～202.2%不等，2000年以後保持在平均貢獻度10%左右，可見生活能源消耗對總能源消耗的貢獻度仍然占到相當比例，因此生活能源消費這個能源消耗的驅動因素不容忽視。

（2）生產能源消耗產業結構擴展分解模型實證分析。

在分析了由生產能耗和生活能耗所構成的整體能耗驅動因素及其影響力的基礎上，本小節開始對生產性能源消耗各年變化進行更加細緻的分解，將其分解為經濟規模效應、產業結構效應和能源強度效應。根據式（5.15）～（5.19）進行分解實證研究。各年數據見表5.5：

根據表5.5數據繪製生產能耗總量變化、經濟規模效應、產業結構效應以及能源強度效應分解圖如圖5.3：

表5.5　生產能耗變化的經濟規模、產業結構以及能源強度效應數據表

年份	ΔE_{PG}	$\Delta E_{P\beta}$	$\Delta E_{PE_{PG}}$	年份	ΔE_{PG}	$\Delta E_{P\beta}$	$\Delta E_{PE_{PG}}$
1980—1981	3,675.27	−1,465.62	−502.90	1996—1997	12,630.42	169.45	−12,229.87
1981—1982	4,383.13	−1,045.57	−1,630.81	1997—1998	7,963.85	−2,134.49	−9,812.37
1982—1983	6,070.08	−264.89	−4,098.44	1998—1999	7,072.54	−603.77	−8,722.76
1983—1984	10,476.05	−941.52	−7,827.78	1999—2000	12,494.29	424.01	3,564.70
1984—1985	13,332.80	108.44	−6,164.24	2000—2001	12,571.44	−1,239.75	−23,892.69
1985—1986	8,346.89	980.10	−8,280.99	2001—2002	11,637.75	−592.56	654.81
1986—1987	10,924.49	−152.41	−2,867.08	2002—2003	17,294.96	2,362.03	4,319.01
1987—1988	16,552.93	382.93	−11,787.86	2003—2004	27,420.07	542.76	−1,271.83
1988—1989	9,674.55	−1,131.95	−4,654.59	2004—2005	28,582.94	3,291.76	−2,038.71
1989—1990	7,723.03	−2,194.86	−3,975.17	2005—2006	33,882.40	1,872.24	−26,564.64
1990—1991	13,161.95	895.24	−9,171.29	2006—2007	48,397.47	−1,845.87	−17,740.60
1991—1992	19,207.64	2,665.24	−16,128.88	2007—2008	42,453.56	387.03	−32,983.59
1992—1993	26,325.86	4,692.37	−24,290.22	2008—2009	21,837.89	−4,284.82	−4,299.07
1993—1994	32,210.77	−19.43	−25,129.34	2009—2010	46,062.55	1,778.63	−30,294.18
1994—1995	25,843.23	962.35	−18,698.58	2010—2011	49,280.58	−304.40	−28,735.18
1995—1996	18,654.05	648.09	−13,499.14	2011—2012	29,569.82	−5,742.20	−12,353.63

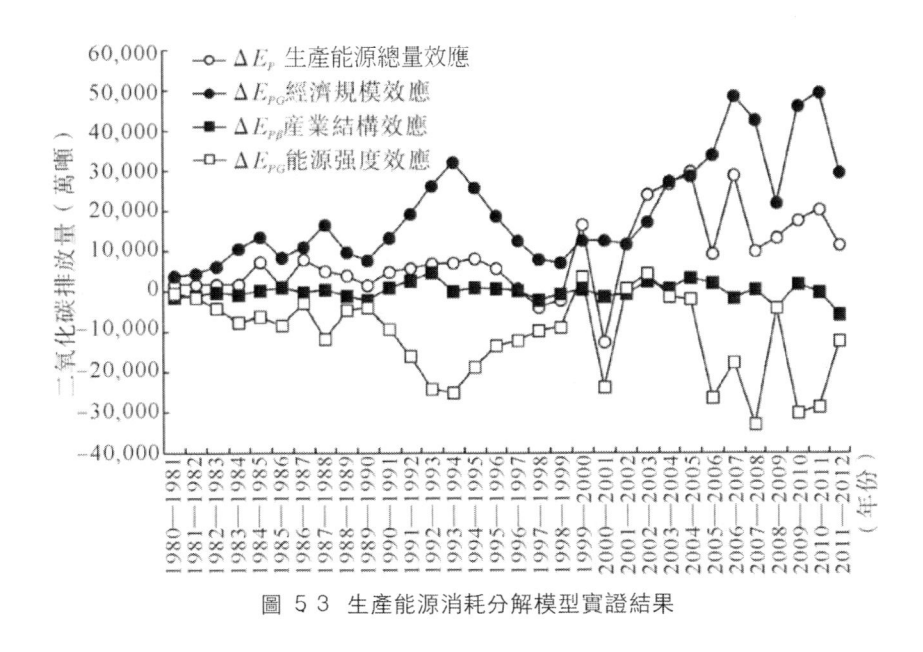

图 5 3 生产能源消耗分解模型实证结果

从图 5 3可以看出，1980—2010年生产性能源消耗总体上呈现上升趋势，其主要的驱动因素是经济规模效应和产业结构效应。改革开放后中国经济从计划经济转向商品经济再到逐步放开的市场经济，工业比重逐年上升并趋于稳定。同时随着城市化发展，第三产业比重在三次产业中的比例也逐年提高。因此在改革开放后，经济规模不断扩大，产业结构不断地从第一产业为主转变为以第二产业为主、第三产业快速发展的结构。生产能耗的总体趋势受到经济总量以及产业结构的正向驱动。能源强度这一指标的效应变化波动较大，但整体趋势仍然是逐渐下降且基本为负。这主要与生产过程中的技术进步密不可分。随着技术水平的不断提高，生产同样产品所需要的能耗不断降低，也就导致每单位 GDP能耗的下降。这也符合目前国内经济发展的整体情况。其实质还是生产力的不断进步。

就贡献度的角度来说，1980—2012各年生产能源消耗所发生的相对变化详见表 5 6。其中经济规模效应的贡献度为 -100 08%～2 215 86%，平均贡献度为 302%。产业结构效应的贡献度为 -141 33%～93 7%，平均贡献度为 -1 43%。能源强度效应的贡献度为 -2 145 59%～386 99%，平均贡献度为 -200 57%。由此可见，中国改革开放 30余年的生产性能源消耗增加主要是由经济规模的不断扩大而引起的。同时，稳步推进的工业化也促使生产性能源消耗呈现出不断增长的趋势。而通过不断的技术进步能够较为有效地减缓生产性

能耗的增速。

表 5.6　生產能源消耗經濟規模、產業結構以及能源強度效應貢獻度

年份	$\dfrac{\Delta E_{PG}}{\Delta E_P}$	$\dfrac{\Delta E_{P\beta}}{\Delta E_P}$	$\dfrac{\Delta E_{PE_{PG}}}{\Delta E_P}$	年份	$\dfrac{\Delta E_{PG}}{\Delta E_P}$	$\dfrac{\Delta E_{P\beta}}{\Delta E_P}$	$\dfrac{\Delta E_{PE_{PG}}}{\Delta E_P}$
1980—1981	2.153,4	-0.858,7	-0.294,7	1997—1998	-1.999,5	0.535,9	2.463,6
1981—1982	2.568,1	-0.612,6	-0.955,5	1998—1999	-3.137,8	0.267,9	3.869,9
1982—1983	3.556,5	-0.155,2	-2.401,3	1999—2000	0.758,0	0.025,7	0.216,3
1983—1984	6.138,0	-0.551,6	-4.586,4	2000—2001	-1.000,8	0.098,7	1.902,1
1984—1985	1.832,2	0.014,9	-0.847,1	2001—2002	0.994,7	-0.050,6	0.056,0
1985—1986	7.979,8	0.937,0	-7.916,8	2002—2003	0.721,3	0.098,5	0.180,1
1986—1987	1.382,0	-0.019,3	-0.362,7	2003—2004	1.027,3	0.020,3	-0.047,7
1987—1988	3.215,4	0.074,4	-2.289,8	2004—2005	0.958,0	0.110,3	-0.068,3
1988—1989	2.488,3	-0.291,1	-1.197,2	2005—2006	3.686,9	0.203,7	-2.890,6
1989—1990	4.973,0	-1.413,3	-2.559,7	2006—2007	1.679,8	-0.064,1	-0.615,8
1990—1991	2.693,8	0.183,2	-1.877,3	2007—2008	4.306,9	0.039,3	-3.346,2
1991—1992	3.343,9	0.464,0	-2.808,3	2008—2009	1.647,6	-0.323,3	-0.324,4
1992—1993	3.912,9	0.697,4	-3.610,3	2009—2010	2.625,1	0.101,4	-1.726,5
1993—1994	4.561,1	-0.002,8	-3.558,4	2010—2011	2.434,7	-0.015,0	-1.419,7
1994—1995	3.187,8	0.118,7	-2.306,5	2011—2012	2.577,1	-0.500,5	-1.076,7
1995—1996	3.214,6	0.111,7	-2.326,2	1980—2012 平均貢獻	3.020,0	-0.014,3	-2.005,7
1996—1997	22.158,6	0.297,3	-21.455,9				

（3）生活能源消耗驅動因素分解模型實證分析。

根據式（5.20）~（5.24）進行生活能源消耗的因素分解，將其分解為人口規模效應因素、人口結構效應因素以及人均生活水平效應因素。具體見表 5.7：

表 5.7　生活能耗的人口規模效應、人口結構效應以及生活水平效應數據表

年份	ΔE_{LP}	$\Delta E_{L\delta}$	$\Delta E_{LE_{LP}}$	年份	ΔE_{LP}	$\Delta E_{L\delta}$	$\Delta E_{LE_{LP}}$
1980—1981	146.81	192.45	-1,254.05	1997—1998	136.47	269.43	-315.21
1981—1982	162.54	226.11	-107.11	1998—1999	124.45	255.10	87.04
1982—1983	142.50	113.23	278.60	1999—2000	118.38	247.17	-16.07
1983—1984	149.80	323.62	489.50	2000—2001	111.72	238.29	211.41
1984—1985	181.03	167.70	1,148.17	2001—2002	108.63	229.17	637.23
1985—1986	211.79	205.55	-124.74	2002—2003	111.78	235.36	2,267.08
1986—1987	234.22	197.83	314.82	2003—2004	125.71	213.40	2,660.75
1987—1988	236.88	122.05	819.66	2004—2005	142.55	227.75	2,182.55

表5.7(續)

年份	ΔE_{LP}	$\Delta E_{L\delta}$	$\Delta E_{LE_{LP}}$	年份	ΔE_{LP}	$\Delta E_{L\delta}$	$\Delta E_{LE_{LP}}$
1988—1989	235.98	96.45	-301.98	2005—2006	141.02	265.26	2,069.66
1989—1990	227.33	48.49	-86.08	2006—2007	152.37	315.26	2,612.23
1990—1991	207.79	129.42	-113.69	2007—2008	160.38	220.60	651.23
1991—1992	184.77	118.08	-681.56	2008—2009	160.90	253.36	1,547.34
1992—1993	180.79	110.58	-198.29	2009—2010	164.85	265.53	282.96
1993—1994	175.69	100.24	-604.30	2010—2011	173.23	186.70	2,466.53
1994—1995	165.73	98.71	67.51	2011—2012	191.98	167.95	2,009.42
1995—1996	160.00	284.84	-1,427.44				

根據表5.7繪製曲線圖，如圖5.4如示：

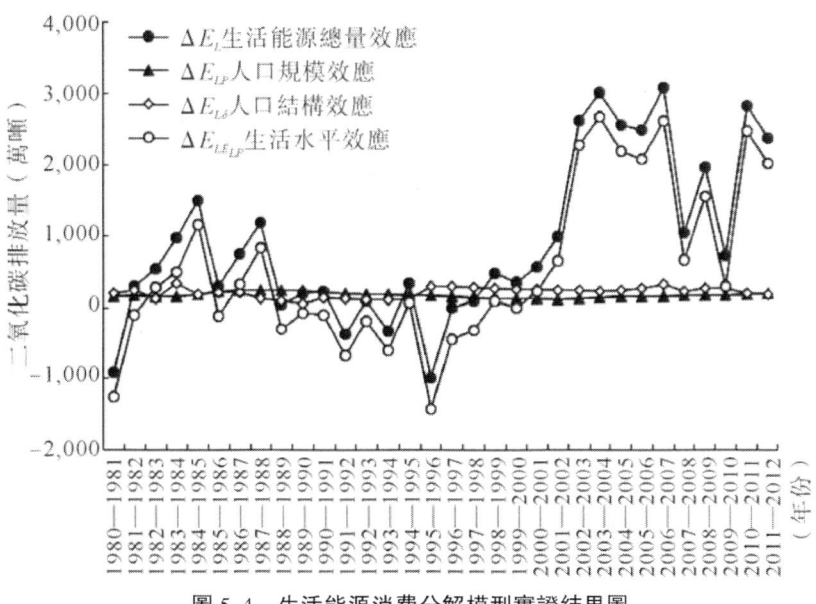

圖5.4 生活能源消費分解模型實證結果圖

由圖5.4可以看出，從1980—2012年各年生活能源消耗變化的各個驅動因素有正向驅動也有負向驅動，尤其在1980—2000年之間波動較為頻繁，且呈現出整體向下的趨勢，生活水平效應地驅動力較強，而處於同一層次的人口規模效應和人口結構效應的驅動力則相對要平緩許多；2001—2012年，全國整體經濟好轉，體現生活水平的城鄉居民人均能耗逐年上升，正向而強力地驅動了生活能耗的正向變化；2007年之后受到全球經濟危機影響，生活水平效

應有大幅度下降，一定程度上也將生活能源消耗變化向下驅動，但隨著全球經濟復甦和國內積極的經濟政策的實施，生活能源消耗變化又呈現出向上波動的趨勢。

表5.8　生活能源消耗人口規模、人口結構以及生活水平效應貢獻度

年份	$\dfrac{\Delta E_{LP}}{\Delta E_L}$	$\dfrac{\Delta E_{L\beta}}{\Delta E_L}$	$\dfrac{\Delta E_{LE_{PG}}}{\Delta E_L}$	年份	$\dfrac{\Delta E_{LP}}{\Delta E_L}$	$\dfrac{\Delta E_{L\beta}}{\Delta E_L}$	$\dfrac{\Delta E_{LE_{LP}}}{\Delta E_L}$
1980—1981	-0.160,5	-0.210,4	1.370,9	1997—1998	1.504,8	2.970,9	-3.475,7
1981—1982	0.577,3	0.803,1	-0.380,4	1998—1999	0.266,7	0.546,7	0.186,5
1982—1983	0.266,7	0.211,9	0.521,4	1999—2000	0.338,7	0.707,3	-0.046,0
1983—1984	0.155,6	0.336,1	0.508,3	2000—2001	0.199,0	0.424,4	0.376,6
1984—1985	0.120,9	0.112,0	0.767,0	2001—2002	0.111,4	0.235,0	0.653,6
1985—1986	0.723,8	0.702,5	-0.426,3	2002—2003	0.042,8	0.090,0	0.867,2
1986—1987	0.313,6	0.264,5	0.421,8	2003—2004	0.041,0	0.071,1	0.887,9
1987—1988	0.201,0	0.103,6	0.695,9	2004—2005	0.055,8	0.089,2	0.854,9
1988—1989	7.748,3	3.166,9	-9.915,2	2005—2006	0.057,0	0.107,1	0.835,9
1989—1990	1.198,2	0.255,5	-0.453,2	2006—2007	0.049,5	0.102,4	0.848,2
1990—1991	0.929,7	0.579,0	-0.508,2	2007—2008	0.155,4	0.213,7	0.630,9
1991—1992	-0.487,9	-0.311,8	1.799,2	2008—2009	0.082,0	0.129,2	0.788,8
1992—1993	1.942,4	1.188,0	-2.130,4	2009—2010	0.231,1	0.372,2	0.396,7
1993—1994	-0.535,1	-0.305,3	1.840,3	2010—2011	0.061,3	0.066,1	0.872,7
1994—1995	0.499,3	0.297,4	0.203,4	2011—2012	0.081,0	0.070,9	0.848,1
1995—1996	-0.162,8	-0.289,9	1.452,7	1980—2012 平均貢獻	-0.053,4	-0.675,6	1.729,0
1996—1997	-18.318,5	-34.717,5	54.036,0				

由表5.8可知，1980—2012年各驅動因素對生活能源消耗的貢獻水平如下：人口規模效應對生活能源消耗的貢獻率約為-1,831.9%~774.8%，平均貢獻率為-5.34%；人口結構效應對生活能源消耗的貢獻率為-3,471.75%~316.69%，平均貢獻率為-67.56%；生活水平效應對生活能源消耗的貢獻率為-991.52%~5,403.6%，平均貢獻率為172.9%。可見生活水平效應對於生活能源消耗變化起到了最大的驅動作用。城鄉人口結構效應次之，人口規模效應的驅動貢獻最小。

5.3.3.3　碳排放驅動因素疊加模型實證分析

在完成了對生產性能源消耗以及生活能源消耗變動影響因素的具體分解基礎上，我們可以建立最終的碳排放驅動因素疊加模型，並且從整體上對造成碳排放量變化造成影響的細微因素進行探討，從而更加具體、有效地制定低碳發展戰略。

根據式（5.25）~（5.31），我們可以得到每一個具體分解因素對碳排放所造成的影響以及各個驅動因素在這些影響中的貢獻度。如表5.9所示。並根

據表 5.1 和表 5.9 數據繪圖 5.5。

表 5.9 　　　　　　　　二氧化碳排放量變化驅動因素數據表

年份	ΔCO_{2G}	$\Delta CO_{2\beta}$	$\Delta CO_{2E_{PG}}$	ΔCO_{2P}	$\Delta CO_{2\delta}$	$\Delta CO_{2E_{LP}}$	$\Delta CO_{2\alpha}$
1980—1981	85,831.85	-34,227.91	-11,744.72	3,428.55	4,494.53	-29,286.98	-910.81
1981—1982	-23,542.12	5,615.83	8,759.22	-873.02	-1,214.43	575.29	126.03
1982—1983	19,843.20	-865.93	-13,397.87	465.82	370.16	910.76	-338.15
1983—1984	34,499.37	-3,100.59	-25,778.17	493.32	1,065.73	1,612.01	1,083.95
1984—1985	16,890.59	137.37	-7,809.13	229.34	212.45	1,454.55	823.15
1985—1986	101,805.95	11,954.16	-101,002.20	2,583.23	2,507.08	-1,521.47	298.25
1986—1987	-3,688.14	51.45	967.94	-79.07	-66.79	-106.28	291.33
1987—1988	27,253.98	630.48	-19,408.41	390.02	200.95	1,349.54	0.00
1988—1989	35,728.70	-4,180.37	-17,189.71	871.50	356.20	-1,115.23	-58.67
1989—1990	70,645.35	-20,077.16	-36,362.33	2,079.46	443.51	-787.44	-778.76
1990—1991	25,396.83	1,727.61	-17,696.59	400.95	249.72	-219.38	639.89
1991—1992	15,831.85	2,196.82	-13,294.19	152.30	97.33	-561.78	-437.80
1992—1993	48,998.06	8,733.50	-45,209.32	336.48	205.81	-369.06	-1,419.24
1993—1994	64,427.13	-38.87	-50,263.04	351.42	200.50	-1,208.70	-1,058.15
1994—1995	52,063.26	1,938.73	-37,669.79	333.88	198.86	136.01	-1,338.66
1995—1996	64,749.31	2,249.57	-46,856.32	555.36	988.70	-4,954.72	-618.94
1996—1997	468,855.32	6,290.13	-453,986.42	5,559.05	10,535.59	-16,398.10	-2,921.90
1997—1998	-20,243.32	5,425.65	24,942.06	-346.89	-684.65	801.23	-712.20
1998—1999	-6,951.63	593.45	8,573.65	-122.32	-250.74	-85.55	1,385.35
1999—2000	497.51	16.88	141.94	4.71	9.84	-0.64	-2,914.85
2000—2001	-11,207.65	1,105.26	21,300.73	-99.60	-212.44	-188.47	-4,462.46
2001—2002	11,090.56	-564.70	624.02	103.52	218.39	607.27	377.49
2002—2003	7,638.77	1,043.25	1,907.61	49.37	103.95	1,001.32	4,764.72
2003—2004	19,964.70	395.18	-926.03	91.53	155.38	1,937.31	-1,217.96
2004—2005	51,823.87	5,968.31	-3,696.39	258.45	412.94	3,957.18	1,215.14
2005—2006	208,601.33	11,526.71	-163,548.62	868.19	1,633.08	12,742.14	617.04
2006—2007	82,807.71	-3,158.27	-30,354.03	260.70	539.41	4,469.51	-1,118.03
2007—2008	214,396.49	1,954.55	-166,571.79	809.92	1,114.06	3,288.80	-7,507.98
2008—2009	75,950.22	-14,902.23	-14,951.77	559.61	881.15	5,381.50	-756.86
2009—2010	66,469.77	2,566.62	-43,715.49	237.88	383.17	408.33	-10,886.86
2010—2011	77,746.78	-480.23	-45,333.64	273.29	294.55	3,891.28	4,147.93
2011—2012	92,809.73	-18,022.82	-38,773.88	602.55	527.13	6,306.89	-14,957.61

註：由於燃料二氧化碳排放係數不變，因此 $\Delta CO_2 C_E$ 燃料二氧化碳排放係數驅動效應為0。

從圖 5.5 可以看出，二氧化碳排放的總量變化受到經濟規模等 7 個驅動因素的影響，其中最為明顯的驅動力為經濟規模效應。而能源強度效應與經濟規模效應呈反方向驅動著二氧化碳的排放。經濟增長所導致的二氧化碳排放是源於經濟發展對於能源的需求。假設其他驅動變量不發生變化的前提下，其必然正向地驅動二氧化碳排放，其貢獻度曾達到過 3,269.38%。從圖形上看，能源強度效應曲線與經濟規模效應曲線幾乎呈現出反向同規模的驅動。這與能源強度本身的意義有關，能源強度是指每單位 GDP 的能耗，可以用「噸標準煤／萬元 GDP」表示，而隨著 GDP 逐年增加，能源強度指標的分母變大，同時二氧化碳與經濟增加呈正向相關關係，經濟越發達二氧化碳排放越多。但我們從 1980—2012 年 GDP 與二氧化碳排放量對比圖 5.6 可以發現，二者增長速率存在差異，尤其是 2000 年以后，二氧化碳排放量儘管每年隨著 GDP 增加而增加，但是增加的速率沒有 GDP 增加的速率快，也就是說能源強度指標分子分母同時變化時，分母增加快，分子增加慢，而最終導致的結果就是指標整體的下降。這也為能源強度效應呈現出負向驅動力但卻未能超過經濟規模效應，並將二氧化碳總排放向下拉動提供了一種解釋。

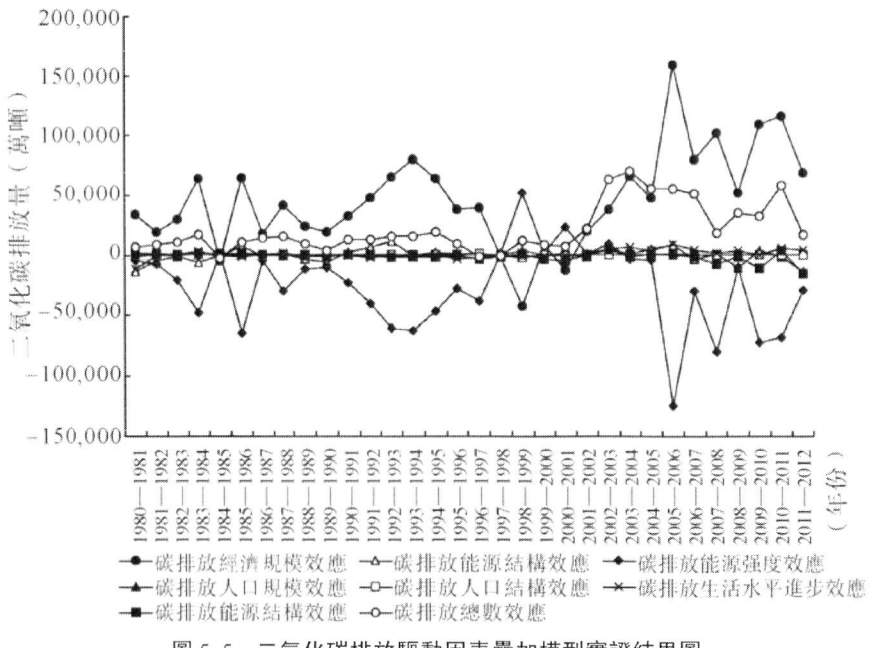

圖 5.5　二氧化碳排放驅動因素疊加模型實證結果圖

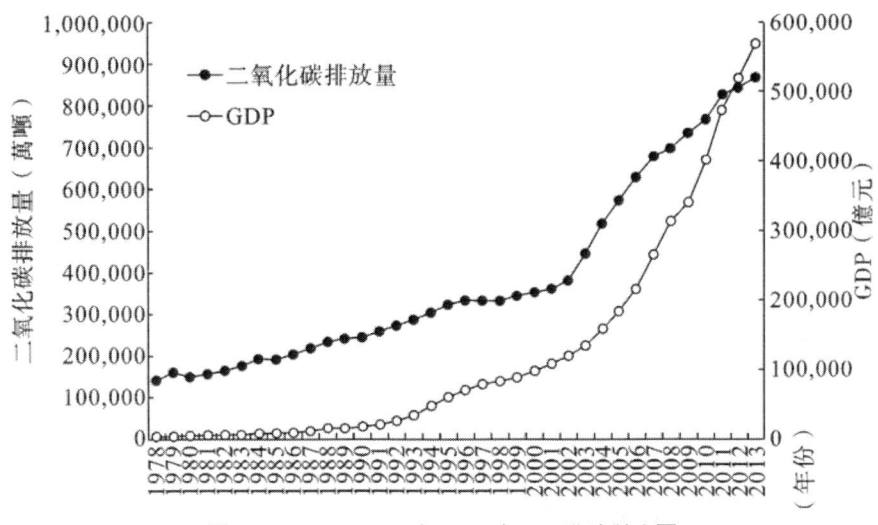

图 5.6　1978—2013 年 GDP 与 CO_2 排放对比图

　　能源强度效应历史最高的贡献度是-4,028.24%。对能源本身的改造以及在其使用过程中采取更有效率的方式提高其利用率是能源强度效应负向驱动因素不断加强的主要原因。产业结构效应对二氧化碳变化的驱动力正负波动较大，呈现交替状。正向驱动与负向驱动基本各占一半比例，但其对二氧化碳排放的驱动力相对于生产领域的另外两个驱动因素就显得没有那么明显，尤其是随着第一产业的比例已经降低到一定水平，第二产业占比在前期上升较快而在进入工业化中期后，其增速也开始放缓。加之城市化评价指标较为单一的情况下城市商业、服务业等第三产业还无法做到完全配套，也就意味着第三产业占比并没有随着城市化进程的加快、城市化水平的提高以及第一产业比重的降低和第二产业比重的增加而增加。三次产业的结构呈现出一种较为稳定的状态，尤其是第一产业和第二产业。在经济全球化的背景下，在中国工业经济受到外围经济波动、国内劳动力成本上升等诸多因素的影响下中国很难在短时间内更进一步、较大幅度地改变目前的产业结构，尤其是提高第三产业的比例。因此，产业结构效应对二氧化碳排放变动的驱动力有限，呈现出一种较为平稳的性状。

　　此外，能源结构效应的驱动力相对于经济规模效应和能源强度效应的驱动力显得并不明显。从图 5.5 我们可以发现，能源结构效应的驱动方向基本为负向，少数年份为正向，但基本与二氧化碳排放总量效应方向一致。尽管随着新能源的开发、利用和推广，其对二氧化碳排放的驱动状态也逐渐呈现向下驱动

的趨勢,但目前我國能源結構仍然是以煤炭為主要消耗能源,包括電力也以火電為主。因此要在短時間內較為明顯地改變目前的能源消費結構是很困難的。因此在尋求低碳發展道路上,為了突出能源結構對二氧化碳排放的負向驅動作用,必須調整能源消費結構,通過進一步改變粗放的經營方式以及科學技術手段降低傳統能源在能源總消耗中的比重,提高新型的低碳和「零碳」能源的運用。

從圖 5.5 我們也可以發現,人口規模、人口結構以及人口生活水平對二氧化碳排放變化的驅動力相對來說並不明顯。這主要與中國經濟增長的自然屬性有關,儘管這些驅動因素的驅動力不大或者說不明顯,但是並不意味著這些驅動因素就可以忽略。其中,人口規模效應隨著人口自然增長。為了維持基本生存的人口基數增大,即使用以維持生存的生活能耗非常低,總量也會非常大,這也就必然需要更多生活能耗來支撐龐大的人口規模。由表 5.10 可知,其二氧化碳排放平均貢獻率為 4.25%。

表 5.10　　CO_2 排放驅動因素疊加模型各驅動因素貢獻度（%）

年度區間	$\dfrac{\Delta CO_{2G}}{\Delta CO_2}$	$\dfrac{\Delta CO_{2\beta}}{\Delta CO_2}$	$\dfrac{\Delta CO_{2E_{PG}}}{\Delta CO_2}$	$\dfrac{\Delta CO_{2P}}{\Delta CO_2}$	$\dfrac{\Delta CO_{2\delta}}{\Delta CO_2}$	$\dfrac{\Delta CO_{2E_{LP}}}{\Delta CO_2}$	$\dfrac{\Delta CO_{2\alpha}}{\Delta CO_2}$
1980—1981	529.96	−211.34	−72.52	21.17	27.75	−180.83	−14.20
1981—1982	217.33	−51.84	−80.86	8.06	11.21	−5.31	1.41
1982—1983	279.35	−12.19	−188.62	6.56	5.21	12.82	−3.14
1983—1984	367.98	−33.07	−274.96	5.26	11.37	17.19	6.23
1984—1985	211.59	1.72	−97.82	2.87	2.66	18.22	−39.24
1985—1986	606.20	71.18	−601.41	15.38	14.93	−9.06	2.78
1986—1987	123.78	−1.73	−32.48	2.65	2.24	3.57	1.97
1987—1988	261.64	6.05	−186.32	3.74	1.93	12.96	0.00
1988—1989	248.38	−29.06	−119.50	6.06	2.48	−7.75	−0.60
1989—1990	537.88	−152.86	−276.85	15.83	3.38	−6.00	−21.37
1990—1991	245.24	16.68	−170.88	3.87	2.41	−2.12	4.80
1991—1992	370.03	51.34	−310.72	3.56	2.27	−13.13	−3.36
1992—1993	421.10	75.06	−388.54	2.89	1.77	−3.17	−9.11
1993—1994	510.65	−0.31	−398.39	2.79	1.59	−9.58	−6.75
1994—1995	327.24	12.19	−236.77	2.10	1.25	0.85	−6.86
1995—1996	412.81	14.34	−298.73	3.54	6.30	−31.59	−6.67
1996—1997	−3,390.07	−45.48	3,282.56	−40.19	−76.18	118.57	250.80
1997—1998	3,269.38	−876.26	−4,028.24	56.02	110.61	−129.40	1,697.90
1998—1999	−350.32	29.91	432.06	−6.16	−12.64	−4.31	11.47

表5.10(續)

年度區間	$\dfrac{\Delta CO_{2G}}{\Delta CO_2}$	$\dfrac{\Delta CO_{2\beta}}{\Delta CO_2}$	$\dfrac{\Delta CO_{2E_{PG}}}{\Delta CO_2}$	$\dfrac{\Delta CO_{2P}}{\Delta CO_2}$	$\dfrac{\Delta CO_{2\delta}}{\Delta CO_2}$	$\dfrac{\Delta CO_{2E_{LP}}}{\Delta CO_2}$	$\dfrac{\Delta CO_{2\alpha}}{\Delta CO_2}$
1999—2000	97.84	3.32	27.91	0.93	1.94	-0.13	-31.81
2000—2001	-168.97	16.66	321.13	-1.50	-3.20	-2.84	-61.28
2001—2002	90.24	-4.59	5.08	0.84	1.78	4.94	1.72
2002—2003	60.16	8.22	15.02	0.39	0.82	7.89	7.50
2003—2004	93.95	1.86	-4.36	0.43	0.73	9.12	-1.73
2004—2005	86.33	9.94	-6.16	0.43	0.69	6.59	2.18
2005—2006	287.22	15.87	-225.18	1.20	2.25	17.54	1.11
2006—2007	155.04	-5.91	-56.83	0.49	1.01	8.37	-2.16
2007—2008	545.22	4.97	-423.60	2.06	2.83	8.36	-39.85
2008—2009	146.57	-28.76	-28.85	1.08	1.70	10.39	-2.12
2009—2010	336.59	13.00	-221.37	1.20	1.94	2.07	-33.43
2010—2011	198.54	-1.23	-115.77	0.70	0.75	9.94	7.07
2011—2012	398.26	-77.34	-166.38	2.59	2.26	27.06	-86.45
平均貢獻	235.22	-36.86	-154.01	3.96	4.25	-3.40	50.84

隨著城市化進程加快，城市人口比重增加，城市人口耗能增加，農村地區人口也會因技術進步、生活水平改善而消耗更多能源，比如「家電下鄉」等一系列活動，改善了農村人口生活質量，同時也增大了農村人口對能源的消耗。一方面，由於城市與鄉村地區的生活耗能都在增加，另一方面由於城市生活耗能基數大、增速慢、增幅較弱，而農村生活能源消耗基數小、增速快、增幅明顯，因此城鄉人口結構比例的變化並沒有體現出強有力的驅動，其平均貢獻率為僅為-3.4%；關於生活水平效應需要說明的是，人均能耗指標的提高只是反應生活水平的一個方面，而非全部。生活水平的提高也就意味著在滿足維持最低生存標準的基礎上不斷豐富自己的生活，比如佔有更多財富、消耗更多食物、使用更多能源（各種便利的電器等）等。從使用更多能源的表現出發將人均生活能耗作為評判生活水平的一個標準在這裡是合理的，同時也是可以通過模型便於分解計算的。隨著人口規模的不斷擴大，人口對生活能源的需求越大。在其他條件不變的情況下，並且在生活水平普遍提高的假設下，二氧化碳的排放量必然會伴隨人口總規模的擴大而擴大。從這個意義上說，生活水平效應的正向驅動力源自人口規模效應。同時生活水平效應的正向驅動力與我國人口增速放緩、人口生活品質上升有關，其最大貢獻率曾達到1,697.90%，其平均貢獻度達到50.84%，因此從整體上看它是二氧化碳減排的一個重要因素之一。

綜上所述，由於各個二氧化碳排放驅動因素驅動方向不同，但通過我們分析發現可以通過降低正向驅動因素的貢獻率和增強負向驅動因素的驅動力來達到二氧化碳減排的目標。如對產業結構進行進一步調整，將第二產業的占比繼續降低，提高第三產業比重，大力發展低碳產業，如在虛擬經濟產業領域加大投入，使 GDP「重量」減輕。

5.4　隱含碳排放驅動因素實證研究

在分析了中國二氧化碳排放的驅動因素之後，本節根據二氧化碳排放驅動因素的 LMDI 分解模型，進一步對基於 Kaya 恆等式的二氧化碳驅動因素分解模型進行設計，將考察對象變換為隱含碳排放驅動因素的分解分析，從而更加完整地研究二氧化碳排放的驅動因素。

5.4.1　模型構建

5.4.1.1　總體隱含碳排放分解模型

參照前節碳排放驅動因素分解模型，根據研究需要將總體隱含碳排放模型設計如下：

$$CO_2^r = CO_{2I}^r + CO_{2L}^r = \sum_i CO_{2Ii}^r + \sum_k CO_{2Lk}^r \qquad (5.32)$$

上式中 CO_2^r 代表總隱含碳排放；CO_{2Ii}^r 代表生產過程中第 i（第1、2、3產業）部門所產生的隱含碳排放，I 代表 Industry；CO_{2Lk}^r 代表由 k（城鎮、農村）居民消費而引起的隱含碳排放，L 代表 Livehood。

$$\Delta CO_2^r = \Delta CO_{2I}^r + \Delta CO_{2L}^r = \sum_i \Delta CO_{2Ii}^r + \sum_k \Delta CO_{2Lk}^r \qquad (5.33)$$

由式（5.2）～（5.12）計算產業隱含碳排放及生活部門隱含碳排放。需要注意的是，在這裡分別計算產業部門隱含碳和生活部門隱含碳排放時式（5.12）中的 Y 分別為中間使用項和最終消費中的城鄉居民消費項。

5.4.1.2　經濟增量效應驅動因素擴展模型實證分析

為了進一步研究經濟運行各要素中哪一些要素實質性地對隱含碳排放變動發生影響，繼續對已經分為生產過程和生活過程的隱含碳排放進行分解。分解同樣以 Kaya 恆等式為基礎，採取 LMDI 指數分解法。

（1）生產隱含碳排放驅動因素擴展分解模型。

根據式（5.32），將生產過程隱含碳排放繼續分解，用表達式（5.34）表

示如下：

$$CO_{2I}^e = \sum_i \Delta CO_{2E}^e = \sum_i M \cdot \frac{M_i}{M} \cdot \frac{Y_i}{M_i} \cdot \frac{CO_{2Ii}^e}{Y_i} = M \cdot m \cdot \gamma \cdot \varepsilon \quad (5.34)$$

式中下角標 I 即 *Industry* 表示產業生產過程，CO_{2I}^e 表示生產過程隱含碳排放；$i=1，2，3$ 分別表示第一、二、三次產業；M（GDP）表示產業總增加值，表現經濟規模變化對隱含碳排放變化的影響；$m=M_i/M$ 表示第 i 產業增加值占總增加值比重，表現經濟結構；Y_i 表示第 i 產業中間投入，$m=M_i/M$ 表示投入產出比，表現生產效率；$\varepsilon=CO_{2Ii}^e/Y_i$ 表示第 i 產業每單位中間投入所引起的隱含碳排放，表示產業生產過程隱含碳排放率。

$$\Delta CO_{2I}^e = \Delta CO_{2M}^e + \Delta CO_{2m}^e + \Delta CO_{2\gamma}^e + \Delta CO_{2\varepsilon}^e + \Delta CO_{2Irsd}^e \quad (5.35)$$

$$\Delta CO_{2M}^e = \sum_i \frac{CO_{2Ii}^{et} - CO_{2Ii}^{e0}}{\text{Ln}CO_{2Ii}^{et} - \text{Ln}CO_{2Ii}^{e0}} \cdot \text{Ln}\frac{M^t}{M^0} \quad (5.36)$$

$$\Delta CO_{2m}^e = \sum_i \frac{CO_{2Ii}^{et} - CO_{2Ii}^{e0}}{\text{Ln}CO_{2Ii}^{et} - \text{Ln}CO_{2Ii}^{e0}} \cdot \text{Ln}\frac{m_i^t}{m_i^0} \quad (5.37)$$

$$\Delta CO_{2\gamma}^e = \sum_i \frac{CO_{2Ii}^{et} - CO_{2Ii}^{e0}}{\text{Ln}CO_{2Ii}^{et} - \text{Ln}CO_{2Ii}^{e0}} \cdot \text{Ln}\frac{\gamma_i^t}{\gamma_i^0} \quad (5.38)$$

$$\Delta CO_{2\varepsilon}^e = \sum_i \frac{CO_{2Ii}^{et} - CO_{2Ii}^{e0}}{\text{Ln}CO_{2Ii}^{et} - \text{Ln}CO_{2Ii}^{e0}} \cdot \text{Ln}\frac{\varepsilon_i^t}{\varepsilon_i^0} \quad (5.39)$$

式（5.35）~（5.39）中 ΔCO_{2M}^e 代表當期相對基期的生產部門經濟增加值的總效應；ΔCO_{2m}^e 表示當期相對於基期的經濟結構效應；$\Delta CO_{2\gamma}^e$ 表示當期相對於基期的經濟效率效應；$\Delta CO_{2\varepsilon}^e$ 表示當期相對於基期的隱含碳排放效率效應；ΔCO_{2Irsd}^e 為因素分解殘差項，在 LMDI 分解中其值為零。

（2）生活隱含碳排放驅動因素擴展分解模型。

$$CO_{2L}^e = \sum_k \Delta CO_{2Li}^e = \sum_k P \cdot \frac{P_k}{P} \cdot \frac{X_k}{P_k} \cdot \frac{CO_{2Lk}^e}{X_k} = P \cdot p \cdot \chi \cdot \lambda \quad (5.40)$$

式（5.40）中下角標 L 即 *Livehood*，表示城鄉居民生活，CO_{2L}^e 表示城鄉居民生活所產生的隱含碳排放；$k=U，R$ 分別表示城市居民和農村居民；P 表示總人口，表現人口規模對隱含碳排放變化的影響；$p=P_k/P$ 表示 k 人口占總人口比例，表現人口結構變化對隱含碳排放變化的影響；$\chi=X_k/P_k$ 表示 k 人口人均消費量，表現人口生活水平；$\lambda=CO_{2Lk}^e/X_k$ 表示每一單位消費所引致的隱含碳排放，表現出生活過程隱含碳排放率，即生活方式進步效應。

$$\Delta CO_{2L}^e = \Delta CO_{2P}^e + \Delta CO_{2p}^e + \Delta CO_{2\chi}^e + \Delta CO_{2\lambda}^e + \Delta CO_{2Lrsd}^e \quad (5.41)$$

$$\Delta CO_{2P}^r = \sum_k \frac{\Delta CO_{2Lk}^{et} - CO_{2Lk}^{e0}}{\text{Ln} CO_{2Lk}^{et} - \text{Ln} CO_{2Lk}^{e0}} \cdot \text{Ln} \frac{P^t}{P^0} \tag{5.42}$$

$$\Delta CO_{2p}^r = \sum_k \frac{\Delta CO_{2Lk}^{et} - CO_{2Lk}^{e0}}{\text{Ln} CO_{2Lk}^{et} - \text{Ln} CO_{2Lk}^{e0}} \cdot \text{Ln} \frac{P_k^t}{P_k^0} \tag{5.43}$$

$$\Delta CO_{2\chi}^r = \sum_k \frac{\Delta CO_{2Lk}^{et} - CO_{2Lk}^{e0}}{\text{Ln} CO_{2Lk}^{et} - \text{Ln} CO_{2Lk}^{e0}} \cdot \text{Ln} \frac{\chi_k^t}{\chi_k^0} \tag{5.44}$$

$$\Delta CO_{2\Lambda}^r = \sum_k \frac{\Delta CO_{2Lk}^{et} - CO_{2Lk}^{e0}}{\text{Ln} CO_{2Lk}^{et} - \text{Ln} CO_{2Lk}^{e0}} \cdot \text{Ln} \frac{\lambda_k^t}{\lambda_k^0} \tag{5.45}$$

式（5.41）~（5.45）中 ΔCO_{2P}^r 代表當期相對於基期的人口規模效應；ΔCO_{2p}^r 表示當期相對於基期的人口結構效應；$\Delta CO_{2\chi}^r$ 表示當期對於基期的生活水平效應；$\Delta CO_{2\Lambda}^r$ 表示當期相對於基期的生活隱含碳排放效率效應；ΔCO_{2Lrsd}^r 為因素分解殘差項，在 LMDI 分解中其值為零。

5.4.1.3 隱含碳排放驅動因素疊加模型實證分析

在完成了對生產過程隱含碳排放因素分解以及生活過程隱含碳排放因素分解的基礎上，我們可以建立最終的隱含碳排放驅動因素疊加模型，並且從整體上對造成隱含碳排放量變化的細微因素進行探討。

根據式（5.33）有如下隱含碳排放疊加因素模型表達式：

$$\Delta CO_2^r = \Delta CO_{2I}^r + \Delta CO_{2L}^r$$
$$= \Delta CO_{2M}^r + \Delta CO_{2m}^r + \Delta CO_{2s}^r + \Delta CO_{2e}^r + \Delta CO_{2P}^r + \Delta CO_{2p}^r + \Delta CO_{2\chi}^r + \Delta CO_{2\Lambda}^r$$
$$\tag{5.46}$$

5.4.2 數據來源及說明

該部分主要分析隱含碳排放驅動因素，數據來源主要是各年度《中國統計年鑑》、1990—2010 年投入產出表數據，缺失數據根據《新中國 60 年統計資料匯編》補齊。隱含碳排放量根據式（5.3）~（5.11）計算所得。對第 4 章所劃分的 29 個部門進行合併，合併依據是國民經濟三次產業標準，即第一產業、第二產業和第三產業。能源為煤炭、焦炭、原油、汽油、煤油、柴油、燃料油和天然氣。二氧化碳排放係數仍然參考 IPCC2006 推薦值。由於使用統一的碳排放係數進行計算，隱含碳排放的碳排放係數效應為 0。總投入為中間消費加上最終使用中部分項，排除了政府消費項、固定資本形成項、存貨調整項、資本形成總額項、進口項、出口項以及其他項，僅包含城鎮人口消費項和農村人口消費項，且投入按照中間投入項記，不含勞動者報酬、生產稅淨額、固定資產折舊以及營業盈餘等增加值項。需要說明的是，由於投入產出表編製

的時間跨度較大，相對於連續時間序列的數據研究，精度有所欠缺。

5.4.3 中國隱含碳排放驅動因素實證分析

5.4.3.1 隱含碳排放變動因素擴展分解模型的實證分析

根據式（4.3）~（4.12）計算所得的數據如表 5.11 所列：

表 5.11　1990—2010 年生產部門及生活部門隱含碳排放量（萬噸）

年份	$\Delta CO_{2/1}^c$	$\Delta CO_{2/2}^c$	$\Delta CO_{2/3}^c$	ΔCO_{2LU}^c	ΔCO_{2LR}^c	ΔCO_2^c
1990—1992	12,722.12	-44,926.68	118,744.09	13,918.25	-3,884.12	96,573.66
1992—1995	-9,101.96	4,762,825.43	233,649.86	1,535,755.52	1,019,003.31	7,542,132.17
1995—1997	-547.20	423,328.44	78,198.52	-224,912.82	1,077.50	277,144.44
1997—2000	-17,127.12	-530,369.43	-128,686.25	-21,315.40	-161,671.51	-859,169.72
2000—2002	-9,660.28	-531,332.14	-133,994.15	-201,784.62	-585,806.19	-1,462,577.38
2002—2005	17,622.07	5,336,661.27	378,441.72	-377,822.77	-383,406.88	4,971,495.41
2005—2007	6,115.88	8,934,568.78	67,823.13	3,775,536.85	1,279,697.63	14,063,742.27
2007—2010	21,049.95	-13,700,716.22	851,482.19	-2,997,472.47	-922,165.43	-16,747,821.98

根據表 5.11 可以繪製出隱含碳排放驅動因素圖。隱含碳排放驅動第一層次分類可以分為三次產業因生產活動所造成的隱含碳排放以及城市人口以及農村人口因消費活動而產生的隱含碳排放，詳見圖 5.7。

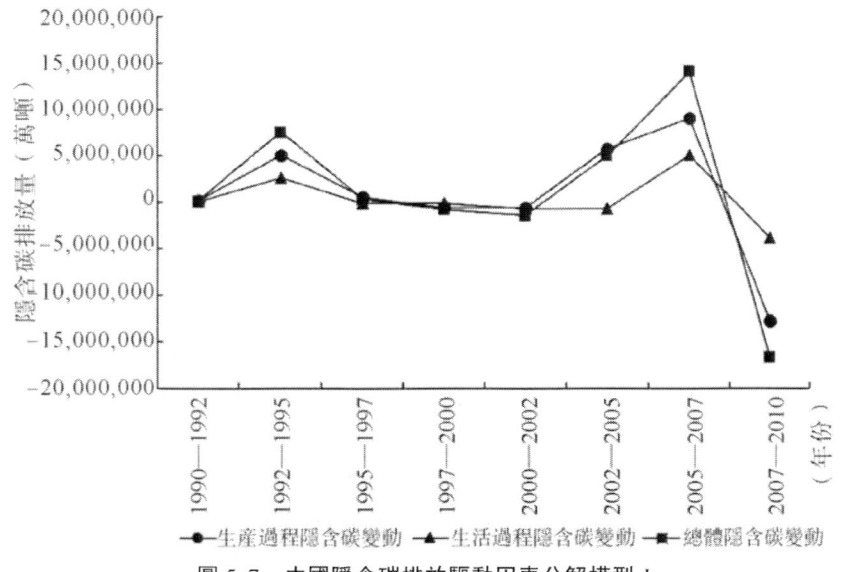

圖 5.7　中國隱含碳排放驅動因素分解模型 I

從圖 5.7 可以看出中國隱含碳排放量在生產隱含碳排放和生活隱含碳排放兩個主要因素的影響下，在考察期間 1990—1997 年表現出較為平緩的變化趨勢，而在 2000—2010 間開始出現較為明顯的變化。1997—2002 年中國隱含碳排放的主要正向驅動來源於生活隱含碳的排放，2000—2007 年這一主要驅動變為了生產過程的隱含碳排放。在生產過程與生活過程隱含碳排放因素共同的作用下，中國整體隱含碳排放呈現出如圖 5.7 中的形態，在考察期間 1995—2002 呈現出較為平和的變化趨勢，而在 2002 年之后開始有所上升，並在 2007 年之后開始逐漸降低。

進一步將三次產業隱含碳排放分為第一、第二、第三產業分量，將城鄉居民生活劃分為城鎮居民和農村居民生活隱含碳排放。從圖 5.8 可以發現第二產業隱含碳排放以及城市居民生活隱含碳排放是驅動中國總體隱含碳排放變化因素中較為活躍的因素。第二產業的生產過程為生產過程隱含碳排放的主要貢獻因素，城鎮人口隱含碳排放變動因素是生活過程隱含碳排放的主要貢獻因素。而對於圖 5.8 所示情況，可以通過對生產過程隱含碳排放以及生活過程隱含碳排放進行 LMDI 分解來進一步說明。

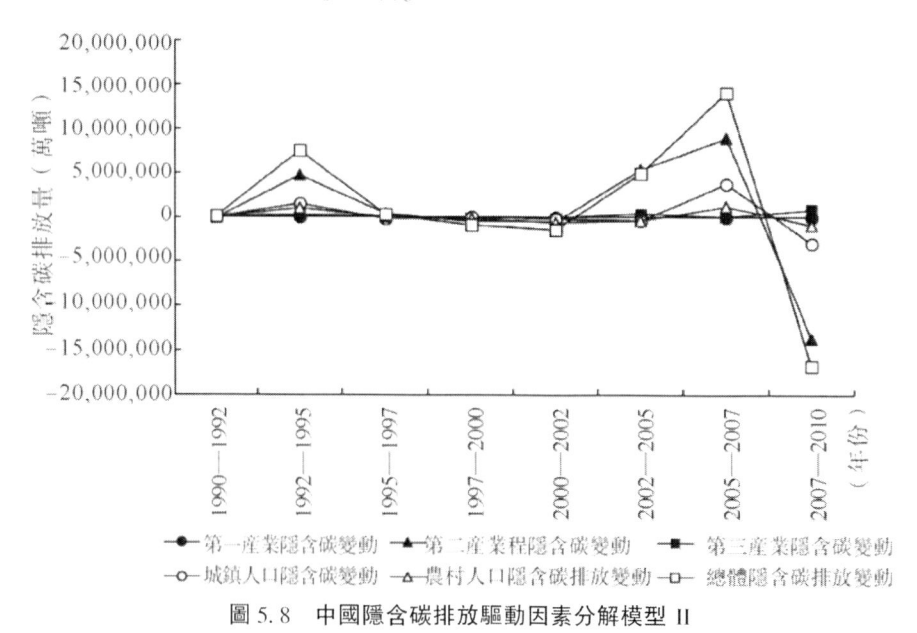

圖 5.8　中國隱含碳排放驅動因素分解模型 II

（1）生產隱含碳排放驅動因素擴展分解模型。

根據式（5.36）~（5.39）以及 1990—2010 年各區間年度生產部門隱含碳排放數據（如表 5.12 所示），繪製圖 5.9。

表 5.12　　　　　　1990—2010 年生產隱含碳排放變化量表

年份	ΔCO_{2m}^c	ΔCO_{2m}^c	$\Delta CO_{2\gamma}^c$	$\Delta CO_{2\varepsilon}^c$	ΔCO_{2l}^c
1990—1992	506,326.78	43,223.54	140,241.44	-603,252.23	86,539,528.15
1992—1995	2,438,016.23	217,657.56	109,848.36	2,221,851.18	4,987,373.338
1995—1997	1,569,419.12	151,120.13	-446,279.89	-773,279.61	500,979.756,7
1997—2000	1,272,048.13	64,378.36	543,988.38	-2,556,597.67	-676,182.801,1
2000—2002	1,587,493.91	-657,845.03	-304,786.39	-1,299,849.06	-674,986.573,2
2002—2005	-4,480,008.61	-2,859,468.09	3,117,169.36	9,955,032.41	5,732,725.062
2005—2007	20,427,828.79	7,240,353.03	-1,775,075.43	-16,884,598.61	9,008,507.786
2007—2010	4,641,834.39	505,142.53	-965,609.43	-17,009,551.57	-12,828,184.09

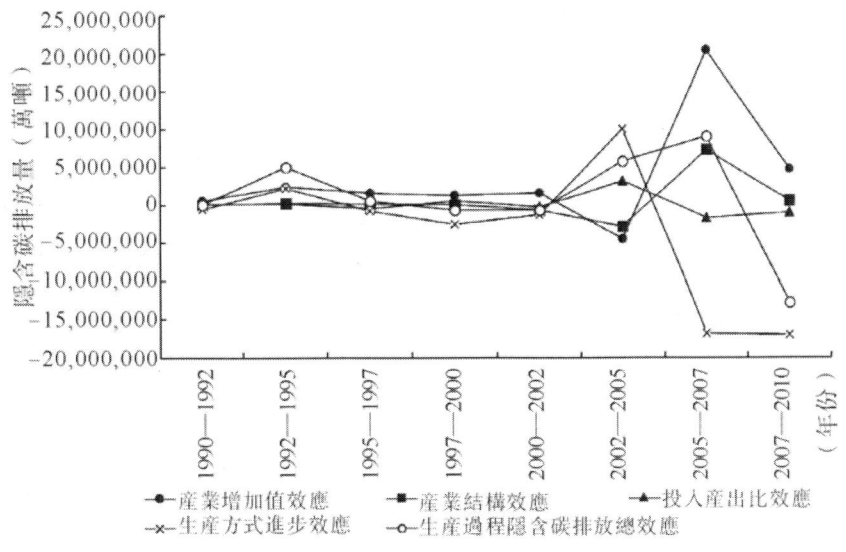

圖 5.9　生產隱含碳排放驅動因素擴展分解模型

從圖 5.9 可以看出，增加值效應除 2002—2005 年呈負向驅動外，其餘年份均呈現出對隱含碳排放變化的正向驅動。這一點符合理論分析，即經濟規模越大，生產的產品越多，隱含碳排放也應該越多；從產業結構效應來看，由於第二產業比重自 1978 年以來一直呈現出較為緩慢的增長，並始終維持在 45% 左右，而第一產業占比和第三產業占比幾乎對調，從本章第二節的分析也可以看出，驅動生產過程隱含碳排放變化的主要成分是第二產業。因此第二產業在國民經濟中的占比變化不大，反應在圖 5.9 中即為較為緩和且方向不明的驅動力，2002—2005 與 2005—2007 兩個區間年度呈現出負向驅動，而其餘年份均

呈現出正向驅動力。投入產出比反應的是生產過程中生產效率的提高，包括生產流程是否簡化、人力資源是否得到充分利用等方面，而目前生產過程中仍然存在生產效率不高的問題，包括高效率設備的低效率使用、人員冗余等。理論上投入產出比的不斷提高所反應的是生產部門生產效率的提高，因此可以有效減少生產過程中的隱含碳排放。而通過實際的數據分析發現，1995—1997、2000—2002、2005—2007 以及 2007—2010 這四個區間年度投入產出比效應呈現出負向驅動，而其餘年份則呈現出正向驅動；單位中間投入隱含碳排效應反應生產部門的技術進步，在技術進步的情況下，通過縮短、優化生產流程以及提高生產效率可以有效減少隱含碳排放，但實際上在部分年度區間也呈現出正向驅動，這主要是由於技術進步速度放緩，同時由於經濟總量的不斷攀升，技術進步所帶來的負向驅動難以抵消由於經濟總量增長所帶來的隱含碳排放；2000 年之後由於全球經濟回暖以及中國加入世界貿易組織等因素，國內產業發展迎來新一輪的增長。因此，從圖上可以看出 2000 年之後各指標都經歷了比較大幅度的變化，而其中有的驅動因素呈現出正負向驅動交替出現的情況。關於這一點，除開經濟運行整體上波動較大以外，造成各指標正負向驅動不明的原因還有可能是年度劃分較為粗略（2~3 年為一個區間）。

表 5.13　　　　1990—2007 年隱含碳排放產業增加值效應、
產業結構效應、投入產出比效應及技術進步效應貢獻率（%）

年份	$\dfrac{\Delta CO_{2M}^e}{\Delta CO_{2I}^e}$	$\dfrac{\Delta CO_{2m}^e}{\Delta CO_{2I}^e}$	$\dfrac{\Delta CO_{2y}^e}{\Delta CO_{2I}^e}$	$\dfrac{\Delta CO_{2e}^e}{\Delta CO_{2I}^e}$
1990—1992	2.091,8	0.178,6	0.579,4	-2.492,2
1992—1995	0.461,5	0.041,2	0.020,8	0.420,6
1995—1997	2.024,7	0.195,0	-0.575,8	-0.997,6
1997—2000	5.775,5	0.292,3	2.469,9	-11.607,7
2000—2002	0.404,5	-0.167,6	-0.077,7	-0.331,2
2002—2005	-1.279,2	-0.816,4	0.890,0	2.842,4
2005—2007	2.793,7	0.990,2	-0.242,8	-2.309,1
2007—2010	-0.823,6	-0.089,6	0.171,3	3.018,0
平均貢獻率	1.431,1	0.077,9	0.404,4	-1.432,1

從各驅動因素的貢獻率來看，產業增加值效應在 1990—2002 區間年度呈現正向的驅動力，而在 2002 年之後的區間年度則呈現出負向驅動力，並且力

度在不斷加大。由於國際經濟環境以及國內經濟環境時好時壞,以製造業為主要力量的第二產業在 2002—2007 區間年度的發展並不是一帆風順的,產業增加值也並未如以前年度那樣呈現出一致性的增加,且次年增加值高於前一年增加值,這也是導致在計算結果中出現貢獻率為負的原因之一。因此總體隱含碳排放和產業隱含碳排放在各個區間年度變化並非呈現出一種一致性增加的趨勢,而是伴隨著經濟環境、技術水平變化等因素呈現出非一致性趨勢。

對於產業結構貢獻率,隨著三次產業結構的不斷調整,農業比重逐年降低,第三產業占比逐年增加,而第二產業占比幾乎維持不變。在這樣的情況下由於第三產業的快速發展,作為產業鏈末端的第三產業隱含碳排放占比逐年增大。但結合第四章的研究內容,也發現第三產業的增加值占比同樣也是非常高的,也即是說,第三產業在產生大量隱含碳的同時也產出了大量的經濟效益。從 1990—2010 各區間年度的貢獻率來看,其中僅 2000—2002、2002—2005、2007—2010 三個區間年度產業結構效應的隱含碳排放驅動力為負,其餘區間年度內其貢獻率均為正向,這一點與我們第 4 章所得出結論的基本一致。產業鏈條伴隨第三產業比重不斷增加而延長,進而增加隱含碳排放的。在較高的第三產業占比情況下進一步較大幅度的增加第二產業比重和壓縮第三產業比重是無法實現的,同時也有悖於建設現代化國家的要求。因此,能夠在變化較為微小的產業結構基礎上優化產業內部結構是最為有效的提高經濟效率和減少隱含碳排放的方法。隨著產業結構的合理化,產業內部資源配置、協作運行效率的提高將減少隱含碳排放,可能導致產業結構效應對隱含碳排放呈現出負向的驅動。

投入產出比反應經濟效益和生產效率,並最終反應出生產力的提高與否。從圖 5.9 可以看出,在四個年份連續兩個區間年度呈現出正向驅動,這意味著隨著投入產出比的提高,生產過程中由於企業生產效率的提高隱含碳排放量將增加。這與理論上生產效率提高將減少生產過程的隱含碳排放結果相悖。究其原因可能與大量先進生產設備的使用、高就業率的低水平就業、新能源的生產及使用、產品質量提高的要求等有關。先進設備的使用需要更多的能源消耗以及新的、更高品質中間材料的投入,高就業率在一定程度上迫使從業人員犧牲工作效率,新能源在使用過程中的低碳並不意味著其在生產過程中也低碳,而低碳環保的「面子工程」容易導致新能源的低碳使用與高碳製造本末倒置。國內外市場對於高品質的需求在技術水平有限、需求量大的情況下仍然依靠傳統生產工藝的改進來滿足。儘管從可能性上看高質量的產品可能需要一定量的碳排放進行支撐,但是從邏輯上高品質產品並非必須高碳排放,這還需要進一

步的研究。因此在改變傳統生產方式、生產技術、生產設備的情況下，投入產出比的提高並未實質上地減少生產過程中的隱含碳排放。

反應技術進步的單位中間投入隱含碳排放效應對生產過程中的隱含碳排放呈現出正向驅動，這與技術進步的有限性分不開。儘管我們可以看到科技水平日新月異，幾乎每天都有新技術產生，但是實際上能很快進入生產領域的技術很少，大量的專利技術僅停留在註冊階段，同時受到專利期限的保護並沒有實際進入生產領域。同時，在技術發明、創新階段，低碳環保並非首要考慮因素，因此，綜合這些因素，理論上對隱含碳排放起到負向驅動作用的單位中間投入隱含碳排放效應呈現出正向驅動，需要注意的是這種正向驅動是被動的正向驅動而不是主動的正向驅動。

（2）生活隱含碳排放驅動因素擴展分解模型。

根據式（5.41）～（5.45）以及1990—2010年生活部門隱含碳排放數據（如表5.14所示），繪製圖5.10。

表5.14　　　　1990—2010年生活隱含碳排放變化量表

單位：萬噸

年份	ΔCO_{2P}^r	$\Delta CO_{2P'}^r$	ΔCO_{2X}^r	ΔCO_{2A}^r	ΔCO_{2L}^r
1990—1992	10,358.00	5,465.72	117,856.95	21,831.06	155,511.74
1992—1995	43,544.83	29,082.81	947,748.80	-725,175.16	295,201.28
1995—1997	58,706.68	104,409.79	605,221.92	-494,196.33	274,142.06
1997—2000	66,360.95	118,350.69	335,460.06	376,261.64	896,433.34
2000—2002	28,687.26	73,812.81	200,517.91	4,296,480.95	4,599,498.93
2002—2005	23,930.70	90,129.25	334,160.97	-2,678,618.73	-2,230,397.81
2005—2007	29,340.71	127,366.09	666,895.89	-2,519,978.09	-1,696,375.41
2007—2010	55,858.69	186,481.30	1,033,370.19	5,916,431.67	7,192,141.85

根據圖5.10所示，我們可以看出1990—2010各個區間年，人口規模效應、人口結構效應以及生活水平效應對生活隱含碳排放總效應的影響不是非常明顯，而生活方式進步效應卻與生活隱含碳排放總效應呈現出一致變化。人口規模效應一直呈現出對隱含碳排放變化的正向驅動，其平均貢獻率為5.45%。人口總數的逐年上升意味著人口對能源、糧食、各種產品、娛樂活動等的需求逐年上升，即便人均生活需求的產品（包括非物質產品）數量降低，但隨著總人口規模的上升，總量仍然是不斷擴大的。同時人口對產品的需求量逐年上

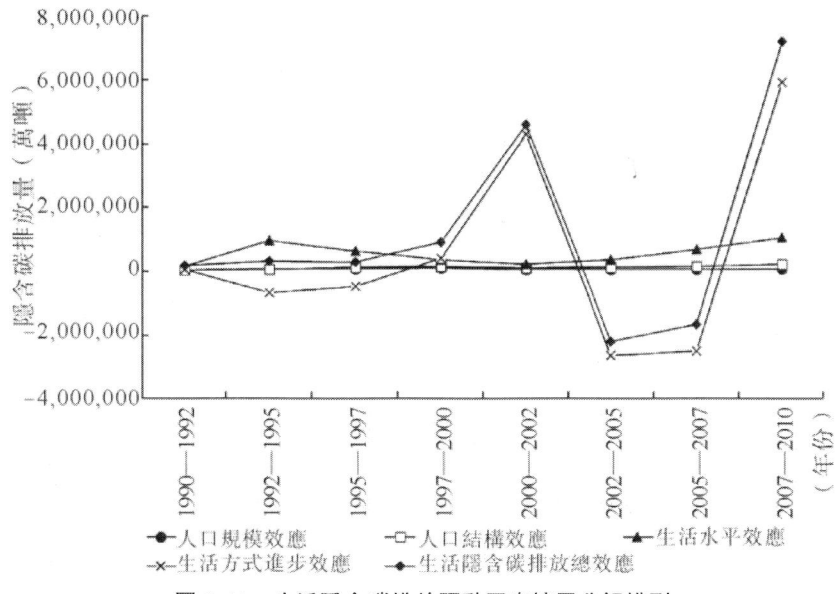

圖 5.10　生活隱含碳排放驅動因素擴展分解模型

升，致使產品總產量上升（均衡狀態下），但是其上升速度卻在減緩，這就使得人口規模的變動在近兩個區間年度內可能呈現出對生活過程隱含碳排放的負向驅動。有理由相信當人口數量與其對各種生活產品的需求量同時呈現出絕對與相對的增加時，人口規模效將對生活過程隱含碳排放產生正向的驅動力。

表 5.15　1990—2007 年隱含碳排放人口規模效應、
人口結構效應、生活水平效應及生活方式進步效應貢獻率（%）

年份	$\dfrac{\Delta CO_{2P}^c}{\Delta CO_{2L}^c}$	$\dfrac{\Delta CO_{2P}^c}{\Delta CO_{2L}^c}$	$\dfrac{\Delta CO_{2X}^c}{\Delta CO_{2L}^c}$	$\dfrac{\Delta CO_{2A}^c}{\Delta CO_{2L}^c}$
1990—1992	0.042,8	0.022,6	0.486,9	0.090,2
1992—1995	0.008,2	0.005,5	0.179,4	−0.137,3
1995—1997	0.075,7	0.134,7	0.780,8	−0.637,6
1997—2000	0.301,3	0.537,3	1.523,1	1.708,3
2000—2002	0.007,3	0.018,8	0.051,1	1.094,8
2002—2005	0.006,8	0.025,7	0.095,4	−0.764,8
2005—2007	0.004,0	0.017,4	0.091,2	−0.344,6
2007—2010	−0.009,9	−0.033,1	−0.183,4	−1.049,7
平均貢獻率	0.054,5	0.091,1	0.378,1	−0.005,1

根據表 5.15 可知，人口結構效應的平均貢獻率約為 9.11%，所有區間年度則呈現出正向的驅動力。一方面，城鄉發展逐漸突破「二元體制」，城鄉生活「軟件」的差異越來越小，城鄉之間人口流動頻率、數量都有所增加；另一方面，隨著城市化進程加速，鄉村不僅被逐漸在地域上擴大的城市所蠶食，也主動地從內部開始向著城鎮的特徵轉變。加之國家政策在養老、醫療、教育等多方面對鄉村的支持，使大量鄉村被城市化，從而也就使統計學意義上的「城市人口」呈現出快速增長趨勢，截至 2007 年，我國城市人口占比為 49.94%，農村人口占比為 50.06%。但同樣由於這種人口結構趨於穩定，在城市化率基數較高的情況下進一步大幅度提高城市人口比是相當困難的，因此也就造成人口結構效應在較長時間內對生活隱含碳排放的負向驅動不太明顯。

隨著經濟環境的改善，我國市場經濟制度的不斷完善以及政府積極的經濟建設思路，我國人民生活水平逐漸提高。儘管各地人口生活水平還存在很大差異，但相比改革開放之前已經有了長足的進步。生活水平的提高主要體現在衣食住行等方面，如對產品的多樣化與質量的要求、對食品的多樣性與安全性需求、對住房的需求、對各種交通工具的需求等。這些需求意味著消費更多的能源和更多的產品，同時也就意味著作為產業鏈最末端的消費行為將帶來更多的隱含碳排放，即生活水平效應正向驅動隱含碳排放。其平均貢獻率僅僅為 -0.51%，這與生活水平提高體現在眾多方面有關，而不像人口規模效應能夠集中而明顯地表現出來。該指標在 1992—1997、2002—2007 區間年度呈現出對生活隱含碳排放的負向驅動，主要由人均消費增長率降低所致。

生活方式進步效應對生活隱含碳排放變動主要起到負向驅動作用。生活方式的進步主要是相對於傳統的生活能源消耗、產品消費以及生活理念而言的。在生活水平達不到一定標準的情況下，居民能源消耗主要以一次能源中的煤炭為主，而隨著城市人口比例逐年提高以及天然氣的普及使用，隱含碳排放相對過去有所減少。同時近年來隨著可持續發展理念深入人心，低碳環保理念、綠色低碳生活理念被廣泛地宣傳和接受，人們在進行消費時受到的環境道德約束相較於過去有所增強。在進行生活用品選擇、生活能源選擇、交通出行方式選擇等方面都更傾向於選擇低碳環保的方式。

在不降低既有生活水準的前提下採取低碳生活方式，有助於從整體上減少隱含碳排放。生活方式的進步讓作為產業鏈終端的消費行為抑制了本身所具有的高隱含碳排放，整體上負向驅動了隱含碳排放變化。例如更多電氣化設備的使用、更多能源的使用、更多產品的消費等。而根據隱含碳的產生以及核算，這也就意味著隱含碳排放的增加。因此，生活方式進步效應成為了影響生活過

程隱含碳排放的主要因素。但值得注意的是，生活方式的進步並不僅僅意味著生活方式的低碳化。生活方式的進步是一個相對概念，其主要思想是更加現代化、更加便利的生活方式。更重要的是，低碳生活是在低碳環保和可持續發展理念支撐下進行的，是從人口的心理活動到實踐活動都有別於傳統生活方式的一種進步表現。

5.4.3.2 隱含碳排放驅動因素疊加模型實證分析

根據表5.12~5.15繪製圖5.11。從圖5.11可以看出，隱含碳排放的總量變化經過生產過程和生活過程分解，可以得到來自8個驅動因素的影響。

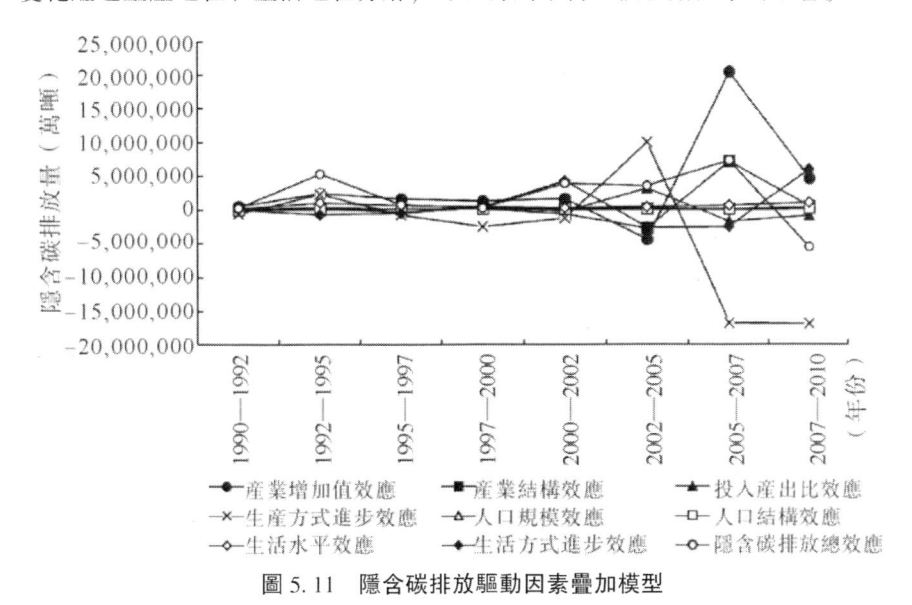

圖5.11 隱含碳排放驅動因素疊加模型

由式（5.46）得到每一個具體分解因素對隱含碳排放所造成的影響以及各個驅動因素在這些影響中的貢獻度（如表5.16所示）。

表5.16　隱含碳排放驅動因素疊加模型驅動因素貢獻度（%）

年份	$\dfrac{\Delta CO_{2M}^{e}}{\Delta CO_{2}^{e}}$	$\dfrac{\Delta CO_{2m}^{e}}{\Delta CO_{2}^{e}}$	$\dfrac{\Delta CO_{2\gamma}^{e}}{\Delta CO_{2}^{e}}$	$\dfrac{\Delta CO_{2\varepsilon}^{e}}{\Delta CO_{2}^{e}}$
1990—1992	2.091,8	0.178,6	0.579,4	-2.492,2
1992—1995	0.461,5	0.041,2	0.020,8	0.420,6
1995—1997	2.024,7	0.195,0	-0.575,8	-0.997,6
1997—2000	5.775,5	0.292,3	2.469,9	-11.607,7

表5.16(續)

年份	$\dfrac{\Delta CO_{2M}^e}{\Delta CO_2^e}$	$\dfrac{\Delta CO_{2m}^e}{\Delta CO_2^e}$	$\dfrac{\Delta CO_{2y}^e}{\Delta CO_2^e}$	$\dfrac{\Delta CO_{2s}^e}{\Delta CO_2^e}$
2000—2002	0.404,5	-0.167,6	-0.077,7	-0.331,2
2002—2005	-1.279,2	-0.816,4	0.890,0	2.842,4
2005—2007	2.793,7	0.990,2	-0.242,8	-2.309,1
2007—2010	-0.823,6	-0.089,6	0.171,3	3.018,0
平均貢獻	1.431,1	0.077,9	0.404,4	-1.432,1

年份	$\dfrac{\Delta CO_{2P}^e}{\Delta CO_2^e}$	$\dfrac{\Delta CO_{2p}^e}{\Delta CO_2^e}$	$\dfrac{\Delta CO_{2x}^e}{\Delta CO_2^e}$	$\dfrac{\Delta CO_{2\lambda}^e}{\Delta CO_2^e}$
1990—1992	0.042,8	0.022,6	0.486,9	0.090,2
1992—1995	0.008,2	0.005,5	0.179,4	-0.137,3
1995—1997	0.075,7	0.134,7	0.780,8	-0.637,6
1997—2000	0.301,3	0.537,3	1.523,1	1.708,3
2000—2002	0.007,3	0.018,8	0.051,1	1.094,8
2002—2005	0.006,8	0.025,7	0.095,4	-0.764,8
2005—2007	0.004,0	0.017,4	0.091,2	-0.344,6
2007—2010	-0.009,9	-0.033,1	-0.183,4	-1.049,7
平均貢獻	0.054,5	0.091,1	0.378,1	-0.005,1

　　隱含碳排放驅動因素在不同時期表現出不同的強度。2000年之前各驅動因素對隱含碳排放的影響不明顯，2000年之後各驅動因素出現較大幅度的變化，引起隱含碳排放的大幅度變化。與分解模型中所得出的結果一樣，生產過程中的各個效應相對於生活過程中的各個效應更加活躍。

　　結合上述分析，得出如下結論：

　　第一，中國低碳化發展需要更加全面地考察碳排放，盡早將隱含碳排放核算納入正式的碳排放核算指標。擴大隱含碳排放研究領域，將生產和生活過程中所產生的隱含碳排放作為碳減排問題要考慮的一個重要方面。這樣有助於更加全面認識中國低碳建設進展，規劃長遠的低碳建設目標以及實施低碳建設手段。

　　第二，中國隱含碳排放中生產過程所貢獻的隱含碳排放高於生活過程的隱

含碳排放。重視生產過程的隱含碳減排與一般意義上的碳減排同樣重要。通過生產環節的有效控制不僅可以有效控制隱含碳排放，而且可以為狹義上的碳減排打好基礎。

　　第三，分別從生產過程隱含碳排放與生活過程隱含碳排放兩個層面看。在經濟規模、產業結構、生產效率以及生產方式進步這四個生產過程隱含碳排放的驅動要素中，生產方式進步是造成生產過程隱含碳排放最為突出的驅動因素。而總體上對整體隱含碳排放貢獻相對較弱的生活過程隱含碳排放驅動因素中，人口規模、人口結構、生活水平這三個驅動因素的驅動力相對較弱，而生活方式進步因素是生活過程中最為突出的隱含碳驅動因素。

　　根據結論，我們認為要更好、更快地發展國內低碳經濟，同時又要肩負國際責任，並且在全球化背景下爭取到有利的國際地位，獲得並保持國家優勢地位需要從以下兩個方面入手：

　　首先，全面認識碳排放，建立更加完備、科學的碳排放量評價體系。有效降低碳排放的前提是準確尋找碳排放源頭。既有的碳減排研究從比較直觀的角度核算碳排放量以及發現碳排放源頭，但忽略了包括生產和生活過程在內的隱含碳排放。對隱含碳排放的長期忽略將使碳減排的努力收效減弱，無法實現更快、更好的低碳社會建設。將隱含碳排放測算納入碳排放測算體系將更加全面地反應出我國碳排放的真實情況，同時在計算和控制碳強度方面將更具有說服力。這對於未來建設低碳國家、低碳社會、低碳經濟將是一項有益的嘗試。

　　其次，重視生產過程與生活過程的全面碳減排。生產方式的進步有別於過去單純的在生產過程中採用新設備、新技術進行生產，通過降低能源消耗和提高能源能使用效率等傳統手段來達到碳減排目的。生產方式的進步不僅包括低碳生產技術的創新與應用，更重要的是還包括科學的工業企業組織和管理體系、科學的生產流程規劃、低碳產品設計創新等在內的一系列措施，是一個綜合性的概念，其更加反應出時代特徵以及現實的需要，是我國在建設低碳社會前提下增強自身實力、具備國際優勢競爭力的重要途徑。生活方式進步有別於單純的生活水平提高，除開具備生活水平提高的基本特徵外，生活方式的進步還更加注重對人的低碳理念的培養、低碳生活行為的培養，生活方式的進步意味著消耗更少的能源、產生更少的生活垃圾等。比起單純從利用經濟槓桿提高人們生活水平的角度而言，注重對普通大眾的低碳教育，使人們具備更高的低碳素質，引導和鼓勵生活方法的進步是我國建設低碳社會的根本手段。因此，積極探索生產以及生活方式的進步方式和形態將是我國走可持續發展道路、發展低碳經濟、建設低碳社會的重要選擇。

綜上所述，中國未來低碳化發展，包括建設低碳城市、發展低碳社會、走人與自然可持續發展之路，不僅僅要跟隨發達國家腳步，更應該有突破和創新，從各個方面進行全方位的碳減排創新。由於投入產出表編製的跨度較大，且存在比較嚴重的滯后性，因此研究的時效性還有待改善。同時，因為計算隱含碳排放量中所需要的完全需求系數是通過計算得來的，所以在計算最終隱含碳排放時可能會出現驅動因素起伏較大和正負突變的情況。這一點從繪製的圖形也可以看出。從研究的具體情況看，隱含碳排放變動在統計學意義上的趨勢性不強，波動性是其特徵，其未來走向還有待時間的檢驗。但從其產生的過程和核算原理來看，在發展低碳經濟和走可持續發展之路時，隱含碳排放問題是無法忽視的。隨著隱含碳排放問題受到越來越多的關注，針對隱含碳測算與趨勢的研究還將繼續深入。

5.5　本章小結

本章試圖通過對驅動中國碳排放變動與隱含碳排放變動的因素進行分解來分析中國未來低碳城市建設過程中的戰略決策。

首先，利用 Kaya 恒等式和 LMDI 方法構建通常意義上的碳排放驅動因素分解模型：$CO_2 = \sum_i CO_{2i} = \sum_i E \cdot \frac{E_i}{E} \cdot \frac{CO_{2i}}{E_i} = \sum_i E \alpha_i C_{Ei}$。由於各個二氧化碳排放驅動因素驅動方向不同，可以通過降低正向驅動因素的貢獻率和提高負向驅動因素的驅動力來達到 CO_2 減排的目標。如對產業結構進行進一步調整，將第二產業的占比繼續降低，提高第三產業比重，大力發展低碳產業，如在虛擬經濟產業領域加大投入，使 GDP「重量」減輕。

其次，利用同樣的方法，通過公式的重新分解，構建中國隱含碳排放變化驅動因素分解模型：$CO_2^r = CO_{2I}^r + CO_{2L}^r = \sum_i CO_{2Ii}^r + \sum_k CO_{2Lk}^r$，其中 $CO_{2I}^r = \sum_i M \cdot \frac{M_i}{M} \cdot \frac{Y_i}{M_i} \cdot \frac{CO_{2Ii}^r}{Y_i}$，$CO_{2L}^r = \sum_k \cdot \frac{P_k}{P} \cdot \frac{X_k}{P_k} \cdot \frac{XO_{2Lk}^r}{X_k}$。通過這樣的分解與疊加將中國隱含碳排放變化的驅動因素分為 2 大層次 8 個因素，即生產過程層面的經濟規模、產業結構、投入產出比、生產方式進步以及生活層面的人口規模、人口結構、生活水平以及生活方式進步。

最后，在實證分析的基礎上得出了相關的結論。分別從生產過程隱含碳排放與生活過程隱含碳排放兩個層面看：經濟規模、產業結構、生產效率以及生

產方式進步這四個生產過程隱含碳排放的驅動要素中，生產方式進步是造成生產過程隱含碳排放最為突出的驅動因素。而總體上對整體隱含碳排放貢獻相對較弱的生活過程隱含碳排放驅動因素中，人口規模、人口結構、生活水平這三個驅動因素的驅動力相對較弱，而生活方式進步因素是生活過程中最為突出的隱含碳驅動因素。從研究的具體情況看，隱含碳排放在統計學意義上的趨勢性不強，波動性是其特徵，其未來走向還有待時間的檢驗。但從其產生的過程和核算原理來看，在發展低碳經濟和走可持續發展之路時，隱含碳排放問題是無法忽視的。

6 中國低碳城市建設模式及核心支撐要素

6.1 本章概要

　　一個國家除具備自我防衛的軍事力量外，更為根本的是經濟實力，尤其是在全球化的當今。21世紀，「農村包圍城市」戰略已經跟不上時代，更不適用於現代國家經濟建設。城市以驚人的速度自我膨脹並通過用各種各樣的方式吸引和輻射周邊地區，使區域經濟得以發展，進而形成以城市經濟為中心的經濟發展模式。改革開放后，沿海開放城市和經濟特區就是中國城市經濟發展史上的最好例證。隨著沿海地區的經濟愈加富庶，城市經濟一躍成為國家經濟發展最為強勁的動力，沿海開放城市也成為中國經濟改革的最前線。從計劃經濟過渡到商品經濟再到市場經濟的過程中，農村經濟做出了巨大犧牲，城市經濟也在這一過程中崛起。

　　當今世界，無論任何國家，在歷史發展初期必然經歷農業經濟占主導的時期，而后隨著文明進步和經濟發展而步入以城市經濟為主導的發展時期。在農業經濟陷入困頓和停滯的時候，城市經濟為社會歷史的進一步發展照上一縷曙光。在全球化浪潮席捲世界各國之際，中國也無法迴避，不管是被迫還是主動我們都將參與世界的經濟體系，而要想在瞬息萬變的國際環境中不被淘汰必須依靠更加先進的城市文明和城市經濟。

　　農業發展的停滯、資本主義萌芽、城市的出現和科學技術的進步共同開啓了人類城市文明發展的大門，隨之而來的工業革命將人類社會文明帶進了新紀元，並鞏固了城市化這種發展模式在人類社會歷史發展中的地位。然而城市的無序膨脹、鄉村的沒落和蕭條讓人們不禁開始對當今以城市化發展為主的人類文明形式產生懷疑。高犯罪率、環境污染、交通擁擠以及高昂的生活成本等都

成為了人們對城市生存環境多加詬病的充分理由。

我們無法改變城市經濟作為國家甚至是人類文明向前發展的主要方式。面對當前城市化發展中所存在的各種問題，我們可以通過一些適時調整以適應當前及未來的發展。就目前的情況看，調整城市經濟的固有發展模式，對傳統城市組成要素進行低碳化改造，對未來城市發展元素進行低碳發展規劃是未來中國社會、經濟、文化等領域可持續發展的必然選擇。

本章主要從以下幾個方面對中國低碳城市建設進行論述。首先，向低碳城市建設方面走在世界前列的國家學習。其次，總結我國近年來在低碳城市建設方面的成績與不足。最后從產業、人口、文化、設施建設、制度方面進行低碳城市支撐要素的分析與論述。

6.2 低碳城市建設的國內外經驗

6.2.1 低碳城市建設的國際經驗

國際低碳城市示範項目的三種基本分類包括：第一種以發達國家為典型代表的低碳城市類型。代表城市是瑞士的馬爾默（Malmo），該城市舊時是典型的工業城市、港口城市，但在進入20世紀以後，傳統製造業開始發生轉移，目前則主要以IT業和現代服務業為主。整個城市的能耗低，產品附加值高，是著名的低碳城市和綠色城市。第二種以富裕國家為典型代表的低碳城市類型，代表性城市是沙漠國家阿聯酋的馬斯達（Masdar）。馬斯達是在沙漠之中完全新建的一座城市，除了現代服務業之外沒有任何傳統意義上的工業。根據世界自然基金會的報告，阿聯酋是全球人均碳排放最高的國家之一，但馬斯達卻是阿聯酋的一個特例，支撐其成為所謂「零碳」城市的是不計成本的資金、技術等方面的投入以及只計算當地能耗和排放而忽略與之相關的上下游產業鏈、供應鏈上的能耗和排放的計量方法。第三種是以發展中國家為典型代表的城市類型，如中國上海崇明島。根據龍惟定（2010）研究，上海崇明島地處郊區，2006年的統計數據顯示該地區的人均碳排放值較低，僅 $1.4tCO_2$ 當量，不到我國綜合型城市人均碳排放量的10%。主要原因是截至2008年，該地區總人口中的75%從事農業生產，人均GDP只有上海市的25%，由於工業生產

活動少，其森林、農田、濕地等自然資源保存較好，人均碳匯約合 1.2tCO$_2$當量。① 換言之，較為落後的經濟形態是發展中國家廣大區域維持低碳的主要原因，而相對發達的城市則往往是高碳排放的代名詞，但維持落後的經濟形態不是發展中國家未來發展低碳城市的主要途徑。

6.2.1.1 英國經驗

世界上首先將「低碳」寫入官方文本的國家是英國。2003 年，英國在《能源白皮書》中第一次提出了「低碳經濟」概念，這引起了國際社會的廣泛關注。「低碳經濟」在《能源白皮書》中被詮釋為：「為了獲得同樣或者更多的經濟產出而更少地利用自然資源、減少環境污染，創造實現更優質的生活的途徑和機會，並且能夠為未來開發、應用以及輸出先進技術，創造新的市場機會和工作崗位」。英政府對低碳經濟寄予厚望，並設定了一系列明確的目標，如到 2010 年年末二氧化碳排放水平比 1990 年下降 20%；到 2050 年，二氧化碳排放量減少 60%。這一系列目標的設定旨在將英國徹底變成一個低碳國家。

英國對氣候變化、低碳經濟以及低碳城市建設的研究與實踐走在了世界前列，尤其在國家規劃政策指導中，關於可持續發展戰略的規劃以及應對全球氣候變化的規劃政策，從計劃到編製再到實施、信息反饋等方面都仔細入微、系統全面。英國在 2008 年通過了《氣候變化法案》，這使英國成為世界上第一個運用法律約束機制應對溫室氣體排放和氣候變化問題的國家。

英國的低碳城市建設主要源於應對氣候變化的「城市行動」。2003 年的《能源白皮書》，明確了低碳經濟的發展方向，並推動英國向低碳經濟轉型。為此，英政府專門成立了以碳減排為目標的信託基金，並與能源節約基金會一起致力於推動英國低碳城市項目（Low Carbon Cities Programme，LCCP）。第一批有三個試點城市：布里斯托、利茲和曼徹斯特。同時在傳統城市也開始了低碳城市建設的嘗試，如在像倫敦這樣的傳統大城市。2007 年時任倫敦市長發表了《今天行動，守候將來》的報告，計劃將二氧化碳減排目標設定為到 2025 年在 1990 年水平上減少 60%，同時倫敦市政府還發表了《市長應對氣候變化的行動計劃》（The mayor's climate change action plan），制定了應對氣候變化和建設低碳城市的具體措施。

低碳城市的單一目標是促進城市碳排放總量降低。城市二氧化碳減排設定依循英國政府所承諾的到 2020 年全英國碳排放比 1990 年水平降低 26%～32%，

---

① 龍惟定，白瑋，梁浩，等. 低碳城市的城市形態和能源願景 [J]. 建築科學，2010 (2)：13-18.

到 2050 年達到比 1990 年低 60%的水平來進行。同時，在制定各種措施時，措施的實施情況以及措施實施后的效果評估都以碳排放減少的絕對量來衡量。實現低碳城市的主要手段是大範圍的使用再生能源。與此同時，提高現有能源品種的利用效率和減少能源需求本身也是有效實現低碳城市的手段。同時低碳城市的規劃將重點轉到交通和建築領域。以倫敦為例，其 2000 年碳排放總量中建築碳排放（包括家庭住宅、商用地產和公共建築）占到全市碳排放的 71%，交通碳排放占到 22%。[1] 低碳城市規劃強調戰略性和實用性相結合。在提出量化減排目標的同時，提出具有可操作性的具體措施，例如鼓勵倫敦市民更換家庭照明設備，如用節能燈替換白熾燈每年可以減少 57.5 萬噸二氧化碳排放。[2] 將技術創新、公共環境管理以及國家政策作為低碳城市建設的三個綜合手段，強調三種手段的整合與協力，在向市場推廣新產品和發布新技術時強調培養消費者的低碳消費習慣，促進管理者心目中低碳城市規劃以及低碳市政管理體系自覺地形成，鼓勵個人及企業積極投身到低碳城市建設當中，通過特定的低碳項目帶動低碳城市的建設，如前文提到的 LCCP 項目。

　　英國也是世界上最早從事建築節能和生態建築研究的國家。為了積極應對氣候變化問題，同時加強國內住宅產業的可持續發展，英政府於 2006 年頒布了《可持續住宅規範》以指導新建住宅更加符合可持續發展標準。該規範的一個特點是採用可持續的評價體系，以星級來評定住宅的可持續性：一星為入門級，其標準高於普通建築條例；六星為最高，是可持續建築的最高級別，也稱為「零碳建築」（「零碳建築」的運轉能源採用太陽能、風能、地熱能、生物質能等可再生能源。但是由於技術和經濟上的原因，「零碳排放」仍然停留在概念階段，有示範工程，但是要大面積的推廣還存在相當的困難）。此外，地方政府也紛紛提出「零碳建築計劃」（Zero Carbon Home）。其主要目標是從 2016 年開始，英國國內修建的建築都要達到零碳標準。世界自然基金和英國生態區域發展集團共同發起的「一個地球」活動提出了社區開發建造時需要遵循的十項原則，這些原則包括零碳、零廢棄物、可持續交通體系等，旨在使可持續的居住方式在全球範圍內變得有吸引力和得以推廣。

---

[1] Great er London Authority. Action Today to Protect Tomorrow: The Mayor's Climate Change Action Plan [EB/OL]. [2008-5-28]. http://www.london.gov.Uk/mayor/environment/climate-change/docs/ccap_fullreport.pdf.

[2] Great er London Authority. Action Today to Protect Tomorrow: The Mayor's Climate Change Action Plan [EB/OL]. [2008-5-28]. http://www.london.gov.Uk/mayor/environment/climate-change/docs/ccap_fullreport.pdf.

6.2.1.2 日本經驗

日本緊隨英國提出自己的低碳建設目標。由於受制於國內地理環境等自然條件，氣候變化所帶來的衝擊對於日本來說遠遠大於其他發達國家。因此，日本提出了建設「低碳社會」的目標。2004年日本環境省公布了一項環境稅計劃，其目的在於在減少溫室氣體排放和完成《京都議定書》所規定的任務。2008年，時任日本首相的福田康夫提出的「福田藍圖」提出，到2050年將日本溫室氣體排放量減少到比2008年低60%~80%的水平，之後日本內閣又根據「福田藍圖」制訂了更加細緻具體的「低碳社會行動計劃」，設立低碳研究推進中心，頒布《為擴大利用太陽能發電的行動計劃》《綠色經濟與社會變革》等具體的溫室氣體減排政策。為了在全球範圍內樹立低碳社會示範作用，日本政府於2008年選定了富山、橫濱、熊本縣水俁、九州、帶廣市、北海道下川町6市為環境模範城市試點。

日本建設低碳社會的主要特點是把低碳戰略放在最高國家戰略高度、立法先行、政策扶植。在嚴謹的規劃設計中不乏靈活的可變性。如在規劃低碳社會時考慮兩種截然不同的情況，同時設計理念上也採取完全不同的思維方式。模式一是以發展和運用高新技術為特徵的，高密度城市建設為主要手段的集中式社會發展方式，該模式極度重視GDP增長。與之相反的模式二則側重於將人口、資源分散佈局，實現低速率、慢節奏的分散化發展，其所倡導的是悠閒的城市生活，並不在意GDP是否高增長[①]。

在具體的實施過程中強調政府的主導作用與各個部門的共同協作與積極參與。所有部門都努力實現碳排放最小化，深入挖掘企業、家庭、個人的二氧化碳減排潛力。二氧化碳減排貫穿產品設計、生產、銷售、流通、使用、回收的全過程。在企業設計、生產環保低碳產品的同時，家庭與個人也積極改變生活習慣選用低碳節能產品。低碳社會規劃重點的多元化，在強調所有部門共同參與低碳社會建設的同時，對個別方面有所偏重，例如交通系統、建築結構等。除此之外，工業企業的生產行為、消費者的個人消費行為、農業生產行為、城市土地利用等都成為了城市低碳轉型的重點領域。

更為有趣的是，在日常飲食方面，日本民眾也總結出一套低碳的原則。在食品的購買環節，提倡多購買當季的蔬菜和水果等植物類產品以及新鮮的肉類產品。原因在於反季生產和冷藏肉類需要消耗更多的能源，而在選擇食品的來

[①] Hong J. The Effect of Unit Pricing System upon Household Solid Waste Management: the Korean Experience [J]. Journal of Environmental Management, 1999, 57: 1-10.

源方面鼓勵選擇本地生產的蔬菜瓜果，因為長距離的運輸也會引起更多的能源消耗。政府也鼓勵食材經營者在本地採購或從鄰近地區進貨進行銷售，而對於反季食材、遠距離運輸的食材則主要通過價格來引導消費者消費。日常起居方面，日本環境省在2005年便提出夏天在工作日著便裝，男士在夏天不系領帶，秋冬兩季多穿一件毛衣的倡議，以降低在辦公場所和居所內使用空調等制冷、採暖設備的能源消耗。除此之外，政府也通過一些其他的經濟手段來引導民眾履行低碳行為，如2009年開始在日本購買符合一定節能標準的空調、冰箱、電視等可以獲得所謂「環保積分」，並獲得5%~10%的折扣抵用券。

6.2.1.3 丹麥經驗

由當地市民在1980年自發建立的全世界第一個低碳社區——太陽風社區，共有30戶居民。社區住宅最大的特點就是獨特的設計和可再生能源的利用。社區最早的構想與設計來都源於當地居民的共同努力而非地產開發商，居民們從設計到籌集資金再到具體施工，自始至終都參與其中，居民住宅的內裝修則完全靠居民自己動手完成。為了節約資源，該社區採取共同建設設施的方式，包括建設公共辦公區、健身房、洗衣房等。社區建築物頂部都覆有太陽能電池板，其面積總計超過600平方米，太陽能為社區提供了30%左右的能源，太陽能電池板同時配合置於房屋地下的聚熱設備將熱能存儲起來，通過一套循環系統進行集中供熱，為社區內每戶家庭提供熱水和暖氣。置於公共建築地下的固體廢棄物焚化設施在回收可燃固體廢料的基礎上，通過焚燒產生熱能，為公共設施提供暖氣。此外，社區近郊設有風力設施，並接入了社區供電系統，為社區提供能源的10%左右。社區內還有一塊專門的區域作為種植區，該種植區的存在加強了社區內的物質循環，同時也成為了優美的環境景觀，最大程度上減少了對外界物資的依賴，減少了運輸成本，間接地降低了能耗與碳排放。

除了「太陽風社區」這個舉世矚目的低碳社區經典案例以外，丹麥政府還非常重視可再生能源的利用。在國家能源戰略目標的指導下，通過制定能源政策來引導能源消耗方式的轉變，同時也建立起嚴格的監管與激勵機制對其進行有效支撐。在丹麥，可再生能源發電占到其總發電量的30%，在過去的25年中，在保持經濟持續增長的同時維持能源消耗總量基本不變，創造了獨特的「丹麥模式」。丹麥的可再生能源發電量中絕大部分來自風能，目前，丹麥包括陸上和海上安裝的風電機總數超過了5,000臺，總裝機容量達到320萬千瓦，為丹麥全國提供了約20%的電力。

哥本哈根作為丹麥的首都，其電力供應大部分依靠可再生能源，大力推廣風能和生物質能發電，市郊遍布白色的風車，同時擁有世界上最大的風力發電

廠。2008年該市被英國Monocle雜誌評為全球20最佳城市之一，其又以注重生活質量和重視環境保護等因素位居20位之首。2009年，哥本哈根宣布，通過兩階段的措施有望在2025年成為世界上第一個碳中性①城市，第一階段目標是到2015年全市的二氧化碳排放量比2005年排放量少20%，第二階段目標是到2025年實現零碳排放。哥本哈根有如此大的信心在2025年建成碳中性城市主要源於該市獨特的低碳發展模式和市政府的大力支持與推動。

哥本哈根市政府擬在能源、交通、建築、公眾意識、城市規劃、城市適應這6個方面推出「燈塔計劃」，旨在提升城市氣候變化應對能力。為了確保這些措施達到預期的效果，哥本哈根市政府還將通過碳核算的方式以及2012年中期評估等方式加以跟進。具體來說，這些措施涉及前面所提到的6個大方面，同時又細分為50項具體措施，涉及風力發電和生物能發電的推廣、熱電聯產、節能建築、綠色交通、垃圾回收利用、新能源技術開發等。

6.2.1.4 其他國際經驗

(1) 德國經驗。

德國《能源節約法》規定消費者租賃或者購買房屋時，建築商必須出示「能耗證明」以證明建築物年能耗量，讓消費者明明白白消費，同時其他的一些政策措施也鼓勵企業或者個人對老舊的建築物進行節能改造，並對無法改造的設施進行強制報廢、拆除。

德國採取限制與激勵並舉的措施來鼓勵企業積極參加環境保護。自20世紀90年代起，政府便開始把科技政策的重點轉向了環境保護技術和新能源技術，並配合技術扶植政策頒布了許多能源與環境政策。其結果就是在經濟增長的同時，能源消耗不斷減少，環境污染也得到有效控制，初步解決了工業化過程中的污染問題，實現了經濟發展模式的轉變。為鼓勵私有經濟主體投資新能源產業，德國出拾了一系列激勵措施，給予可再生能源項目政府資金補貼。政府還向大的可再生能源項目提供優惠貸款，甚至將貸款額的30%作為補貼。德國提出2012—2014年購買電動車的消費者可以獲得政府提供的3,000~5,000歐元的補助。德國於2002年4月生效的《熱電聯產法》規定了以「熱電聯產」技術生產出來的電能獲得的補償額度，例如2005年年底前更新的「熱電聯產」設備生產的電能，每千瓦可獲補貼1.65歐分。

進入21世紀初，德國開始徵收生態稅，且不斷提高稅率和起徵標準。生態稅是以能源消耗為對象的從量稅。徵收生態稅是德國改善生態環境和實施可

---

① 碳中性是指通過各種削減或者吸收措施，實現當年二氧化碳淨排放為零。

持續發展計劃的重要政策。德國生態稅自 1999 年 4 月起分階段實行，主要徵稅對象為油、氣、電等產品。稅收收入用於降低社會保險費，從而降低德國工資附加費，既可促進能源節約、優化能源結構，又可全面提高德國企業的國際競爭力。同時，為減少交通工具的二氧化碳排放，德國政府計劃通過修改機動車稅來推動二氧化碳減排目標的實現。德國政府規定新車要標註能源效率信息，將二氧化碳排量納入標註範圍。德國自 2005 年開始在聯邦高速公路和其他重要的聯邦公路上對載重在 12 噸以上的卡車徵收載重汽車費。該措施有效地對一次能源消耗以及水質改善起到了積極作用。不僅如此，德國聯邦教育與研究部於 2007 年又在「高技術戰略」框架下制定了氣候保護的高技術戰略。據此，政府將在未來 10 年投入 10 億歐元用於應對氣候變化的技術研發，同時工業界投入高於這項投入 1 倍以上的資金用於開發環保技術。對於中小企業，德國聯邦經濟和技術部與德國復興信貸銀行已建立節能專項基金，為企業接受專業節能指導和採取節能措施提供資金支持，用於促進德國中小企業提高能源效率。

在二氧化碳減排和低碳經濟發展的過程中，德國將嚴格而完善的法律體系作為實施的前置條件，由此足以說明具有強制力的法律法規是實現城市低碳發展的重要前提。這對於目前環境污染嚴重並大力提倡依法治國的中國來說，無疑是一項非常重要的經驗。

（2）美國經驗。

美國儘管拒絕認可《京都議定書》，但出於重振國內經濟的目的，在政策上也積極提倡和推動新能源產業，主張通過純技術手段解決全球氣候變化問題。美國進步中心於 2007 年發布的《抓住機遇，創建低碳經濟》報告，稱美國正在失去環境和能源領域的關鍵技術優勢，並提出了創建低碳經濟的十步計劃。同年，國會還提出了《低碳經濟法案》。2009 年美國眾議院投票通過《美國清潔能源安全法案》，主要設計了以限制總量交易為基礎的旨在應對全球氣候變化的一攬子計劃。奧巴馬執政以後更是將太陽能、生物質能源作為重要的發展項目，以應對國內石油危機和就業危機。通過貿易壁壘政策限制了包括太陽能光伏設備、材料在內的進口，通過發展本國的清潔能源、設備創造國內就業，振興美國經濟。

美國採取官方認證方式，對企業產品進行低碳節能規制。例如美國環保局對節能材料授予「能源之星」的標誌，並通過法律規定政府採購的建築材料必為得到「能源之星」認證的材料，一方面有效地促進了美國國內該領域的低碳節能化，另一方面也限制了外來的非節能環保材料進入美國市場。

早在20世紀70年代美國便開始了排污權交易方面的探索，1970年通過了《清潔空氣法案》，制訂了國家大氣環境質量標準和實施行動計劃，以排污削減信用（ERCs）交易制度為基礎，構建了包括「補償」（offset）、「氣泡」（bubble）、「銀行儲備」（banking）、「容量結余」（netting）四項政策在內的排放權交易體系，為酸雨計劃的成功實施打下了堅實的實踐基礎。1990年，美國在《清潔空氣法案》修正案中建立了「酸雨計劃」，確立了排污權總量與交易模式（cap and trade），這是美國最成功的排污權交易實踐案例。正因此，二氧化碳排放量出現了顯著的下降，1990—2006年排放總量下降了40%。圍繞氮氧化物、二氧化硫和汞等大氣污染物排放量的降低，2005年美國制定了以清潔空氣洲際規劃為核心的綜合性規劃，2008年美國區域溫室氣體行動（RG-GI）啟動。

雖然美國退出京都協議，但是其國內的自願碳減排市場發展迅速。自2003年芝加哥氣候交易所（CCX）開始營運以來，美國已形成以自願碳減排市場為主的多層次、多元化的碳交易市場。自願碳減排市場包括芝加哥氣候交易所（CCX）的自願配額與交易市場。2008年營運的紐約綠色交易所，從事符合自願減碳排標準（VCS）的自願項目以及買賣EUAs和CERs的期貨和期權交易產品。此外，還有區域性的強制配額市場，2008年開始營運的有美國區域溫室氣體自願碳減排計劃（RGGI）以及尚在籌備的西部氣候倡議（WCI）和中西部地區溫室氣體減量協議（MGGA）。區域溫室氣體行動（RGGI）是美國第一個關於碳排放的限額與交易計劃，對發電量超過25萬千瓦的火電發電機組進行管制，目標為到2014年排放量基本穩定，至2018年排放量降低10%。近年來，美國陸續制定了一些發展清潔能源、節能降耗、鼓勵消費者使用節能設備和購買節能建築方面的財稅政策，主要利用補貼和減稅激勵措施提高能源使用效率、制定補貼期限，重點放在對需求方的補貼策略，刺激人們的提前購買意願，通過需求創造供給以提高政策的有效性，例如，美國對2006—2010年購買柴油、替代燃料、電池以及混合的車輛可減免250~3,400美元的所得稅；對使用柴油和燃料酒精給予每加侖減10%的稅；對於在IECC標準基礎上再節能30%以上和50%以上的新建建築，每套房可以分別減免稅1,000美元至2,000美元；給予可再生能源的企業補貼，補貼資金達50億美元。2010年，對美國轎車和中型、重型卡車實現更嚴格的排放和能效標準，計劃將達到從2017年起的9年間的轎車、輕型卡車的節能及減排目標，對中、重卡車的能

效、減排目標將於 2014—2018 年實施。①

(3) 印度經驗。

印度作為人口大國、高速增長的發展中國家以及二氧化碳排放大國，也非常重視城市在氣候變化中的作用。印度政府於 2008 年發布《氣候變化國家行動計劃》，確定了 8 個將在 2017 年以後執行的「國家核心計劃」，其中最為引人注目的是「可持續生活環境國家計劃」，計劃要求修改現有的建築設施節能規範，加強城市廢棄物的管理和再利用，鼓勵購買低耗能汽車和提倡使用公共交通工具等。

為了節約能源和最大限度地運用新能源，印度政府於 2001 年頒布了《能源法》，旨在提高資源的利用效率，使國家能夠長效發展。印度中央電力監督委員會於 2010 年推出了一套針對國內可再生能源交易的全新政策。該政策一經實施有效地平衡了國內的經濟快速發展與低碳經濟的要求，也為印度打開了國際碳匯交易的市場大門，通過「可再生能源證書」制度從整體上減少溫室氣體排放。但由於印度可再生能源分佈不均，該制度僅在具備可再生能源開發潛力的地區實行。

由於印度是發展較快的發展中國家，同時也是全球排名第四的溫室氣體排放國家，在《京都議定書》的框架下，印度積極利用清潔發展機制進行國內的低碳發展項目建設。不僅如此，印度政府認為溫室氣體減排努力最終是否能夠成功必須有賴於更新能源的開發和有效利用。早在《京都議定書》之前，印度政府就倡導新能源的開發與利用，其細緻程度已經到了關注諸如私人汽車尾氣排放等方面。同時政府還制定了諸如稅收補貼、軟貸款和特殊關稅指導方針等具有強刺激性的財政政策以刺激低碳經濟。簡化審批程序，鼓勵國際性新能源企業在印度投資辦廠，並成立專門的「非條約性能源部」來促進印度的可再生資源利用，成立再生能源發展協會，為可再生資源開發與利用募集所需資金。

綜合分析，英美德三國所採取的措施主要包括制定有關應對氣候變化和環境保護的相關法律，通過法律強制性的保障保護環境。通過政策有目的的向相關領域傾斜，引導和驅使產業低碳化發展。制定燃油、排放、污染等方面的標準配合相關法律制度的實施。制定鼓勵企業開發新能源、利用新能源的政策措施，對優質低碳企業進行技術和資金兩方面的支持。以上措施都有力地促進了

---

① 駱華，費方域. 英國和美國發展低碳經濟的策略及其啟示 [J]. 軟科學，2011，25 (11)：85-90.

低碳產業的培育和低碳技術的研發，對我國建設低碳城市有非常重要的借鑑意義。

6.2.2 中國低碳城市的建設試點

6.2.2.1 上海「生態城」模式

2008 年年初上海被世界自然基金會選為中國首批兩個「中國低碳城市發展項目」試點城市之一。上海通過三個發展項目共同實現上海的低碳城市發展戰略目標，它們是崇明島低碳建設項目、臨港新城建設項目以及虹橋樞紐低碳發展項目。其中最值得關注並取得一定實際效果的項目是崇明島的試點。崇明島將建成全球第一個「零碳排放社區」——東灘生態城。在該區域內將實現 80% 以上的固體垃圾循環再利用，區內所需熱能、電能則主要通過風力發電、太陽能發電以及生物能發電所得，而中國第一個氫能源電網也有可能落戶此地。東灘共有 86 平方千米，由農業區、濕地以及生態景觀三大功能區組成，三類功能區的建設始終圍繞「綠色」基調進行規劃與建設。可持續發展是東灘規劃的基本理念，不僅在經濟上與上海保持一致，而且作為試點更應該在社會、環境等各領域保持活力與可持續性。通過政府牽頭、多方資金支持，以市場化的方式將東灘的整體發展定位於現代農業、自然濕地和世界生態城鎮的生態示範區。在該示範區內，生產、生活和生態達到平衡並可以長時間維持。

上海屬於高人口密度、高建築密度的城市進行具有代表性的低碳城市建設試點，但在中國仍處於城市化快速發展階段的關鍵時刻，大部分城市是人口規模不大、建築密度相對較小的中小城市。因此，首批試點城市除了像上海這樣的大城市以外，還有中小城市的典型代表——保定。

6.2.2.2 保定「太陽城」模式

保定以「太陽城」模式為典型特徵，將太陽能產品和技術在該市範圍內大力推廣。提出的口號是「讓陽光照亮保定、溫暖保定」。保定也是第一個以政府文件形式提出建設低碳城市的城市。2008 年，市政府向社會公布了《關於建設低碳城市的意見》，並邀請國內知名大學共同研究規劃並制定了《保定市低碳城市發展規劃綱要 2008—2020》。由於地處京、津、石三角腹地，特殊的區位使保定既不能為了發展經濟犧牲環境，也不能為了保護環境而犧牲經濟發展機會，因此轉變發展方式，走低碳發展之路是必然的選擇。

此外，保定還從城市生態環境、低碳社區建設、低碳交通體系等方面著手進行低碳城市建設。2008 年，保定成為我國第一個公布城市二氧化碳減排具體目標的城市。其目標是到 2020 年，將二氧化碳排放強度降低到比 2005 年的

51%低6~11個百分點。在該目標的指導下，保定市在2009年取得了生產總值增長10.5%，萬元GDP能耗下降4.8%的成績。

從總體上看，保定低碳城市的發展是與太陽能技術緊密相關的產業帶動城市向低碳城市邁進的一種建設模式，而上海則是在超級大城市的基礎上通過將現代城市農業、城市濕地、自然景觀嵌入城市發展過程，並以清潔能源作為城市運轉主要能源來實現低碳城市的建設，因此上海崇明島與保定的低碳城市建設經驗各具特色。

6.2.2.3 其他試點城市

2011年，國家發展與改革委員會啟動了5省8市的低碳城市試點工作，自此開啟了我國自主探索低碳城市建設之路。廣東、遼寧、山西、湖北、雲南5省以及天津、杭州、廈門、重慶、深圳、貴陽、南昌、保定8市，按照國家發展與改革委員會的要求明確了城市的具體任務，包括制定低碳發展的具體規劃，制定支撐低碳發展的配套措施，加快建成以低碳排放為特徵的低碳產業體系，建立溫室氣體排放監測、記錄、統計、反饋機制與管理系統，積極倡導低碳生活方式與消費模式。為全面建設低碳城市累積了寶貴的國內經驗。

根據《國家發改委關於開展低碳省區和低碳城市試點工作的通知》，開展試點工作的省份和城市必須將如何應對氣候變化的工作全面納入本地的「第十二個五年計劃」中，研究並制定低碳發展規劃，要有明確的行動目標及措施，務實而非務虛。

由於試點區域遍布全國各地，從東到西、從南到北，基本涵蓋了我國大部分地域，具有鮮明的地區特徵，有代表性，為今後更大規模的低碳城市建設累積了寶貴的經驗。但同時也應該注意到，第一批國內試點地區仍然主要集中於東部地區，一方面與該地區的經濟基礎密不可分，另一方面也與各地區經濟發展速度密不可分。

值得注意的是，儘管目前國家認可的試點城市數量有限，但是各地區出於各種目的都踴躍地加入低碳城市建設的大軍中，從而可能造成一定的資源浪費。每一個嘗試建設低碳城市的城市都不計成本地進行低碳規劃、產業改造、道路交通設施低碳化改造等，大而全、小而全的風氣再次抬頭，低碳城市建設的具體措施雷同，政績牽引力促使各地方政府有動力採取可能根本不適合本地區的「低碳模式」，定位不明與選擇的失當以及不計成本的投入已經或正在造成了大量的浪費。同時模式化的低碳城市建設並不一定適合中國的國情。中國地域廣大，人口構成、自然資源構成等情況非常複雜，包括地域文化、風土人情等都是影響低碳城市建設的重要因素。因此簡單套用國外經驗、國內試點城

市經驗並不一定是最佳選擇，而在既有模式上的修修補補絕不是符合地方實際的建設低碳城市的最佳選擇。更何況建設低碳城市從規劃到實施再到保持可持續的發展需要周密的事前規劃、嚴格的事中監測以及全面的事后監督，需要一定的經濟基礎、人才儲備、技術支持才能夠得以完成。因此，不顧一切地進行低碳城市建設有百害而無一利，最終落下勞民傷財的惡名。

6.3　中國低碳城市建設的模式選擇與分析

通過對全球各地建設低碳城市的經驗總結，中國如何找到一條適合自身的低碳城市建設之路是當前以及今后相當長一段時期內的重點工作。由於中國地域遼闊，各地區自然條件、人文風俗迥異，因此，既不能全盤照搬所謂的國際先進經驗，更不能制定一套所謂「包治百病」的中國模式，必須根據各地的自然、社會、經濟、人文條件等因素綜合考慮和設計具體的低碳城市建設方法。就全國總體而言，在工業化、城市化有序進行的前提下，分析實際問題，選擇適合國情的綱領性低碳城市建設模式，對各地后續實際進行更加細緻的、具體的低碳城市建設更具實際意義。

6.3.1　低碳城市建設的「低碳城市化」模式

「低碳城市化」事實上對「低碳城市」概念進行了擴展，使其成為了一個動態過程。值得注意的是其核心仍然是「城市化」。「低碳城市化」並非將城市化那種由以農業為主的傳統鄉村社會向以工業和服務業為主的現代城市社會轉變的歷史過程簡單套上「低碳」的外衣，而是具備更深層次的內涵。通常城市化是一種社會資源、生產力、生產關係、人口、技術、制度等要素向特定區域聚集並在達到一定程度和規模后開始向外擴散並不斷擴大自身影響，形態上不斷吞噬農村地域的動態過程。在各種資源的聚集和流動過程中，勢必存在二氧化碳排放這樣一個事實，尤其是伴隨著工業化進程發展起來的城市更無法迴避這樣的事實。因此，如何在這過程中減少溫室氣體排放，甚至是達到碳中和成為了「低碳城市化」所要研究的終極問題。我們這樣來定義「低碳城市化」，即在可持續發展理念指導下和低碳經濟策略支撐下，引導產業、人口、資本、技術、制度等資源向特定地域集中，並在該地域範圍內秉承可持續發展理念，踐行低碳經濟行為，並且相對傳統城市化發展過程消耗更少的能源，產生更少的二氧化碳排放，實現人口與環境和諧共生的動態過程。其更加偏重於

城市建成之前的規劃行為，其事前的設計性是其區別於「城市低碳化」的最主要特徵。

由於在字面上的形似，在過往的研究中，尤其在中文語境下「低碳城市化」和「城市低碳化」常常被混同為一個概念。通過仔細推敲可以清楚地發現二者是完全不同的概念，它們的主要區別在於時間上的先后差異。前面所定義的「低碳城市化」儘管在「城市化」的前面冠以「低碳」二字，但是其實質上落腳於「城市化」這個過程概念，並且在這個歷史過程中加入了低碳的內涵，要求在城市建設規劃階段、城市建設過程中以及建成后便要考慮各種產業、人口、制度是否能滿足「低碳」要求。例如在新城市建設選址上考察地形、水流、空氣流動、植被等因素是否有利於城市建成後的「自淨」問題；在新城市產業佈局、引導產業聚集時要考慮將來可能在該區域聚集的工廠、企業是否能夠達到低碳的標準，如果能夠達標便準予放行，如果不能達標便採取措施將其限制在區域之外；在城市交通規劃之初便設計好密集、便捷的地上、下公共交通線路而不是在城市建成後進行道路改擴建等。也即是說，「低碳城市化」是一種事前充分準備、事中嚴格按照規劃方案行事的城市建設行為，其更加依賴具有遠見的規劃和優秀的設計。

6.3.2 低碳城市建設的「城市低碳化」模式

「城市低碳化」從語法角度看，其落腳點在於「低碳化」。在這個概念中，城市成為了「低碳化」的對象。我們可以這樣來理解「城市低碳化」概念。其仍然是在可持續發展和低碳經濟理念指導下形成的，但其過程與「低碳城市化」正好相反。「城市低碳化」是從已經建成的城市內部開始的一種城市再造過程。例如對現有城市產業實施的低碳化改造，對產業種類的調整，對高碳產業企業的限制與對低碳新興企業的扶持，對新型低碳技術的鼓勵，對工廠高碳設備的淘汰和對新型低碳設備的引進等；對既有交通體系實施的低碳化改造，升級換代公共交通工具，淘汰低效率的柴油機車和汽油機車，將電動交通工具以及天然氣動力機動車作為城市主要的公共交通工具，鼓勵自行車、步行等「零碳」交通出行方式；對已有的道路設施進行擴容來緩解城市交通系統壓力；通過出抬新的法律、政策限制不符合尾氣排放標準的機動車上路和限制機動車數量等。由此可見，「城市低碳化」實質上是在城市已經建成並具備一定規模的基礎上，在可持續發展和低碳經濟理念指導下對原有城市高碳活動進行「減碳」與重塑的過程。其可以與城市化過程同時發生（城市擴張部分的需要）或在城市化已經達到一定程度之後開始。其與「低碳城市化」的最根

本區別在於關注的重點不同，「低碳城市化」更加依賴城市建成之前的規劃與設計過程，是一個以科學規劃為指導的城市建設的過程，而「城市低碳化」是在城市建成以後出於各種原因對其進行的改造過程，更加具有靈活性與適時性。

6.3.3　中國低碳城市建設的混合模式

城市化的人類社會發展模式在目前以及可預見的未來仍無其他可替代的模式。從全球城市發展現狀看，對處在上升階段的發展中國家來說，建設低碳城市的重點還是應有賴於對既有城市的低碳化改造，同時輔以「低碳城市化」的科學規劃，突出「低碳城市化」的事前設計優勢，使既有城市建成區及城市新建區域達到「低碳城市」的標準。

對既有城市的低碳化改造與新城市（傳統城市周邊衛星城鎮及中間地帶）的低碳建設規劃並非兩個完全分離的過程，實際上二者互相交織，在目前無法單獨通過其中某一種模式來實現「低碳城市」。根據城市發展規律，通過基礎設施等硬件建設以及市場機制等軟件建設，逐漸將周邊區域同化為城市本體。而這一過程就存在對新建區域進行「低碳城市化」設計與規劃的問題。實際上，二者是並行不悖的過程，只是就現實情況而言既有城市建成區的低碳化改造成分多於低碳化的新城規劃成分。傳統的城鎮升級也主要通過對既有產業、交通、建築系統等的升級來完成。因此，城市發展就達成「低碳城市」目標而言，更多地還是偏重於依靠對現有城市要素的低碳化改造與升級來完成。完全獨立於「城市低碳化」的「低碳城市化」規劃只是更好、更快達成低碳城市目標的重要手段。

就目前中國國內的實際情況而言，已建成的城市數量龐大，這些城市在各自所輻射的區域內都發揮著重要的經濟、文化、社會功能，具有一定的歷史文化傳承作用。但傳統城市建設大多遵循舊有的粗放型發展模式，難以滿足新時期的低碳環保和可持續發展的要求。對既有城市實施低碳化的改造與重建刻不容緩。

首先，低碳城市從提出設想到規劃再到具體實施建設，直至建成后的維護需要經過相當長的時間，不易滿足我國目前經濟規模迅速擴大和較快經濟發展的現實需要。城市擴展和城市新區的選址對土地的需求，可能破壞和減少農用耕地並威脅糧食安全。建成后的「低碳城市」運行也不可能立即發揮其低碳效率。城市低碳人口也需要較長的時間進行培養，低碳技術以及清潔能源的開發、普及和利用尚待時日。此外，開工新建「低碳城市」無法在較短時間內

從總體上降低碳排放總量，尤其是新建達標的低碳城市涉及低碳產業佈局，而在現有城市傳統高碳產業尚未有效降低單位 GDP 碳排放強度之前，只會在總量上增加二氧化碳排放。

其次，數量眾多的已建成城市在發展理念上已從單純追求 GDP 增長的粗放型發展模式逐漸向可持續發展方向轉變。儘管這個過程是緩慢的，但是這個變化確實正在發生。一方面，近年來國家加強了關於可持續發展、低碳城市、低碳社會、人與自然和諧共處等思想的宣傳，並且得到了相當程度的認可與支持；另一方面，作為世界性大國，中國面臨的國際減排承諾和國內強烈的經濟發展訴求，迫使城市經濟在發展模式上發生轉變。兩方面因素共同作用使城市發展進入一種「低碳化模式」。這既是一種強制性的手段，也是一個必然趨勢，但無論如何，其結果都將使既有城市更加符合「低碳城市」的標準。

再次，在思想文化領域，既有城市在城市擴張過程中吸收周邊農村居民，他們在城市內部環境之中通過更多機會接觸低碳環保知識，通過系統學習、教育、培訓、宣傳等手段逐漸形成一定的城市低碳生活共識。新進入城市的農村人口出於適應城市生活和保持個人社會形象等需要，轉變為低碳人口的概率和數量將大大增加，對低碳文化的認同程度將大大加深，同時這還是一個不斷加速的過程。此外，中國傳統文化中諸如「天人合一」等人與自然和諧共生的文化理念將隨著國民對傳統文化學習熱情的高漲助推城市實現低碳化發展。

從前文的分析我們可以看出，城市發展本身是一個動態過程。在其存續期間既有擴張與收縮，又有繁榮與衰退，但其將一直存續下去並在歷史的長河中不斷調整來適應歷史發展的要求。國內發展的資金需求、人口素質、城市建成區面積、國家的世界聲譽、國家在國際事務中的權利與義務等因素決定了當下國內、國際環境中城市發展必須以可持續、低碳、人與自然的和諧為指導思想，並在城市各方面的建設中長期維持低碳、高效的運行。顯然，主動對現有城市實施低碳化的改造來得更加實際。盲目實施「低碳城市化」是一種非低碳和非理性的行為。舊城區的「城市低碳化」與新城區建設的「低碳城市化」相結合才是最為有效和令人滿意的選擇。

6.4 中國低碳城市建設的支撐要素

低碳城市建設不僅需要科學與合理的規劃，更需要低碳城市建設的實質核心要素，空有其表的低碳城市不是真正的低碳城市。真正低碳城市建設的核心

是城市中各種推動並支撐城市在政治、經濟、文化等各方面向低碳社會靠攏，並全面可持續發展的支撐要素。

就以往的經驗來看，具備完整的產業體系和必要的人口支撐是城市發展本身所必需的前提。在前文的分析中，產業要素和人口要素已經進入了隱含碳排放研究模型的分析，並可以從中得出這樣的結論，即產業的具體生產過程和人口的生活過程將對城市隱含碳排放產生深刻影響，這兩個傳統的經典要素是建設低碳城市過程中必須要重視的兩個方面。除開產業與人口這兩個城市化發展最重要的支撐要素之外，支撐城市文明和社會升級發展的文化與制度等非量化要素目前還沒有很好的實證分析方法，但長期的社會科學研究已經證明文化和制度又實實在在地通過某種隱密的方式潛移默化地在影響城市、社會的發展。本節將主要從產業、人口、設施建設、文化、制度五個方面入手分析在中國低碳城市建設過程中，各個要素所發揮的重要作用並得出相應的結論。根據分析的結果就以上五個要素對低碳城市建設提出相應的措施建議。

6.4.1 低碳城市建設的產業要素支撐

產業是社會生產力發展的結果，是人類社會分工的表現，更是人類文明從農業文明跨入工業文明的必然產物。伴隨資本主義崛起而獲得巨大繁榮的工業文明將城市推到了歷史的風口浪尖。從早期的英國「圈地運動」開始，一直到當下紅遍全球的「低碳城市」建設，無一不是生產力發展的結果、文明進步的表現。當然最為重要的是，在這一過程中所發展起來的工業文明以及伴其而生的產業形式。

從前文的分析我們可以看出，生產過程是中國建設低碳城市過程需要重點關注的對象。生產過程的隱含碳排放是驅動中國整體二氧化碳排放變動的主要因素。通過更加細緻的分析，我們還得出生產過程中的生產方式進步和生活過程中的生活方式進步是驅動中國隱含碳排放變動的主要因素。

就傳統城市而言，其發展必然建立在集中的、種類豐富的產業基礎之上。分散的工廠由於運輸成本、市場吸引等原因逐漸向某一地點集中，在獲得聚集優勢的同時也提供了豐富的產品，吸引了大量的人口，創造了廣闊的產品市場、居住和交通的需求以及窮鄉僻壤無法比擬的舒適生活。而被舒適生活和優良的環境吸引而來的人口又為城市提供了勞動力、消費力從而進一步推動了產業的聚集與發展。就是這樣一種螺旋上升的過程推動了早期城市化的進程。因此產業在城市地區聚集式發展就像生物從海洋邁向陸地一樣，是人類歷史上具有里程碑意義的事件。

然而時過境遷，產業與城市的良性互動逐漸被大規模快速發展的城市經濟所衝擊，失控的溫室氣體排放和對自然資源的掠奪式消耗打破了長久以來人與自然之間和諧共生的平衡。在可持續發展的理念之下，傳統的城市產業發展勢必需要得到改造，而在經濟全球化的背景之下，各國城市化進程與經濟發展息息相關，很難有國家做出「勇敢」的經濟上的讓步來保全環境不受破壞。靠產業發展、工業化過程、人口城市化過程而發展起來的城市勢必要做出新的舉措才可能在新的時代背景下既夠保證自身的經濟發展又兼顧環境改善的要求。這些舉措最重要的便是產業的低碳化改造。

如前所述，產業發展是城市發展之物質根本。沒有產業支撐起來的經濟循環，城市是無法實現大規模的擴張與持續的發展。那麼在低碳城市建設的要求下對產業要素實施低碳化的改造，使其更加符合目前以及今后低碳城市建設的要求是一項非常要緊的工作。

第一，產業是城市經濟、社會、文化等要素發展的必然物質前提。它為這些相關要素提供了必要的物質基礎。首先，產業的發展可以吸引更多的優秀企業聚集，產生諸如規模效應、外溢效應等正向推動社會文明發展的效果。其次，其所提供的種類豐富的產品會對其周圍的居民產生吸引，從而創造出一定規模的市場，為企業的生存提供更加廣闊的空間。分工不斷細分，諸如生產企業與設計企業的分離，有利於更加專注於提供更好的產品。最后，城市產業所需要的產業工人需要不斷地得到補充，因此在產業集群不斷擴張的過程中，不僅僅吸引城市中的勞動力，同時對於近郊甚至異地的勞動力也同樣具有很強的吸引力，尤其是在交通發達、信息傳播快速的情況下。此外，在人口流動限制逐漸弱化甚至是無限制的情況下，這種吸引力是全國甚至全球化的。

第二，在可持續發展理念支撐下的低碳城市建設要求使城市產業面臨挑戰與機遇。傳統產業從單個企業到產業結構都需要根據低碳城市建設的要求進行改進和調整，需要耗費一定的人力、物力和財力，同時也需要經歷一個過程，因此切不可急功近利。低碳城市為環保企業、新能源產業和老舊產業企業提供了新的發展平臺和相對公平的發展機會。在低碳城市建設的要求之下，老舊的產業企業需要與時俱進地實施低碳化改造，否則將會被時代所淘汰，因此他們有足夠的動力進行硬件和軟件兩方面的改革與升級。新興的環保企業和新能源產業，作為低碳時代的朝陽產業，可利用國家大力發展低碳經濟的契機和在全球範圍內掀起的建設低碳城市的風潮，把握好發展機遇，重視自身技術的研發，發明創造擁有自主知識產權的節能環保低碳產品，努力成為城市產業中的新增長點和支柱產業並引領城市進入低碳城市時代。

綜上所述，產業一直以來都是城市發展的重要支撐力量，在新的國際、國內環境下應該更加重視城市產業發展對建設低碳城市的重要作用。正確面對問題，迎接挑戰，把握機遇，努力奮鬥將老舊產業低碳化改造與新興低碳產業的設計與扶持作為低碳城市建設的重要任務來完成。

6.4.2 低碳城市建設的人口要素支撐

人口因素自古以來便是國家民族強盛與否的一個象徵。古時部落之間相互徵戰，為保自身不被異族所滅，總希望保持盡量多的人口。隨著歷史的發展，人口作為財富象徵的奴隸逐漸退出了歷史舞臺，但它始終是世界進步和發展的最為核心的因素。人類在自然科學或者社會科學方面取得的所有進步都是為了滿足人類好奇心、探索未知世界的副產品。人口是社會發展的基石、民族國家向前發展的動力、國家產業和經濟發展的重要市場、燦爛人類文明的創造者和接受者、各種社會規則與道德準繩所約束的對象。

人口對人自身外化的物理特徵探索以及對人的內心心靈探索創造了自然科學和社會科學兩大分支，這種對自身與外部世界的好奇心和各種出於動物本能的慾望促使人口因素不斷的自我進步，同時也促進了人類社會與人類文明的進步。無論時間怎麼推移，人口因素是人類文明和人類社會永恆的支撐元素。

在人類從農業文明進入工業文明之後，城市化運動顯示出引領人類走向更高文明程度的強大力量。我們無法否認城市化發展方式為人類文明所帶來的巨大貢獻，而無論人類社會在更遠的未來會以一種什麼樣的文明方式發展，人口因素將仍然是這一過程永恆的主體。

低碳城市的建設要求城市發展過程中，在保證經濟水平不下降的前提下，人類的各種活動向空氣中所排放的溫室氣體盡量減少，而人口作為產業體系中的勞動力、作為城市生活主體，從生產與生活這兩大方面共同影響著城市溫室氣體排放。追根溯源，一切生產活動和生活行為中的溫室氣體排放都源於人口。將低碳意識植入國民意識，培育低碳人口是建設低碳城市的重要創新途徑。

低碳人口主要是指在城市生活中具備較高的文化素質和低碳意識的，在如生產、出行、居住、飲食以及其他消費品的消費和處理廢棄商品時能夠主動自願踐行低碳行為的人口因素。低碳人口時刻保持可持續發展理念，對自然環境、城市環境以及自己所居住的城市所賴以生存的經濟過程有較為深刻的認識，而不是簡單地通過不斷重複的圖像、語音等外部刺激在頭腦裡產生視覺和聽覺殘留而已，是具備比較深刻的低碳思考，並能夠通過自身的努力和自己的

行為對城市實現低碳而有所貢獻。

要實現大基數的低碳人口是一個相當漫長的過程，尤其是在農村地區（相對受教育程度低於城市地區，有關低碳的相關知識更是少之又少）不斷被城市化的過程中，在城市原住民（相對接受過更多有關低碳的信息，接受過相關的低碳教育，初具低碳意識的城市人口）不斷被新進入的農村人口所稀釋的情況下，加大農村基層地區的低碳宣傳以及低碳知識普及，擴大基層低齡人口（含新並入城市地區低齡人口）接受基礎教育的範圍。在具備基本的文化素養的同時加入低碳意識與知識的培養，一方面可以提高我國人口整體受教育水平，另一方面也為我國建設低碳城市、培育低碳人口打下堅實的教育基礎。此外，將失地農民安置居住地分散在城市各個方向，避免集中居住，使城市新居民能夠充分受到城市低碳文化的感染，而出於保持自身名譽、社會形象的考慮，這些新城市居民會很快地適應低碳城市生活。加之之前已經逐漸形成的、比較模糊的低碳意識的催化作用，將使新城市居民更快地融入低碳城市的建設中。

6.4.3 低碳城市建設的設施要素支撐

城市設施是城市成型並不斷壯大所必須依賴的構成部分。沒有一定的地域以及附著於土地之上的住宅、工廠、公共建築、道路等城市設施，城市則無法成型也無法發展。高聳而寬厚的圍牆和深邃而高大的門洞是對中國古典傳統城市的顯著映像，這些古典城市的「外貌特徵」已經被淹沒在了滔滔的歷史長河中。即便處於封建時代的城市同樣需具備住宅（城內居民居住地）、集市（生產工具和生活用品交易的地方）、服務設施（酒樓、當鋪一類的服務設施）、權力機關（衙門）等城市建築才能保證一座城池的正常運轉。從古至今概莫能外，城市要持續的發展並擴大自身的影響力必須依賴數量可觀且高效運轉的城市設施。

城市道路交通設施穿行於城市內部，將城市內部各種要素串聯在一起，並日夜不間斷地將物資、信息帶往城市的各個角落。從地上交通道路到地下交通道路系統，從可見的物質運輸途徑到信息傳遞的隱形交通（通信線路），城市道路伴隨著經濟和社會的發展由窄變寬，由地上而入地下，由有形延伸出無形，極大地提高了城市運轉的效率，為生活在城市的居民提供了出行便利和節約了時間，保障了地處城市及城市周邊的企業、工廠獲得充足的原材料及勞動力，並且在進入信息經濟時代之後保證了企業能夠跟得上瞬息萬變的時代變化。但也應該看到城市道路的發展主要依靠汽車工業的帶動，而汽車工業的大

發展除了帶動國家 GDP 的提高外，也不可避免地帶來了更多的溫室氣體排放。

城市建築（交通設施以外）是城市中各個區域正常發揮功能的物質基礎。佈局適當的市政建築能為處理市民問題提供便利，而市政設施內部的各種設備是否節約能源、是否低碳高效又可以看出一個城市的管理者對環保事業的態度，當然也能體現出管理者所代表的人民對環境問題的態度。住宅建築是城市建築中占地面積最大的部分。考慮到城市用地緊張和城市人口不斷上升的實際情況，現代建築大多採取垂直發展的思路，因此任何典型的現代城市其居民住宅都是拔地而起直入雲端，這種塔式的居住設施除了能節約用地和對第一次看見高樓大廈的城市新移民造成視覺上的衝擊外一無是處。當然在中國這樣一個傳統上以血親為主要紐帶的社會中，傳統中的鄰里關係已經在改革開放後的30多年裡發生了諸多變化。此處不做深入討論，筆者僅以此為例說明城市住宅建築發生的變化深刻地影響著中國社會關係與社會文化。

中央商務區概念的出現深刻改變了單核城市的樣貌，城市多核式發展蔚然成風，這在一定程度上減小了城市交通系統的壓力，但又增加了城市的碳排放壓力。集中的優勢自不必多談，但即便是第三產業（非生產性產業）的聚集同樣會帶來不小的碳排放問題，諸如次城市核心區建築物的能源消耗和二氧化碳排放，大型商業建築集中在帶給周邊居民生活便利和創造更多就業的同時也帶來了大量的二氧化碳排放。即使採取中央空調系統集中採冷和供暖、使用節能照明設備（此處還未深入談及節能照明設備在製造、使用和回收等環節中的污染問題）等節能措施，但由於建築本身的體量巨大，二氧化碳排放仍然很高，這顯然對低碳城市的建設沒有任何好處。因此關注這種新型的城市建築及其影響，考察其二氧化碳排放是今后城市建築規劃領域中需要重點關注的問題。

道路的延長需要更多的路燈、交通指示燈等配套設施，這又會在一定程度增加能源的消耗，尤其是在考慮市容市貌的情況下，更容易出現許多的「面子工程」。道路基礎設施建設最大的受益者是野蠻增長的汽車工業，而道路設施的需求又源於汽車工業本身。城市大力發展基礎設施建設固然沒錯，而要打破這種循環的關鍵還在於改變現有汽車工業發展模式以及汽車產品的低碳化設計。通過前面的分析我們發現建築業是城市產業部門中隱含碳排放最大的部門，因此從建築業部門入手減排將是城市低碳化建設的重要部分。

總之，現代城市化發展趨勢下，低碳城市建設仍然需要依賴城市基礎設施建設，但不同以往的是，在住宅、工廠、服務設施、市政設施的建設方面從建築材料入手實施低碳化處理，並在建設前的設計階段就秉承人、環境、城市的

和諧發展與可持續發展理念進行設計，嚴格執行環境評估。建設過程中通過嚴格的低碳化管理實現耗能、揚塵、噪音等有害因素的控制。所有的生產行為和生活行為都有賴於城市建築，因此，從城市交通設施和城市建築入手實施低碳化改造也是一條低碳城市建設的有效途徑。

6.4.4　低碳城市建設的文化要素支撐

文化包括廣義和狹義兩個層面，廣義的文化是人類社會歷史發展過程中所創造的一切物質和精神財富。文化是特定的經濟基礎與上層建築的綜合反應，並反過來影響和作用於經濟基礎與上層建築，包括物質文化、制度文化以及心理文化三個方面。從歷史上看，文化是推動社會前進的重要動力之一，因為涵蓋極廣又常被人們稱為「大文化」；與之相對的「小文化」則注重精神創造活動及其結果，主要是心態文化，也就是人們常常說的所謂狹義的文化，其主要內涵是指意識形態所創造的精神財富，如宗教、風俗、文學藝術以及科學技術等。

文化是包括知識、習俗、信仰、藝術、道德在內的，和任何作為社會成員的人所擁有的能力與習慣在內的複雜整體。英國文化學家泰勒在其於1871年出版的《原始文化》一書中如是說。儘管各種社會科學對文化的解釋不盡相同，但總體上文化是伴隨人類社會歷史發展的重要產物。文化被不斷地創造、吸收、變化、再創造，深刻地影響著人口的行為方式和社會發展方式。舊文化不斷被新文化取代，舊文化中具有生命力的精華部分在社會發展過程中保持活力，融合新的政治、經濟、文化等要素形成新文化，因此，文化具有一定的傳承性。而在全球化背景下，文化的全球傳播與影響使散落於世界各地的優秀文化有了充分的空間來發揮自身的作用。

物質文化即人類活動過程中所創造出來的物質文明，關於這一點比較容易理解，我們身邊所有所見、所得、所用之物皆為物質文明。具體舉例如交通工具、日常用品、服飾等等，其是一種「顯性文化」。而制度文化和心理文化則主要指那些看不見、摸不著但又時時刻刻在人們的生活中發揮重要作用的東西，如社會制度、宗教信仰、審美情趣等，因此與「顯性文化」相對應，它又被稱作「隱性文化」，其具體的內容主要體現在文學、語言、政治、哲學等方面。

文化的主要作用包括了四大功用，即整合功能、導向功能、維持秩序功能以及傳承功能。其一，社會中各個個體都是獨立的行動者，按照西方經濟學理論中理性經濟人的假設，社會個體總會按照自身利益最大化進行選擇和行動，

而文化成為了社會成員之間溝通的仲介（語言、習慣等）。如果各個社會成員按照既定的社會文化進行有效地溝通和交流可以有效地消除隔閡、準確地傳遞信息、促成合作，大大提高社會運行效率。其二、作為參與社會活動的個人行動者希望瞭解自己的行為、言談甚至是外表是否在其他人看來是適宜的，並希望自己的表現能夠引起對方的積極回應。採取何種行動和怎樣採取行動便是文化導向功能的最大作用。其三，文化是全社會的人過往共同生活經驗的累積與延續，是人們在長期的適應與改造社會的過程中所保留下來的、被社會大眾所普遍接受的東西。一定的文化形成與確立意味著某一種價值觀和行為規範被廣泛認可，也就意味著一定社會秩序與社會關係的形成。只要這種文化在不斷發揮作用，那麼這種文化所確立的社會秩序與社會關係就將會被一直地維持下去。第四，如果文化能得到下一代的認同、共享，那麼也就意味著上一代文化會繼續對下一代社會個體產生影響，也即文化的傳承功能。事實上，能夠一直傳承下來的文化都是各種文化中的精華，它們產生於上一代甚至上幾代社會，但是又能夠適應新的生產力與生產關係，並且在現代同樣對社會個體起著正向積極的影響，是一種人類社會有用經驗的延續。

綜上所述，文化這一社會隱性機制從來都是社會發展的重要組成部分，我們今天走可持續發展的道路和建設低碳城市也不應該忽略文化的重要作用。發掘和保護傳統文化中優秀的文化要素，並將這些「古人的智慧」運用到現代低碳城市的建設過程中，既是對傳統中國文化的保護與發揚，也是對建設以現代生態文明為目標的低碳城市以及走可持續發展道路的創新嘗試。在傳承優秀文化的同時，審時度勢，結合低碳城市建設的現實需要，充分利用全球化這一趨勢，吸收世界先進文化，結合自身實際創造出內容更加豐富、更加適合中國國情的可持續發展文化。

6.4.5 低碳城市建設的制度要素支撐

制度是一個非常寬泛的概念，一般是指特定的社會內部統一的、用於調節人與人之間社會關係的一系列習慣、道德、法律、戒律、規章等的綜合體。它由社會認可的非正式約束、國家規定的正式約束和實施機制三部分構成。其最一般含義是要求社會中的個人共同遵守辦事規程或者行動準則。

制度與文化一道作為支撐社會有序發展的軟性機制一直以來都被眾多的領域所研究。相較於文化這種軟性的、隱蔽的社會發展機制，制度則更加具有強制性。制度作為社會人共同遵守的行動準則，對城市經濟、城市文化等諸多方面都具有深刻的影響。

首先，制度源於文化，與文化具有某些共同特徵，但又具有正式或非正式的強制力。其與文化最主要的區別在於制度一旦形成或者被制定出來就必須被遵守，而非正式的文化元素往往隨著時間的流逝而被主流文化所同化，因此儘管制度與文化一樣屬於推動社會發展的軟性機制，但是制度的強制約束性又使其更具有文化所不具備的顯性作用。

其次，制度本身所具備的特性使制度成為了社會發展所必須具備的要素。制度對其制約下的相關人員做出具體的規定，需要做什麼、如何做都具有一定的提示和指導，同時也明確了相關人員不能做什麼以及違背了相應制度之後將會受到什麼樣的懲罰。制度的這種約束性與指導性鞏固了制度本身的權威性，同時也起到了維持社會各種秩序的作用。制度的激勵性和鞭策性促使制度約束之下的相關人員遵守紀律、勤奮工作、在社會中實現個人價值，並努力維持良好的社會秩序（規則）。制度對實現工作的規範化、法規化、科學化有著重大的影響作用，制度的制定必須以相關的政策、法律、法令為依據，並參考社會認可的風俗習慣。制度本身所具備的程序性為人們的生產活動和生活行為提供了可遵循的依據。

制度的力量究竟如何強大，可以使全球各國都將其作為馭國治家的重要手段？這是一個非常值得研究的問題。在當今這樣一個走可持續發展道路、發展低碳經濟、建設低碳城市的歷史過程中，在依法治國的前提下，重視制度的作用為我們順利實施的具體過程做好心理準備，謹慎制定和貫徹落實制度是建設低碳城市、發展低碳經濟、走可持續發展之路和從工業文明跨入生態文明時代的重要環節與支撐手段。

低碳制度需要從社會生活和法律等多方面進行考察和制定，而這些制度一旦制定就需要強大的執行力來保證社會大眾對制度的認同和遵守。法律層面的制度包括從憲法到地方法規、辦法、條例一類的規章制度，永久性的和臨時性的法律制度。這些制度制定的依據首先是依法治國，而後是可持續發展和低碳城市建設的具體要求。所有的法律條文、政策制度都應圍繞可持續發展和低碳城市來進行調查和制定，最終為建設低碳城市服務。社會生活層面的制度制定則需要更加關注民眾日常生活中低碳化的訴求與可能性，在能源使用、低碳節能產品使用、廢棄物回收利用等領域制定相關的制度，細化廢舊電池回收機制、電器以舊換新機制、電器節能補貼機制等，並努力使這些機制長效化。

從前面對制度的一般性研究可以看出，一套完整而有效的制度對社會的有序發展非常重要。針對可持續發展理念和低碳城市建設所制定的一系列制度目標更加明確，在保障低碳城市建設內部各項工作的有序進行方面更加有力。城

市產業在低碳制度的約束與激勵下改進原材料、生產流程、生產工藝、管理制度等，向低碳、節能、高效的方向轉化；城市人口在低碳制度的約束和激勵下自覺地遵守低碳共識、實踐低碳行為、創新低碳生產與低碳生活；文化要素在低碳制度的催化下發揮更大的、潛移默化的作用使可持續發展與低碳概念為普羅大眾所接受，將低碳城市的軟件支撐層面提到最高。由此也可以看出低碳城市的支撐要素中，制度支撐又是其他支撐要素的支撐。

此外，技術進步、資金支持等都是建設低碳城市必不可少的支撐要素。但就重要性來說，上述五大要素已經涵蓋了大部分的低碳城市建設內容。尤其是前文隱含碳排放驅動因素的分析中，生產方式進步和生活方式進步兩個方面分別包含了產業、人口、文化以及制度所起到的作用，例如文化和制度的長期影響對人們改變生產方式和生活方式存在極大的影響。而就設施支撐方面所涉及的隱含碳排放問題其實也在前文對產業隱含碳排放的分析中有所體現，如對建築業的隱含碳排放效率分析。因此，通過隱含碳排放驅動因素的分析，才有了與之對應的上述低碳城市建設五大支撐要素的提出。

6.5 本章小結

在本章，我們首先通過回顧國外建設低碳城市的情況以及我國目前建設低碳城市試點的情況，總結出了一些值得我們借鑑的經驗和教訓。

其次，對「低碳城市化」與「城市低碳化」在概念上進行了區別，詳細敘述了這兩個不同的概念，並提出了這兩種模式在我國現階段建設低碳城市過程中所發揮的不同作用。得出結論：我國目前的國情決定了在建設低碳城市的過程中選擇二者相結合的混合模式是較為穩妥而有效的方式。

最後，提出並分析了我國在建設低碳城市過程中的五大支撐要素，即產業支撐要素、人口支撐要素、設施支撐要素、文化支撐要素、制度支撐要素，並認為，在設施、制度、文化還無法有效利用量化方法進行分析的情況下，重視並不斷關注這些要素對低碳城市建設是否是有益的嘗試。在此基礎上分析了各支撐要素之間的關係以及各支撐要素和低碳城市建設之間的關係。

綜上所述，我們可以得出以下幾點結論：

第一，現代城市化的發展方式是工業革命以后伴隨工業化進程而出現的一種先進的文明發展方式，是現在以及未來人類在社會、經濟、政治、文化等領域發展的必然載體。

第二，發達國家已經基本完成城市化過程並向低碳城市、綠色城市、智慧城市等新型的城市形態過渡，而眾多發展中國家則正處於城市化的初級階段，並迫於各種內外壓力在本國城市化方面向發達國家看齊。但由於技術、資本等因素的制約，發展中國家與發達國家之間的差距沒有縮小反而越來越大。

第三，「低碳城市化」與「城市低碳化」是兩個不同的概念，儘管二者都與低碳經濟、可持續發展相關聯，但二者的側重點、時機、實現手段等許多方面都存在差異。而從目前中國的實際情況來看，以「城市低碳化」改造與升級為主，以城市新城區「低碳城市化」為輔的混合發展策略是一個較為科學、經濟而有效的選擇。

7 政策建議及研究展望

7.1 政策建議

本研究借助研究隱含碳排放的三大工具：Kaya 恒等式、I-O 模型以及 LMDI 分解方法，先分析了中國隱含碳排放量及其變化量，其次分析了影響中國隱含碳排放變動的驅動因素，並將這些因素分解為 2 個層次 8 個因素。通過分析發現，2 個層次中分別又以生產方式進步和生活方式進步對中國隱含碳排放變動影響最大。針對這樣的結果，結合前文分析做出以下的政策建議：

（1）開展常態化隱含碳排放的核算與研究，全面認識碳排放問題。

考慮到中國是全球最大的發展中國家以及國內經濟持續發展的這一現實情況，一方面要充分保證國內經濟穩步增長，另一方面又要承擔一定的國際二氧化碳減排任務。因此重新考慮碳排放的計量方法和避免因國際貿易而出現的「碳泄漏」是中國全面建設小康社會、建設低碳城市、走可持續發展道路的首要任務。根據第五章的結論，我國的產業部門以建築業、服務業的隱含碳排放最為巨大，因此有針對性地對終端消費市場尤其是服務業、居民消費等領域開展節能減排行動就勢在必行。按照傳統二氧化碳減排思路主要從節約能源和改造生產設備、工藝等入手，而按照隱含碳排放研究所得出的結論，不僅要從生產的源頭入手，更要從產業鏈的終端來實施碳減排。同時，積極擴大國內市場需求是避免「碳泄漏」的有效方式，並且通過政策上的一些限制，限制高碳產品生產與出口，對進口產品也採取碳排放約束，將有效地避免「碳泄漏」和肩負起國際溫室氣體減排的重任。

（2）積極改進生產方式與生活方式，保證有效的二氧化碳減排行動。

根據本研究第 5 章的分析結果可以看出，影響中國隱含碳排放量變動最主要的兩個因素分別是來自生產過程和生活過程的生產方式進步因素和生活方式

進步因素。如前所述，生產方式進步不是簡單的技術進步，而是包含了先進製造工藝、先進技術設備、優化的企業管理機制等豐富內容在內的一系列措施。而生活方式進步也並不僅僅是生活水平（以人均能源消耗衡量）的提高，而是包含了諸如生活態度轉變、生活垃圾分類、低碳出行、有效回收廢舊生活用品、節約生活資源等細小行為在內的一系列活動。在理論上生產方式與生活方式的進步能夠有效地降低能源消耗、減少溫室氣體排放，因此通過各種實踐活動的探索以及政策措施的支持，改變傳統的生產過程與生產方式，改變舊有的思想觀念與生活習慣將有助於更加有效地減少溫室氣體排放。特別值得注意的是，按照隱含碳排放核算的方法與過程，產品經過越多的生產過程其最終被消費之后所產生的隱含碳排放就越高，因此設法在保證產品質量的情況下縮短生產過程是較為有效減少二氧化碳排放的方式。同時，由於消費者的消費行為是產品生命的終端，按照隱含碳核算的方法，生活過程中對各種產品的消費將產生大量的碳排放。因此，引導消費者削減不必要的產品消費，在不斷提高生活品質的前提下發揚勤儉節約的傳統美德，也是構建低碳社會、建設低碳城市、走可持續發展道路的重要環節。

（3）重視支撐要素建設與模式選擇，確保低碳城市可持續。

本書在第六章分析了中國在進行低碳城市建設過程中所面臨的兩種模式，並對這兩種模式的概念進行了厘清，同時就中國未來在進行低碳城市建設的過程中採取哪一種模式進行了詳細的分析。實際上這裡所講到的模式並不是我們傳統意義上的模式，不是那種一旦選擇就能夠有長期不變的按照既定的路線、措施、政策方法、技術經驗進行下去的模式，更準確的表述是，一種建設框架結構。這兩種框架就是「低碳城市化」與「城市低碳化」框架。就中國目前的國情來看，一方面要積極發展低碳經濟以踐行可持續發展的道路，另一方面也要保證一定的經濟發展速度與規模。鑒於此，採取一種舊城以「城市低碳化」改造為主要框架，而新規劃城區、城鎮以「低碳城市化」發展思路為主的「雙框架」結構進行中國低碳城市建設的規劃與實施。針對低碳城市建設的五大支撐要素，我們認為：

第一，舊城低碳改造與城市新區低碳設計並重。在可持續發展理念以及發展低碳經濟的指導方針下，從最實際、最容易的方面入手，將城市建成區的低碳化改造作為建設低碳城市的主要手段，並通過先進的低碳設計和規劃理念對城市未來建設區域進行低碳規劃，使之能夠從建設伊始便能符合低碳城市的要求。由於城市發展自身的規律，兩種模式無法割裂，二者必須結合但應有側重。首先，通過學習國際先進經驗和技術手段進行創新，將產業結構、產業要

素進行全方位的低碳化升級；挖掘和開發城市低碳文化，加大對城市低碳人口的培育；通過擴建、改造等手段整治城市交通體系以及各種建築，構建城市綠色交通網路和城市綠色建築體系；最為重要的是通過成文法律和其他政策措施確保對產業、人口、文化、交通、建築等領域的低碳化改造工作能夠得到落實。其次，借鑑國際上已有的低碳城市建設經驗，結合中國城市發展實際情況，對新規劃城市以及舊城擴展所涉及的新城建設區域採取積極主動的低碳策略，在城市景觀設計、產業佈局、人口轉化、城市道路、建築以及其他基礎設施建設時注入更為開放和富有現代感的理念，在新城建設上突顯出「低碳城市化」模式的優勢，以最為經濟有效的方式實現新建區域的低碳發展。

第二，進行產業低碳化改造以及城市低碳人口培育。對於城市傳統「三高」產業通過經濟手段、政策措施進行綜合規制。對已經達到低碳城市要求的低碳產業、低碳企業通過經濟獎勵、減免稅費等手段進行鼓勵，對未達標的企業實施「二氧化碳減排保證金」制度等，起到促進整改的作用；通過交流學習，在模仿發達國家城市低碳化發展的基礎上根據自身實際情況，以自主研發為主並適當引進，開發低碳生產設備和技術促使產業的低碳生產，從而減輕對城市自然環境的威脅；重點培育新型環保企業以及發展低碳新能源產業，引進和開發低碳技術，提高現有能源利用效率和生產效率，用更多的低碳能源、產品豐富市場，滿足城市居民消費的低碳要求；通過家庭、學校、社會等多方位、多層次的低碳教育與宣傳手段培育城市居民對低碳生產與低碳生活的共同認知，改變不可持續、高碳的消費習慣和生活方式，在城市經濟的微觀層次促成低碳城市目標的達成。

第三，構建城市綠色交通體系與綠色建築系統。城市交通是物資、信息以及其他城市要素得以流動的載體，猶如人體中的血管。對城市交通體系的低碳化升級將有助於傳統城市迅速和明顯地向低碳城市過渡，對於城市綠色交通體系的構建主要應從以下三個方面入手。其一，加大對城市公共交通體系的投入與改造，通過開發新動力（電動、氫動力）公共交通車輛、對現有公交車輛燃料系統進行改造、調整公交線路、合理調度公共交通車次、發展地下以及地上軌道交通設施，構建立體的低碳公共交通網路；其二，發掘我國自行車文化，鼓勵城市居民在短途通勤時選擇自行車或步行的「零碳」交通方式，從而達到二氧化碳減排與全民健身的雙重效果，考慮到城市人口眾多的因素，建議開闢並維護好專門的自行車道和人行步道，並將二者進行嚴格分離，以避免發生危險；其三，通過法律、行業標準等制度層面的手段限制非公共交通機動車數量，鼓勵市民出行選擇公共交通工具，並對於經營性私人車輛（貨車）

通過徵稅等方式調節，對於非法載客的私家車輛則應該加大打擊力度。

城市建築是城市中各種資源的據點，它們聚集、生產並擴散各種資源要素，猶如人體中的組織器官。對其實施低碳化的改造與升級將使其更好地發揮城市資源要素的聚集與擴散作用，使城市運行更加高效。構建城市低碳建築系統可以從以下四個方面入手。其一，利用財政補貼或者稅收調節的手段鼓勵業主對舊城建築採取能源系統的低碳節能改造，通過對建築物門窗的改造，最大限度利用自然光照明；其二，將建築物內部照明設備更換為節能的 LED 照明設備，並安裝可根據外部環境光照自動調節室內照明亮度的設備；其三，針對建築物頂部及外牆生態化裝飾，利用特殊植物的生長特性綠化建築物外牆，實現調節建築物內溫度的作用，可以有效降低空調使用率，同時也有效增加了城市綠地面積；其四，有條件的地區可以通過使用太陽能、風能等清潔能源提供電力以間接地降低碳排放。

第四，發掘低碳城市文化支撐與低碳制度保障。文化是民族國家存在和發展過程中一以貫之的核心內容，優秀的文化傳統延綿千年，使受到該文化浸潤的人與社會和諧發展。在強調以經濟基礎為核心的國家實力競爭中，隨著全球化進程的加劇，文化軟實力逐漸顯現出其對於提升國家實力的重要作用。中國傳統文化中「天人合一」的思想教化人們順應自然發展規律而生生不息。現代化建設與環境危機之間的矛盾並非無解，發掘中國傳統文化中的優良基因，利用祖先留下的發展智慧，結合現實國情及發展需要，創造中國特色的新型現代化低碳城市文化將對低碳城市建設起到重要的作用。結合對城市低碳人口的培育，發掘傳統文化中關於人與自然和諧共生的文化傳統，並將這些抽象的文化理論融入各層次的教育中，尤其是對少年兒童的教育，通過除學校教育之外的家庭教育、社會教育加大對低碳文化的宣傳，使城市居民具備城市低碳生活共識。挖掘其他文化元素，例如「自行車文化」「健步走文化」「體育文化」等引導城市居民向更加健康和低碳的生活方式轉變。吸收先進國家的低碳城市建設經驗，通過城市與城市之間的文化交流來培育城市新型低碳文化元素。

一套完整、科學、合理的制度將有效保障低碳城市建設順利進行，並能夠長期、高效地維持低碳城市運轉，進而達到可持續發展的目的。建設科學合理，並行之有效的低碳城市制度支撐有賴於制度的制定與執行。首先，針對低碳城市建設目標，制定新制度和調整已有制度。一方面，適應新形勢的新制度在舊城的低碳化改造中必不可少，對新城區建設更是意義重大。但需注意的是，制度之間可能存在重疊，造成制度選擇的困難；也可能存在空白，造成制度的缺位。同時，密集的制度意味著更多的制約，這可能挫傷一些經濟主體參

與低碳城市建設的積極性。另一方面，對既有制度的低碳改革是一種有效也較容易實施的手段，因為既有制度已經支撐起了現有城市模式及其運轉，有一定運行基礎和經驗，但顯現出一些問題。因此，保持優勢並改變劣勢成為了改革既有城市建設制度的主要任務。其次，將低碳發展的環節寫入法律，以保證形成一套可以長期行之有效的系統，增加企業、家庭、個人的違約成本（當低碳共識形成后即成為一種社會契約）。減少政策性干預，在導向上發揮作用，主要依靠經濟手段和市場機制來完成低碳城市建設。有針對性地對低碳城市發展中的各個要素進行制度創新，力爭各個領域之間的無縫連接與全覆蓋，避免制度缺位和制度衝突。最后，在有制度可循的基礎上，嚴格按照制度行事，保證低碳城市建設的制度執行是關鍵，光有科學的制度而無法保證其得以實施將是低碳城市建設過程最為可悲的事情，也將導致低碳城市建設所有細節低效運行甚至是前功盡棄，低碳城市建設的制度執行程度直接關係到低碳城市建設的成敗。

總之，低碳城市建設非一夕之功，需要通過各種要素的共同作用才能達成，而有效的組織和管理這些要素成為了低碳城市建設的關鍵。通過制度的支撐整合產業、人口、文化、城市基礎建設等多方面因素將使低碳城市更快實現。兩種模式的并行將為低碳城市建設提供更加豐富和靈活的選擇，將「城市低碳化」作為目前中國建設低碳城市主要途徑，並在新城區建設時採取「低碳城市化」策略的混合策略將是最有效和最經濟的選擇。

7.2 研究的可能創新

本研究在充分吸收前人研究成果的基礎上，在以下領域的研究內容上進行了有益的嘗試：

第一，將原來專注於國際貿易領域的隱含碳排放研究方法與內容移植到一國範圍內，並運用該方法所得出的結論用以解釋我國低碳城市建設中的有關問題並提出相關建議。此外，逐漸構築起以 Kaya 恒等式、I-O 模型、LMDI 分析工具為核心的三大隱含碳排放研究工具。

第二，在具體的隱含碳排放分析過程中將影響中國隱含碳排放變動的因素分為了 2 個層次 8 個要素，比起傳統意義上的碳排放分析層次更加分明，要素劃分也更加細膩。尤其是提出了生產方式進步與生活方式進步兩個要素，這兩個要素是影響中國隱含碳排放變動最大的要素，也是今后的研究中將進一步深

入的內容。

第三，對傳統研究中存在混用的概念進行了理清，重新定義了「低碳城市化」與「城市低碳化」概念，並指出按照中國目前的國情，應該在以「城市低碳化」的舊城改造與重塑為主，「低碳城市化」新城的設計與規劃為輔的低碳城市建設框架下進行可持續實踐活動。

第四，強調文化與制度在低碳城市建設中的重要作用。低碳制度是低碳城市五大支撐要素之首，是其他支撐要素的支撐。在依法治國的背景下，低碳制度是最為重要的軟性約束機制。同時，低碳文化在低碳制度的支撐下潛移默化地影響城市人口的生產與消費行為進而影響城市產業、市場經濟等方面的低碳化建設內容。

7.3 研究不足與展望

本文仍然存在諸多方面的改進余地，限於篇幅部分內容沒有深入展開，而這些未作展開的部分有些又頗具研究價值。從改進數據支撐與研究方法來說，隨著時間的推移和研究條件的改善，可以獲得更豐富的數據從而更有力地對隱含碳排放進行深入研究。在研究方法上還可以利用其他一些基本的或者更具創新性的計量經濟工具，深度挖掘各種指標之間的變動關係，更加具體地得出低碳城市建設各要素之間的變動關係。

研究的不足之處在於，儘管產業與人口因素進入了本研究所設計的模型，但作為低碳城市建設的文化因素和制度因素由於很難量化，暫時還無法進入本研究的模型進行數量分析，因此文化和制度要素對低碳城市的支撐仍然停留在理論分析階段。此外，隱含碳排放與城市經濟之間的關係還有待進一步分析，如投資與隱含碳排放之間的關係、居民受教育程度與隱含碳排放之間的關係、城市道路交通里程與隱含碳排放的關係、城市建築面積與隱含碳排放之間的關係等更加細緻的研究領域還有待深入。

總之，本研究僅起到拋磚引玉的作用，為今后隱含碳排放研究領域更加細緻而深入的研究提供一些思路。

參考文獻

[1] 葉民強.雙贏策略與制度激勵[M].北京：社會科學出版社，2002.

[2] 李利鋒，等.區域可持續發展評價[J].地理科學進展，2002，21（3）：245.

[3] 伊格納·齊薩克斯.導論：從量和質兩個方面測量發展——其含義及其限制[J].國際社會科學雜誌：中文版，1996，13（1）：7-18.

[4] 唐納德·麥格雷納罕.發展的測度：聯合國社會發展研究所的研究工作[J].國際社會科學雜誌：中文版，1996，13（1）：43-63.

[5] 保羅·斯特里滕.關於人文發展指數的爭論[J].國際社會科學雜誌：中文版，1996，13（1）：31-44.

[6] 齊曄，李惠民，徐明.中國進出口貿易中的隱含碳估算[J].中國人口·資源與環境，2008，18（3）：8-13.

[7] 增昭斌.我國可持續發展理論研究評述[J].南陽師範學院學報：社會科學版，2007（6）：11-45.

[8] 蘇振民，林炳耀.城市的可持續發展警度——以南京為例[J].中國人口·資源與環境，2006（3）：103-106.

[9] 劉岩，張珞平，洪華生.城市規劃與城市可持續發展[J].城市環境與城市生態，2000（6）：12-14.

[10] 馬定武.城市化與城市可持續發展的基本問題[J].城市規劃匯刊，2000（2）：30-34.

[11] 謝永琴.城市可持續發展的空間結構分析[J].地域研究與開發，2002（1）：31-34.

[12] 秦耀辰，張二勳，劉道芳.城市可持續發展的系統評價——以開封市為例[J].系統工程理論與實踐，2003（6）：1-8，35.

[13] 李祚泳，程紅霞，鄧新民，趙曉宏.城市可持續發展的指數普適公式及評價模型[J].環境科學，2011（11）：108-111.

[14] 海熱提·涂爾遜, 王華東, 王立紅, 彭應登. 城市可持續發展的綜合評價 [J]. 中國人口·資源與環境, 1997 (6): 46-50.

[15] 李鋒, 劉旭升, 胡聃, 王如松. 城市可持續發展評價方法及其應用 [J]. 生態學報, 2007 (27): 4793-4801.

[16] 白鳳崢. 城市可持續發展評價指標體系的建立 [J]. 山西財經大學學報, 2000 (6): 87-93.

[17] 凌亢, 趙旭, 姚學峰. 城市可持續發展評價指標體系與方法研究 [J]. 中國軟科學, 1999 (12): 106-110.

[18] 凌亢, 白先春, 郭存芝. 城市可持續發展調控的可拓研究 [J]. 中國軟科學, 2009 (12): 133-141.

[19] 常勇, 胡晉山, 黃茂軍. 城市可持續發展系統空間分析 [J]. 地理空間信息, 2007 (2): 21-23.

[20] 張新生, 何建邦. 城市可持續發展與空間決策支持 [J]. 地理學報, 1997 (11): 507-516.

[21] 李晶. 城市可持續發展指標體系及評價方法研究——以資源枯竭型城市為例 [J]. 財經問題研究, 2005 (6): 52-56.

[22] 朱明峰, 洪天求, 賈志海, 潘國林. 我國資源型城市可持續發展的問題與策略初探 [J]. 華東經濟管理, 2004 (6): 27-29.

[23] 鄭伯紅, 廖榮華. 資源型城市可持續發展能力的演變與調控 [J]. 中國人口·資源與環境, 2003 (2): 92-95.

[24] 劉頌, 劉濱誼. 城市人居環境可持續發展評價指標體系研究 [J]. 城市規劃匯刊, 1999 (5) 35-38.

[25] 趙鵬軍, 彭建. 城市土地高效集約化利用及其評價指標體系 [J]. 資源科學, 2001 (9): 23-27.

[26] 劉盛和. 城市土地利用擴展的空間模式與動力機制 [J]. 地理科學進展, 2002 (1): 43-49.

[27] 催人元, 霍明遠. 創造階層與城市可持續發展 [J]. 人文地理, 2007 (1): 7-11.

[28] 張廣毅. 基於灰色聚類法的城市可持續發展水平測度分析：以長江三角城市群和山東半島城市群為例 [J]. 生態經濟, 2009 (7): 71-81.

[29] 張衛民. 基於熵值法的城市可持續發展評價模型 [J]. 廈門大學學報: 哲學社會科學版, 2004 (2): 109-115.

[30] 仇保興. 緊湊度和多樣性——我國城市可持續發展的核心理念 [J].

城市規劃，2006（11）：18-24.

[31] 宋德勇，盧忠寶.中國碳排放影響因素分解及其週期性波動研究[J].中國人口·資源與環境，2009（3）：93-108.

[32] 徐國泉，劉則淵，姜照華.中國碳排放的因素分解模型及實證分析：1995—2004 [J].中國人口·資源與環境，2006（6）：78-85.

[33] 馮相昭，鄒驥.中國 CO_2 排放趨勢的經濟分析 [J].中國人口·資源與環境，2008（3）：43-47.

[34] 牛叔文，丁永霞，李怡欣，羅光華，牛雲翥.能源消耗、經濟增長和碳排放之間的關聯分析——基於亞太八國面板數據的實證研究 [J].中國軟科學，2010（5）：12-19.

[35] 張增凱，郭菊娥，安尼瓦爾·阿木提.基於隱含碳排放的碳減排目標研究 [J].中國人口·資源與環境，2011（12）：47-51.

[36] 陳紅敏.包含工業生產過程碳排放的產業部門隱含碳研究 [J].中國人口·資源與環境，2009（3）：25-31.

[37] 姚亮，劉晶茹，王如松.中國居民消費隱含的碳排放量變化的驅動因素 [J].生態學報，2011（19）：36-41.

[38] 戴小文.中國隱含碳碳排放驅動因素分析 [J].財經科學，2013（2）：101-112.

[39] 戴小文.中國農業隱含碳排放核算與分析——兼與一般碳排放核算方法的對比 [J].財經科學，2014（12）：127-136.

[40] 戴亦欣.中國低碳城市發展的必要性和治理模式分析 [J].中國人口·資源與環境，2009（3）：15.

[41] 顧朝林，等.氣候變化、碳排放與低碳城市規劃研究進展 [J].城市規劃學刊，2009（3）：38-45.

[42] 付允，馬永歡，劉怡君，牛文元.低碳經濟的發展模式研究 [J].中國人口·資源與環境，2008（3）：14-19.

[43] 辛章平，張銀太.低碳經濟與低碳城市 [J].城市發展研究，2008（4）：98-102.

[44] 陳飛，諸大建.低碳城市研究的內涵、模型與目標策略確定 [J].城市規劃學刊，2009（4）：8.

[45] 王鋒，吳麗華，楊超.中國經濟發展中碳排放增長的驅動因素研究 [J].經濟研究，2010（2）：123-136.

[46] 林伯強，蔣竺均.中國 CO_2 的環境庫茲涅茲曲線預測及影響因素分

析［J］.管理世界，2009（4）：27-36.

［47］陳詩一.能源消耗、CO_2排放與中國工業的可持續發展［J］.經濟研究，2009（4）：41-55.

［48］國務院發展研究中心課題組.全球溫室氣體減排：理論框架和解決方案［J］.經濟研究，2009（3）：4-13.

［49］張雷，李豔梅，黃園淅，吳映梅.中國結構節能減排的潛力分析［J］.中國軟科學，2011（2）：42-51.

［50］劉洪康，吳忠觀.人口理論［M］.成都：西南財經大學出版社，1991：272-273.

［51］涂正革.環境、資源與工業增長的協調性［J］.經濟研究，2008（2）：93-105.

［52］張紅鳳，周峰，楊慧，郭慶.環境保護與經濟發展雙贏的規制績效實證分析［J］.經濟研究，2009（3）：14-26.

［53］林伯強，魏巍賢，李丕東.中國長期煤炭需求：影響與政策選擇［J］.經濟研究，2007（2）：48-58.

［54］牛叔文，丁永霞，李怡欣，羅光華，牛雲翥.能源消耗、經濟增長和碳排放之間的關聯分析——基於亞太八國面板數據的實證研究［J］.中國軟科學，2010（5）：12-19.

［55］劉明磊，朱磊，範英.我國省級碳排放績效評價及邊際減排成本估計：基於非參數距離函數方法［J］.中國軟科學，2011（3）：106-114.

［56］姜愛林.城鎮化水平的五種測算方法分析［J］.中央財經大學學報，2002（8）：76-80.

［57］龍惟定，白瑋，梁浩，範蕊，張改景.低碳城市的城市形態和能源願景［J］.建築科學，2010（2）：13-18.

［58］駱華，費方域.英國和美國發展低碳經濟的策略及其啟示［J］.軟科學，2011，25（11）：85-90.

［59］United Nations. World Urbanization Prospects: The 2005 Revision［R］. New York: United Nations, 2005: 1-196.

［60］Bauer R A. Social Indicator［M］. Cambridge, MA: MIT Press, 1966.

［61］Streeten P S, Burki J, ul Haq M, et al. First Thing's First—Meeting Basic Need's in Developing Countries［M］. New York: Oxford University Press, 1981.

［62］Sen A. The Standard of Living［M］. Cambridge: Cambridge University Press, 1987.

[63] Drew nowsks J, Scott W. The Level of Living Index Report4 [R]. Geneva: United Nation's Research Institute for Social Development, 1966.

[64] Mcgranahan D, Richard- Proust V C, Sovani N V, et al. Contents and Measurement of Socio-Economic Development [M]. New York: Praeger, 1972.

[65] Mcgranahan D, Pizarro E, Richard C. An Inquiry into International Indicators of Development of Social and Economic Components of Development [C] //United Nations Research Institute for Social Development (UNRISD). Measurement and Analysis of Socio-Economic Development. Geneva: UNRISD, 1985.

[66] Westendoff D G, Ghai D. Monitoring Social Progress in the 1990s- Data Constraints, Concerns and Priorities [M]. Aldershot: Avebury/ UNRISD, 1993.

[67] UNDP. Human Development Report 1992, 1993, 1994, 1995 and 1996 [M]. New York: Oxford University Press, 1997.

[68] Ifigeneia Theodoridou, Agis M. Papadopoulos, Manfred Hegger. A Feasibility Evaluation Tool for Sustainable Cities—A case Sudy for Greece [J]. Energy Policy, 2012 (44): 207-216.

[69] Jan Rotmansa, Marjolein van Asselt, Pier Vellinga. An Integrated Planning Tool for Sustainable Cities [J]. Environmental Impact Assessment Review, 2000 (20): 265-76.

[70] Marcus Vinicius Alves Finco, Werner Doppler. Bioenergy and Sustainable Development: The Dilemma of Food Security and Climate Change in the Brazilian Savannah [J]. Energy for Sustainable Development, 2010 (14): 94-199.

[71] Jake M. Piper. CEA and Sustainable Development Evidence from UK Case Studies [J]. Environmental Impact Assessment Review, 2002 (22): 17-36.

[72] S. Mostafa Rasoolimanesh, Nurwati Badarulzaman, Mastura Jaafar. City Development Strategies (CDS) and Sustainable Urbanization in Developing World [J]. Procedia-Social and Behavioral Sciences, 2012 (36): 623-631.

[73] Axel Volkery, Darren Swanson, Klaus Jacob, Francois Breghala, Lá szló Pintér. Coordination, Challenges and Innovations in 19 National Sustainable Development Strategies [J]. World Development, 2006 (34): 2047-2063.

[74] Anders Breidlid. Culture, Indigenous Knowledge Systems and Sustainable Development: A Critical View of Education in an African Context [J]. International Journal of Educational Development, 2009 (29): 140-148.

[75] Charikleia Karakosta, Dimitris Askounis. Developing Countries' Energy Ee-

eds and Priorities under A Sustainable Development Perspective: A Linguistic Decision Support Approach [J]. Energy for Sustainable Development, 2010 (14): 330-338.

[76] Habib M Alshuwaikhat, Danjuma I Nkwenti. Developing Sustainable Cities in Arid Regions [J]. Cities, 2002 (19): 85-94.

[77] Graham Haughton, Developing Sustainable Urban Development Models [J]. Cities, 1997 (14): 189-195.

[78] Charikleia Karakosta, Haris Doukas, John Psarras. Directing Clean Development Mechanism Towards Developing Countries' Sustainable Development Priorities [J]. Energy for Sustainable Development, 2009 (13): 77-84.

[79] William Seabrooke, Stanley C. W. Yeung, Florence M. F. Ma, Yong Li. Implementing Sustainable Urban Development at the Operational level (with special reference to Hong Kong and Guangzhou) [J]. Habitat International, 2004 (28): 443-466.

[80] Richard Bond, Johanna Curran, Colin Kirkpatrick, Norman Lee, Paul Francis. Integrated Impact Assessment for Sustainable Development: A Case Study Approach [J]. World Development, 2001 (29): 1011-1024.

[81] Cigdem Varol, Ozge Yalciner Ercoskun, Nilufer Gurer. Local Participatory Mechanisms and Collective Actions for Sustainable Urban Development in Turkey [J]. Habitat International, 2011 (35): 9-16.

[82] Manoj Roy. Planning for Sustainable Urbanization in Fast Growing Cities: Mitigation and Adaptation issues Addressed in Dhaka, Bangladesh [J]. Habitat International, 2009 (33) 276-286.

[83] Emir Fikret oglu Huseynov. Planning of Sustainable Cities in View of Green Architecture [J]. Engineering, 2011 (21): 534-542.

[84] Justin M. Mog. A Comparative Framework for Evaluating Sustainable Development Programs [J]. World Development, 2004 (32): 2139-2160.

[85] Peter Nijkamp, Caroline A. Rodenburg, Alfred J. Wagtendonk Success Factors for Sustainable Urban Brownfield Development: A Comparative Case Study Approach to Polluted Sites [J]. Ecological Economics, (2002) 40: 235-252.

[86] P. M. Cozens. Sustainable Urban Development and Crime Prevention through Environmental Design for the British City Towards an Effective Urban Environmentalism for the 21st Century [J]. Cities, 2002 (19): 129-137.

[87] N. Dempsey, C. Brown, G. Bramley. The Key to Sustainable Urban Development in UK Cities? The Influence of Density on Social Sustainability [J]. Progress in Planning, 2012 (77): 89-141.

[88] Atalie Rosales. Towards the Modeling of Sustainability into Urban Planning: Using Indicators to Build Sustainable Cities [J]. Engineering, 2011 (21): 641-647.

[89] Pallavi Tak Rai. Townships for Sustainable Cities [J]. Social and Behavioral Sciences, 2012 (37): 417-426.

[90] Chris Couch, Annekatrin Dennemann. Urban Regeneration and Sustainable Development in Britain: The Example of the Liverpool Ropewalks Partnership [J]. Cities, 2000 (17): 137-147.

[91] Inmaculada Martínez-Zarzoso, Antonello Maruotti. The Impact of Urbanization on CO_2 Emissions: Evidence from Developing Countries [J]. Ecological Economics, 2011 (70): 1344-1353.

[92] Phetkeo Poumanyvong, Shinji Kaneko. Does Urbanization Lead to Less Energy Use and Lower CO_2 Emissions? A Cross-country Analysis [J]. Ecological Economics, 2010 (70): 434-444.

[93] Sharif Hossain. Panel Estimation for CO_2 Emissions, Energy Consumption, Economic Growth, Trade Openness and Urbanization of newly Industrialized Countries [J]. Energy Policy, 2011, 39 (11): 6991-6999.

[94] Ehrlich P R, Ehrlich A H. Population, Resources, Environment Issues in Human Ecology [M]. San Francisco: Freeman, 1970.

[95] Yoichi Kaya. Impact of Carbon Dioxide Emission on GNP Growth: Interpretation of Proposed Scenarios [R]. Paris: the Energy and Industry Subgroup, Response Strategies Working Group, IPCC, 1989.

[96] David McCollum, Christopher Yang. Achieving Deep Reductions in US Transport Greenhouse Gas Emissions: Scenario Analysis and Policy Implications [J]. Energy Policy, 2009, 37 (12): 5580-5596.

[97] Christopher Yang, David McCollum, Ryan McCarthy, Wayne Leighty. Meeting an 80% Reduction in Greenhouse Gas Emissions from Transportation by 2050: A Case Study in California [J]. Transportation Research Part D: Transport and Environment, 2009, 14 (3): 147-156.

[98] G. M. Grossman, A. B. Krueger. Economic, Growth and the Environment

[J]. Quarterly Journal of Economics, 1995 (2): 353-377.

[99] Wyckoff AW, Roop JM. The Embodiment of Carbon in Imports of Manufactured Products: Implications for International Agreements on Greenhouse Gas Emissions [J]. Energy Policy, 1994, 22 (3): 187-194.

[100] Khrushch M. Carbon Emissions Embodied in Manufacturing Trade and International Freight of the Eleven OECD Countries [D]. Berkeley: University of California at Berkeley (MSc Thesis), 1996.

[101] Lenzen M. Primary Energy and Greenhouse Gases Embodied in Australian Final Consumption: An Input-output Analysis [J]. Energy Policy, 1998, 26 (6): 495-506.

[102] Frank Ackerman, Masanobu Ishikawa, Mikio Suga. The Carbon Content of Japan-US Trade [J]. Energy Policy, 2007 (35): 4455-4462.

[103] Schaeffer R, SAC AL. The Embodiment of Carbon Associated with Brazilian Imports and Exports [J]. Energy Conversion and Management, 1996, 37 (6-8): 955-960.

[104] Ahmad N, Wyckoff AW. Carbon: Dioxide Emissions Embodied in International Trade of Goods [R]. Paris: Organization for Economic Co-operation and Development (OECD), 2003, France.

[105] Shui B, Harriss RC. The Role of CO_2 Embodiment in US-China Trade [J]. Energy Policy, 2006, (34): 4063-4068.

[106] Glen P. Peters, Edgar G. Hertwich. Pollution Embodied in Trade: The Norwegian Case [J]. Global Environmental Change, 2006 (16): 379-387.

[107] Christopher L. Weber, H. Scott Matthews. Quantifying the Global and Distributional Aspects of American Household Carbon Footprint [J]. Ecological Economics, 2008 (66): 379-391.

[108] Anders Hammer Strømman, Glen P. Peters, Edgar G. Hertwich. Approaches to Correct for Double Counting in Tiered Hybrid Life Cycle Inventories [J]. Journal of Cleaner Production, 2009 (17): 248-254.

[109] Niels B. Schulz. Delving into the Carbon Footprints of Singapore-comparing Direct and Indirect Greenhouse Gas Emissions of A Small and Open Economic System [J]. Energy Policy, 2010 (38): 4848-4855.

[110] Department of Trade and Industry (DTI). UK Energy White Paper: Our Energy Future-creating A Low Carbon Economy [M]. London: TSO, 2003: 1-142.

[111] Diakoulaki D, Mandaraka M. Decomposition Analysis for Assessing the Progress in Decoupling Industrial Growth from CO_2 Emissions in the EU Manufacturing Sector [J]. Energy Economics, 2007, 29 (4): 636-664.

[112] Dimoudi A, Tompa C. Energy and Environmental Indicators Related to Construction of Office Buildings [J]. Resources, Conservation and Recycling, 2008, 53 (1/2): 86-95.

[113] Yang C, McCollum D, McCarthy R, et al. Meeting an 80% Reduction in Greenhouse Gas Emissions from Transportation by 2050: A Case Study in California [J]. Transportation Research Part D: Transport and Environment, 2009, 14 (3): 147-156.

[114] Wu X C, Priyadarsini R, Eang L S. Benchmarking Energy Use and Green House Gas Emissions in Singapore's Hotel Industry [J]. Energy Policy, 2010, 38 (8): 4520-4527.

[115] Ang B W. The LMDI Approach to Decomposition Analysis: A Practical Guide [J]. Energy Policy, 2005, 33 (7): 867-871.

[116] Greening L A, Ting M, Krackler T J. Effects of Changes in Residential End-uses and Behavior on Aggregate Carbon Intensity: Comparison of 10 OECD Countries for the Period 1970 Through 1993 [J]. Energy Economics, 2001, 23 (2): 153-178.

[117] Bristowa A L, Tight M, Pridmore A, et al. Developing Pathways to Low Carbon Land-Based Passenger Transport in Great Britain by 2050 [J]. Energy Policy, 2008, 36 (9): 3427-3435.

[118] Galeotti M, Lanza A, Pauli F. Reassessing the Environmental Kuznets Curve for CO_2 Emission: A Robustness Exercise [J]. Ecological Economics, 2006, 57 (1): 152-163.

[119] He J, Richard P. Environmental Kuznets curve for CO_2 in Canada [J]. Ecological Economics, 2009, 11 (3): 1-11.

[120] Martinez Z I, Bengochea M A. Pooled Mean Group Estimation for An Environmental Kuznets Curve for CO_2 [J]. Economic Letters, 2004, 82 (1): 121-126.

[121] Lebel L, Garden P, Banaticla M R N, et al. Integrating Carbon Management into the Development Strategies of Urbanizing Regions in Asia [J]. Journal of Industrial Ecology, 2007, 11 (2): 61-81.

[122] Strachan N, Pye S Kannan R. The Iterative Contribution and Relevance of Modeling to UK Energy Policy [J]. Energy Policy, 2009, 37 (3): 850-860.

[123] McEvoy D, Gibbs D C, Longhurst J W S. Urban Sustainability: Problems Facing the 「Local」 Approach to Carbon-reduction Strategies [J]. Environment and Planning C: Government and Policy, 1998, 16 (4): 423-432.

[124] Streck C. New Partnerships in Global Environmental Policy: The Clean Development Mechanism [J]. Journal of Environment & Development, 2004, 13 (3): 295-322.

[125] Steven S, Sijm J. Carbon Trading in the Policy Mix [J]. Oxford Review of Economic Policy, 2003, 19 (3): 420-437.

[126] Dhakal S, Betsill M M. Challenges of Urban and Regional Carbon Management and the Scientific Response [J]. Local Environment, 2007, 12 (5): 549-555.

[127] Baranzini A, Goldemberg J, Speck S. A future for Carbon Taxes [J]. Ecological Economics, 2000, 32 (3): 395-412.

[128] While A, Jonas A E G, Gibbs D. From Sustainable Development to Carbon Control: Eco-state Restructuring and the Politics of Urban and Regional Development [J]. Transactions of the Institute of British Geographers, 2009, 35 (1): 76-93.

[129] Jabareen Y R. Sustainable Urban Forms: Their Typologies, Models and Concepts [J]. Journal of Planning Education and Research, 2006, 26 (1): 38-52.

[130] Rickaby P A. Six Settlement Patterns Compared [J]. Environment and Planning B: Planning and Design, 1987, 14 (2): 193-223.

[131] Kenworthy J R. The Eco-city: Ten key Transport and Planning Dimensions for Sustainable City Development [J]. Environment and Urbanization, 2006, 18 (1): 67-85.

[132] Roseland M. Sustainable Community Development: Integrating Environmental, Economic and Social Objectives [J]. Progress in Planning, 2000, 54 (2): 73-132.

[133] Heiskanen E, Johnson M, Robinson S, et al. Low-carbon Communities as a Context for Individual Behavioral Change [J]. Energy Policy, 2009, 7 (2): 1-10.

[134] Raco M. Sustainable Development, Rolled-out Neoliberalism and Sus-

tainable Communities [J]. Antipode, 2005, 37 (2): 324-347.

[135] Andrews C J. Putting Industrial Ecology into Place Evolving Roles for Planners [J]. Journal of the American Planning Association, 1999, 65 (4): 364-375.

[136] Gibbs D C, Deutz P, Proctor A. Industrial Ecology and Eco-industrial Development: A New Paradigm for Local and Regional Development [J]. Regional Studies, 2005, 39 (2): 171-183 (13).

[137] Deutz P. Producer Responsibility in a Sustainable Development Context: Ecological Modernization or Industrial Ecology [J]. The Geographical Journal, 2009, 175 (4): 274-285.

[138] McManus P, Gibbs D. Industrial Ecosystems? The use of Tropes in the Literature of Industrial Ecology and Eco-industrial Parks [J]. Progress in Human Geography, 2008, 32 (4): 525-540.

[139] Deutz P, Gibbs D. Industrial Ecology and Regional Development: Eco-industrial Development as Cluster Policy [J]. Regional Studies, 2008, 42 (10): 1313-1328.

[140] Moll H C, Noorman K J, Kok R, et al. Pursuing More Sustainable Consumption by Analyzing Household Metabolism in European Countries and Cities [J]. Journal of Industrial Ecology, 2005, 9 (1-2): 259-275.

[141] Van Diepen A, Voogd H. Sustainability and Planning: Does Urban form Matter? [J]. International Journal of Sustainable Development, 2001, 4 (1): 59-74.

[142] Van Diepen A. Households and Their Spatial-energetic Practices Searching for Sustainable Urban Forms [J]. Journal of Housing and the Built Environment, 2001, 16 (3-4): 349-351

[143] Urge-Vorsatz D, Harvey L D, Mirasgedis S, et al. Mitigating CO_2 Emissions from Energy Use in the World's Buildings [J]. Building Research and Information, 2007, 35 (4): 379-398.

[144] Seyfang G. Community Action for Sustainable Housing: Building a Low-Carbon Future [J]. Energy Policy, 2010, 38 (12): 7624-7633.

[145] Retzlaff R C. Green Building Assessment Systems: A Framework and Comparison for Planners [J]. Journal of the American Planning Association, 2008, 74 (4): 505-519.

[146] Crabtreea L. Sustainability Begins at Home? An ecological exploration of sub/urban Australian Community-focused Housing initiatives [J]. Geoforum, 2006, 37 (4): 519-535.

[147] Ang B. W., Zhang F. Q., Choi K. Factorizing Changes in Energy and Environmental Indicators Through Decomposition [J]. Energy, 1998 (6): 489-495.

[148] Liu L., Fan Y., Wu G., Wei Y. Using LMDI Method to Analyze the Change of China's Industrial CO_2 Emissions from Final Fuel Use: An Empirical Analysis [J]. Energy Policy, 35 (11): 5892-5900.

[149] Ang J. B. CO_2 Emissions, Research and Technology Transfer in China [J]. Ecological Economics, 2009 (10): 2658-2665.

[150] Dong Xiangyang, Yuan Guiqiu, China's Greenhouse Gas Emissions' Dynamic Effects in The Process of Its Urbanization: A perspective from Shocks Decomposition under Long-term Constraints [J]. Energy Procedia, 2011, (5): 1660-1665.

[151] Inmaculada Martínez-Zarzoso, Antonello Maruotti. The Impact of Urbanization on CO_2 Emissions: Evidence from Developing Countries [J]. Ecological Economics, 2011 (70): 1344-1353.

[152] Phetkeo Poumanyvong, Shinji Kaneko. Does Urbanization Lead to Less Energy Use and Lower CO_2 Emissions? A Cross-country Analysis [J]. Ecological Economics, 2010 (70): 434-444.

[153] Jyoti Parikh, Vibhooti Shukla, Urbanization, Energy Use and Greenhouse Effects in Eco-nomic Development: Results from a Cross national Study of Developing Countries [J]. Global Environmental Change, 1995, 5 (2): 87-103.

[154] Juan Antonio Duro, Emilio Padilla, International Inequalities in Per Capita CO_2 Emissions: A Decomposition Methodology by Kaya Factors [J]. Energy Economics, 2006, 28 (2): 170-187.

[155] Toda H. Y., Yamamoto T. Statistical Inference in Vector Auto Regressions with Possibly Integrated Processes [J]. Journal of Econometrics, 1995, 66: 225-250.

[156] Ugur Soytas, Ramazan Sari, Bradley T. Ewing. Energy Consumption, Income, and Carbon Emissions in the United States [J]. Ecological Economics, 2007, 62: 482-489.

[157] Xing-Ping Zhang, Xiao-Mei Cheng. Energy Consumption, Carbon Emis-

[157] sions and Economic Growth in China [J]. Ecological Economics, 2009, 68: 2706-2712.

[158] Ang B. W. Decomposition Analysis for Policy Making in Energy which is the Preferred Method [J]. Energy Policy, 2004, (6): 433-437.

[159] Gale A. Boyd, Donald A. Hanson, Thomas Sterner. Decomposition of changes in Energy Intensity: A Comparison of the Divisia Index and Other Methods [J]. Energy Economics, 1988, 4 (10): 309-312.

[160] Sun J W. Changes in Energy Consumption and Energy Intensity: A Complete Decomposition Model [J]. Energy Economics, 1998, 1 (20): 85-100.

[161] Ang B W, Choi K. Decomposition of Aggregate Energy and Gas Emission Intensities for Industry: A Refined Divisia Index Method [J]. Energy, 1997, 3 (18): 59-74.

[162] Zhang M., Mu H., Ning Y., Song Y. Decomposition of Energy-related CO_2 Emission Over 1991—2006 in China [J]. Ecological Economics, 2009, (7): 2122-2128.

[163] Greater London Authority. Action Today to Protect Tomorrow: The Mayor's Climate Change Action Plan [EB/OL]. [2008-5-28]. http://www.london.gov.Uk/mayor/environment/climate-change/docs/ccap_ fullreport.pdf.

[164] Hong J. The Effect of Unit Pricing System upon Household Solid Waste Management: the Korean experience [J]. Journal of Environmental Management, 1999, 57: 1-10.

國家圖書館出版品預行編目(CIP)資料

中國低碳城市建設研究 / 戴小文 著. -- 第一版.
-- 臺北市 : 崧博出版 : 崧燁文化發行, 2018.09

　面 ；　公分

ISBN 978-957-735-493-8(平裝)

1.低碳城市 2.中國

545.12　　　　107015374

書　名：中國低碳城市建設研究
作　者：戴小文 著
發行人：黃振庭
出版者：崧博出版事業有限公司
發行者：崧燁文化事業有限公司
E-mail：sonbookservice@gmail.com
粉絲頁　　　　　　網　址：
地　址：台北市中正區重慶南路一段六十一號八樓 815 室
8F.-815, No.61, Sec. 1, Chongqing S. Rd., Zhongzheng Dist., Taipei City 100, Taiwan (R.O.C.)
電　話：(02)2370-3310　傳　真：(02) 2370-3210
總經銷：紅螞蟻圖書有限公司
地　址：台北市內湖區舊宗路二段 121 巷 19 號
電　話:02-2795-3656　傳真:02-2795-4100　網址：
印　刷：京峯彩色印刷有限公司（京峰數位）

本書版權為西南財經大學出版社所有授權崧博出版事業有限公司獨家發行電子書繁體字版。若有其他相關權利及授權需求請與本公司聯繫。

定價：350 元
發行日期：2018 年 9 月第一版
◎ 本書以POD印製發行